Manfred Poser

Zeit und Bewusstsein

Warum Zeit eine Illusion ist

Crotona

Manfred Poser

Zeit und Bewusstsein

Warum Zeit eine Illusion ist

crotona

Deutsche Originalausgabe:
1. Auflage 2013

Kammer 11 • 83123 Amerang
www.crotona.de

Umschlaggestaltung: Annette Wagner
unter Verwendung von © Patrick Hoff 25226311 – shutterstock.com

Druck: C.H. Beck • Nördlingen

ISBN 978-3-86191-043-5

INHALT

ZYKLEN DER ZEIT

1
YOU ARE IN ZURICH

Eine Schiebetür aus Glas öffnet sich lautlos vor meinem Körper und gibt eine Schleuse frei. Sie ist ein Mini-Niemandsland im großen Niemandsland des Flughafens und führt in die Haupthalle mit den Geschäften. Ein paar Fetzen sphärischer Klänge wehen vorbei und Sternlein gleiten über die Wände, auf denen sich Bilder entfalten und Buchstaben Gestalt annehmen. Der Korridor, durch den ich gehe, ist der Zeit gewidmet. Eine Schweizer Uhr in Großaufnahme zeigt ihr Zifferblatt, und daneben materialisieren sich die Zeilen:

You are now in
Zurich 13:09:14

Ich bin also jetzt in Zürich. Eigentlich befinde ich mich ja in Kloten, einer Gemeinde außerhalb des Stadtgebiets, aber es ist der Flughafen von Zürich, kein Zweifel. Die Ziffern jedoch lassen an Präzision nichts zu wünschen übrig. Sie sagen jetzt 13:09:28 und jetzt 13:09:31 und jetzt 34 … Was wollen mir diese Zahlen sagen? Ich stehe mit beiden Beinen auf dem Boden, sparsam von Tönen umflossen, und draußen befindet sich die schöne Schweiz. Muss ich mehr wissen?

Ich weiß natürlich, dass 13:09 eine Digitalanzeige ist und man sie auch „Aristotelische Zeitmessung“ nennen könnte, nach einem Vorschlag des englischen Physikers J. T. Fraser; denn Aristoteles, der große Grieche, sagte um 400 vor Christus, dass wir die Zeit durch die Zahl messen. Eigentlich messen wir ja Bewegung, und darum ist die Zeitmessung oft bewegt. Da rinnt der Sand durch die Sanduhr, es gehen die Uhren und es schieben sich Uhrzeiger vorwärts: im Uhrzeigersinn. Nach rechts. Wir im Westen schreiben auch nach rechts. Haben Araber Uhren, die nach links laufen? Nein. Aber halt, die Zeiger der Uhr wandern im unteren Teil der Uhr ja nach links, und überhaupt kommen die Zahlen aus Arabien. Wir schreiben die Einer-Stellen rechts, und was größer ist, wird links angefügt. „Drei-zehn" sagen wir. 13 Uhr 13 ist eine Zeit, auf die sich alle einigen könnten, sie ist in beide Richtungen lesbar. Die Zeit verläuft aber nur in eine Richtung. Platon, der vor Aristoteles geboren wurde, sah die Zeit als Abbild der Ewigkeit und maß sie an der Bewegung der Himmelskörper, und daher steht die (analoge) Schweizer Zeiger-Uhr für die „Platonische Zeitmessung".

Die Schweizer Uhrenindustrie meldete zwölf Prozent mehr Umsatz als im Jahr davor[1], was sich auf über zwanzig Milliarden Franken summiert. Luxusprodukte gingen gut: Uhren, die mehr als zehntausend Franken kosten, sind in Hongkong, den USA und den Emiraten sehr begehrt. Schöne, edle Chronometer sind es, benannt nach Chronos, der altgriechischen Personifikation der Zeit. Schon früh hat man diesen mit Kronos zusammengeworfen, dem Sohn von Uranos (Himmel) und Gaia (Erde), und ihn zu einem allesverschlingenden Zeitgott gemacht.

Kronos bekommt von seiner Mutter Gaia eine Sichel und entmannt seinen Vater Uranos. Gaia war wütend, weil der Gatte ihre Zyklopen-Kinder ertränkt hatte. Später frisst Kronos sogar seine eigenen Kinder auf – aus Angst, sie würden ihm sein Reich wegnehmen.[2] Die edlen Chronometer nennt man auch „Zeitmesser", aber das ist natürlich falsch. Sie messen nicht die Zeit; sie messen allerhöchstens Bewegung oder Veränderung mit einer zugrundeliegenden regelmäßigen Größe, die aber auch nicht die Zeit ist. Was ist sie denn?

Ein Scheich braucht seinen Zehntausend-Franken-Chronometer nicht unbedingt. Er prescht mit seinem Range-Rover durch die Wüste, und wenn er wissen will, wo er ist, konsultiert er seinen Navigator und hört: „In 190,3 Kilometern der Abzweigung nach rechts folgen." Er sieht zwar, wo die Sonne steht, doch wenn er zu Abend essen will, wäre die Angabe „20.30 Uhr" doch präziser als der Satz: „Wenn die Sonne den Horizont berührt." So können die Bediensteten des Scheichs, orientiert an ihren (weniger kostspieligen) Chronometern am Handgelenk, rechtzeitig das Essen vorbereiten.

1 NZZ, Eine Branche im Exportrausch, 27.12.2012.

2 Apollodoro: I Mití Greci. Mailand 1998, S. 9.

Die Menschen bewegen sich im Raum. Sie sind immer irgendwo, während die Erde um die Sonne rotiert. Um den Sesshaften in seinem Haus anzutreffen, genügt es, dessen Adresse zu nennen; um den Nomaden sprechen zu können, müsste man allerdings, wie der Kommunikationstheoretiker Vilém Flusser richtig bemerkte, noch zusätzlich einen Zeitpunkt angeben.

2

00:00 MIT JANUS

Schön ist der Blick auf die dunkle, von Lichtern gesprenkelte Rheinebene. Die Lichtnester links weisen vermutlich auf den Ort Buggingen hin, rechts erstreckt sich eine Kette von leuchtenden Punkten parallel zum Horizont: Da fließt wohl der Rhein. Dann beginnen die ersten kleinen Explosionen, und die Kirchenglocken bimmeln. In der Dunkelheit springen bunte Funken hoch, verwandeln sich in Kaskaden und Sprühregen, glühen lang oder verzischen rasch. Rauchpilze steigen auf wie daneben hochhopsende Klopse. Es ist kurz nach Mitternacht am ersten Januar: Auf großen Teilen des Erdballs werden Feuerwerkskörper in die Luft gejagt, denn ein neues Jahr hat soeben begonnen. Man prostet sich zu, wünscht sich Glück und Gesundheit.

Ein erster Januar. Es ist immer dasselbe Ritual, aber es ist nicht derselbe erste Januar wie der letzte. Ihm ist soeben eine neue Jahreszahl angehängt worden, und so geht das voran, kein Tag gleicht dem vergangenen, jeder ist ein ganz individueller. Dennoch dreht sich das Jahr im Kreis mit den Jahreszeiten und den Festen im Jahreslauf. Das Jahr ist wie ein Rad, das sich unaufhaltsam fortbewegt, andauernd Vergangenheit ansammelnd und sich in die Zukunft fortmahlend. Der Kalender ist auch eine Uhr, eine Jahres-Uhr.

Bevor wir wieder hinabsteigen, drehen wir uns noch einmal um. Hinter einer von Rauch umwölkten Menschengruppe erhebt sich das spitze Haupt des 444 Meter hohen Castellbergs mit seinem kräftigen Haarwuchs, und dort oben stand vor über 2000 Jahren einmal ein kleines Kastell der Römer. Wachtposten hielten Ausschau nach möglichen Angreifern. Und diese Anmerkung will ich nutzen, um die Monate unseres Jahres vorzustellen, die allesamt von den Römern stammen.

Der Januar war dem Janus gewidmet, dem Gott der Türen und Pforten. Der Ausdruck „janusköpfig" kommt daher, denn der Gott hatte zwei Gesichter: Mit einem konnte er in die Zukunft, mit dem anderen in die Vergangenheit schauen. Der Februar hat seinen Namen von „februare", reinigen. Beim Lupercus-Fest zogen Mitte Februar Hirten durch das alte Rom und fegten die Straßen. Das Frühjahr sollte vorbereitet werden, und unser Karneval hat da seinen Ursprung. Der März gehört dem Gott des Krieges, Mars, und der April der Venus. Das lateinische Verbum „aperire" mag Pate gestanden haben. Es bedeutet „öffnen", denn das tut im April die Natur.

Der Mai wurde der Maia nachgebildet, der Mutter des Götterboten Merkur, die auf der Flucht vor Orion mit ihren sechs Schwestern zu Tauben verwandelt wurde, mit denen sie oben am Himmel das Sternbild der Plejaden bildet. Dann der Juni: Von Juno, der Göttermutter (Jupiters Gattin) und Patronin der Heirat. Der Juli wurde nach Julius Caesar benannt, der August nach Kaiser Augustus. Danach wird es einfach: September ist der siebte Monat (*septimo* auf Lateinisch), und der siebte deshalb, weil das Jahr in der Ewigen Stadt mit dem März begann. Oktober ist der achte (auch: die Oktave), November der neunte (*nove*: neun), Dezember der zehnte (*decimo*: der zehnte).[3]

Das wäre geklärt. Wir machen es wie Janus, halten unseren Blick erst nach hinten gerichtet und richten ihn nun wieder nach vorn; erst im Raum, und dann in der Zeit. Vom abgelaufenen Jahr ins neue. Natürlich gehören Raum und Zeit zusammen: Der Raum ist das Phänomen des Körpers, die Zeit das Phänomen des Geistes. Darum scheint es irgendwie logisch, dass die Physiker beide in der *Raumzeit* zusammenfassten. Die Zeit können wir nicht sehen; aber sehen wir etwa den Raum? Wenn ich

---

3 Couzens, Reginald C.: The Stories of the Months and Days, 1923. (Sacredtexts.com/time/smd/smd03.htm)

nach oben blicke, sehe ich den Nachthimmel, aber wenn es wieder Tag ist, nur die Gegenstände, die im Raum liegen und stehen. Mittendrin stehe (oder liege) ich und begreife nicht richtig, dass Objekte, wenn sie sich schnell bewegen, die Raumzeit verzerren, wie Einstein herausgefunden hat.

Die Zeit hat eine Richtung, der Raum nicht: Er ist einfach da. Aber einfach ist er nicht. Der Physiker Paul Davies sagt uns, der Raum sei in Wirklichkeit: „Ein komplexes Labyrinth aus Löchern und Tunneln, Blasen und Netzen, die sich in einem ruhelosen Ferment aus Aktivität andauernd bilden und wieder zusammenbrechen."[4]

Es ist so normal, körperlich hier zu sein, dass wir es gar nicht erwähnen müssen. In unseren Gesprächen kommt daher, wie eine Studie besagt, fünfzehnmal öfter die Zeit vor als der Raum. Neurologen kennen viele Experimente zur räumlichen Orientierung, aber wenige zur zeitlichen Wahrnehmung. Die Zeit, die rätselhafte und unsichtbare, müssen wir mit Worten beschwören, während wir im Raum einfach *sind* und uns, seit es auch die Navigationsgeräte gibt, nicht einmal mehr darum kümmern müssen, wie wir in diesem Raum unser Ziel erreichen.

3

UNTERWEGS AUF DER KUGEL

Also wieder hinab ins Dorf. Lichter flimmern am Horizont. Auf der anderen Seite des Erdballs, in Australien, das man ja „down under" nennt (da unten), wünschen sich alle auch das Beste, jedoch im Hochsommer, bei großer Hitze. Die Erde ist eine Kugel, und das wusste schon Aristoteles, nur stand sie bei ihm im Mittelpunkt des Universums.

4 Davies, Paul: Other Worlds. London 1980, S. 96.

Nikolaus Kopernikus (1473–1543) hatte schon früh, im Jahr 1509, sein „heliozentrisches" Weltbild ausgearbeitet. *Helios* heißt auf Altgriechisch Sonne, sie steht im Zentrum, und die Erde umkreist sie, dabei um sich selbst rotierend. „Die scheinbar direkten und gegenläufigen Bewegungen der Planeten sind nicht ihre, sondern gehören zur Erde. Darum genügt diese eine Bewegung der Erde, eine große Zahl von Unregelmäßigkeiten zu erklären, die wir am Himmel beobachten", schrieb Kopernikus 1515.

Erst 1543 kam, kurz vor seinem Tod, in Nürnberg sein Hauptwerk, „De Revolutionibus Orbium Coelestium, Band IV" heraus, Papst Paul III. gewidmet. Die Kirche bekämpfte das Modell zunächst nicht, weil sie es für verschroben hielt. 1615 kam das Werk auf den Index, war also verboten, und zweihundert Jahre später, 1822, erklärte der Vatikan, dass die Herausgabe von Werken, die von der Bewegung der Erde und dem Stillstand der Sonne handelten, nunmehr erlaubt sei.

Die frühe Wissenschaft war noch von der Magie eingefärbt und arbeitete weiter im Geiste des alten Aristoteles. Von der Trägheit wusste man bei den Griechen noch nichts; man nahm an, hinter jeder Bewegung müsse eine Kraft stecken. Wenn sich die Welt drehen würde, müsste die Luft zurückbleiben, und im „Kielwasser" der Kugel würden sich Orkane bilden. Ein Gegenstand, von einem Turm geworfen, würde weit entfernt niederfallen, weil die Erde sich weitergedreht hätte. Die Griechen waren große Denker, und das Denken musste genügen. Keine Experimente! Dabei sind sie so hilfreich, und ein Kenner der Wissenschaften scherzte einmal: „Zwei Monate im Labor können dir eine Stunde in der Bibliothek ersparen."

Bald nach Kopernikus' Buch über die Umläufe der Himmelskörper wurde der „Gregorianische Kalender" durchgesetzt (1582), weil man den Frühlingsbeginn am 21. März haben wollte und das Osterfest in der Nähe. Die Reform hatte den Effekt, dass nun der Ostersonntag alle achtundzwanzig Jahre auf denselben Tag fällt. Und weil die Kirche gerade dabei war, legte sie den Jahresanfang auf den 1. Januar, und am Beginn dieses Tages feiern und feuern wir seither. Bis 1582 hatte der „Julianische Kalender" gegolten, eingeführt von Gaius Julius Caesar. Er hatte den vorbildlichen „Ägyptischen Kalender" verbessern lassen, und das Ergebnis hielt sich fast 1600 Jahre.

Lange davor hatte der christliche Mönch Dionysius Exiguus (545 gestorben) lange gerechnet und gefunden, Christus sei 754 Jahre nach der Gründung Roms – der Anfang der römischen Zeitrechnung (*ab urbe condita*) – zur Welt gekommen. Die Jahreszählung mit „vor Christus“ und „nach Christus“ war zur Zeit Karls des Großen (um 800) schon eine feste Größe.

Die mohammedanische Zeitrechnung beginnt am 16. Juli 622, als Mohammed Mekka verließ. Am 24. Juli 622 traf er in Quba ein. Das Jahr im Islam ist ein Mondjahr mit 354 Tagen, und in einem Jahrhundert verschiebt sich die Jahreszählung um drei Jahre. Das Neujahrsfest findet im August statt. Anfang 2014 wäre der Anfang des Hidschra-Jahres 1436, wenn ich richtig gerechnet habe. Im Judentum gilt die Zählung seit Erschaffung der Welt am 7. Oktober 3761 vor Christus. Dem Jahr 2014/15 entspricht das jüdische Jahr 5775.

Alles dreht sich. Himmelskörper rotieren umeinander, die zwölf Monate greifen ineinander, der volle Mond ist nach dreißig Tagen wieder voll, die Wochentage wechseln sich mit lähmender Regelmäßigkeit ab, und auch ein Tag scheint wie etwas, das im Kreis läuft. Die Uhr ist ja auch rund. Zyklen rotieren um Zyklen um Zyklen. Freilich gleicht durch die neue Jahreszahl kein Tag dem gestrigen. Jeder Tag ist neu, es geht irgendwohin, nur weiß man nicht – wohin.

Die Ägypter besaßen bereits 3000 Jahre vor Christus einen funktionierenden Kalender, wie später auch die Babylonier und die Griechen, aber an Wissen und Genauigkeit blieben die Chinesen unübertroffen. Deren Königliche Astronomen kannten die Umläufe der Sterne und verließen sich auf den Jupiter, ihren „Jahres-Stern“. Am kürzesten Tag des Jahres war die lichte Kraft Yang am schwächsten. Die dunkle Kraft Yin regierte – und das Neue Jahr begann. Chinesen wussten bereits im 4. Jahrhundert vor Christus, dass das Jahr 365 Tage und einen viertel Tag lang war.[5]

Auf diesen exakten Wert kamen die Mayas in Mittelamerika erst einige Jahrhunderte später. Sie hatten dennoch ein 365-Tage-Jahr und rechneten

5 Forman, Joan: The Mask of Time, S. 33/34.

mit einem großen Zyklus, der Ende des Jahres 2012 enden sollte. Erfreut wurde im Westen der Gedanke aufgegriffen, die Welt könne am 21. Dezember 2012 untergehen. Alle trieben ihre Späße damit, doch niemand glaubte auch nur eine Sekunde daran. Jedoch lebten Paulus und andere christliche Prediger im ersten Jahrhundert unserer Zeitrechnung durchaus mit der Erwartung des Weltenendes, da Christus bald wiederkommen werde. Seid bereit! Auch vor dem Jahr 1000 herrschte Weltuntergangsstimmung. Im Ort Sulzburg gründete 993 Fürst Birchtilo die Kirche St. Cyriak mit Benediktiner-Nonnen, die viel beten sollten, um den befürchteten Untergang der Welt noch abzuwenden. Sogar vor dem Jahr 2000 beteten viele.

Die Hochkultur der mittelamerikanischen Mayas erstreckte sich etwa von 500 vor Christus – von jener Zeit haben wir Dokumente; gewiss ist sie älter – bis 1521, als die Spanier massiv auftraten. Die Mayas bauten Observatorien und stellten ihren Kalender auf. Dafür muss man einen Sinn für Mathematik besitzen, und den hatten die Mayas wie sonst nur noch die Inder. Beide erfanden für ihre Rechnungen die Null und entwickelten das Stellenrechnen, das den Römern mit ihren Zahlen schwerfiel: Zahlen wie 10.000 oder 100.000 waren kaum zu bewältigen. Die Null kam erst um das Jahr 1000 aus Arabien zu uns, und sie hieß „ßifr", die Ziffer. Der Mönch Dionysius, der Christi Geburt berechnete, kannte sie noch nicht, sonst hätte er mit dem Ereignis das Jahr Null anfangen lassen.

Stellen wir uns vor, neu auf der Welt zu sein. Wir beobachten, dass es Tag wird und wieder Nacht, dass der Mond abmagert, verschwindet und sich wieder aufbläht, bis er rund wird; dass es Jahreszeiten gibt und sich alles irgendwie wiederholt. Also zählen wir die Tage ab und verfolgen, wo gerade die Sonne steht, wohin sie beim Untergang strahlt und wo sie aufgeht. Irgendwann wissen wir, dass ein „Jahr" aus 365 Tagen besteht und der Mond zirka alle dreißig Tage wieder rund ist, und diesen Zeitraum nennen wir „Monat". Wir tun das, um zu wissen, wann wir säen müssen, wann es warm wird, und schön wäre es auch, Ereignisse unserer Kultur in einer Reihe sortieren zu können.

Die Woche ist dabei ein Problem; sie bietet sich nicht gerade an. Die sieben Wochentage symbolisieren die wandelnden sieben himmlischen

Körper der Griechen, die Wandelsterne, die auch Götter waren. Der Montag gehört dem Mond (*lunedí* auf Italienisch, von *luna*, der Mond), der Dienstag dem Mars (*mardi* auf Französisch, *martedí* auf Italienisch), der Mittwoch dem Merkur (*mercredi/mercoledí*), der Donnerstag dem Jupiter (*jeudi/giovedi*) oder in unserer germanischen Version dem Donnergott Thor, der Freitag der Venus (*vendredi/venerdí*) oder der Freya, der Samstag dem Saturn (*saturday* auf Englisch) und der Sonntag der Sonne.

Die Mayas hatten also zwei Kalender, die sie ineinander montierten: Das längere System „haab", also das 365-Tage-Jahr, sowie „tzolkin", den rituellen Kalender mit 260 Tagen zu 13 „Wochen" mit je 20 Tagen, die so wunderschöne Namen haben wie Imix, Ik, Akbal, Kan, Chicchan, Cimi, Manik, Lamat, Mulue, Oc, Chuen, Eb, Ben, Ix, Men, Cib, Caban, Edznab, Cauac und Ahau. Zwei Kalender also – wie später in Arabien. Dort habe sich neben dem traditionellen Kalender eine „andere, fremde und erschreckend eilige Zeitrechnung etabliert", erläuterte Fatema Mernissi: „Einerseits das heilige Zeitmaß von Mekka, andererseits der Takt der Börsenschwankungen", und so haben auch die Araber eine liturgische und eine profane Zeit.[6]

Die Mayas wollten alle wichtigen Ereignisse ihrer Kultur beieinander haben, also schufen sie einen Kreislauf von 5125 Jahren, die sogenannte „Lange Zählung", die am 11. August 3114 vor Christus begann und am 21.12.2012 unserer Zeitrechnung enden sollte, zur Wintersonnwende. Als dieser Zyklus eingeführt wurde, schien sein Ende in unendlich weiter Ferne.[7] Ein Ende schien nicht vorstellbar, aber jeder Zyklus endet einmal, und vermutlich wird das mit den Zyklen der Mazdäer und der Hindus auch so sein, die je zwölftausend Jahre lang sind. Bei den iranischen Mazdäern schuf Ahura Mazda in drei Jahrtausenden die Welt im himmlischen Zustand und führte sie bis zum sechsten Jahrtausend in den irdischen Zustand über. Dann tritt wie in vielen Religionen das Böse in der Gestalt des Ahriman auf: siebtes bis neuntes Jahrtausend. Die Retter aus der Rasse des Zarathustra führen uns in den letzten drei Jahrtausenden zur Umwandlung der Welt (*frashokart*).

---

6 Mernissi, Fatema: Die Sultanin. Frankfurt 1991, S. 218.

7 Nach: Bricker, Victoria R. und Harvey M.: Cicli calendarici e astronomici, in: I Maya, Mailand 1998.

Bei den Hindus haben wir, wie aus dem Epos Mahābhārata hervorgeht, vier Zeitalter, die Yugas. Nach zwölftausend Jahren geht die Welt wieder im Brahmān auf, aus dem sie kam. Die Hindus haben in ihrer Dreiheit Brahmā, den Schöpfergott, Vishnu, den Erhalter, sowie Shiva, den großen Auflöser, den Gott der Zeit: Er erschafft ewig neu, was er zerstört. Auch das Universum beginnt von neuem.

Eine zyklische Zeit habe Sinn, meinte der Gelehrte Henry Corbin, aber unsere Zeit „als Linie, die sich undefiniert verlängert und sich in den Nebeln der Vergangenheit und der Zukunft verliert“, habe keinen Sinn, sei absurd. Er schrieb für Sinn „sens“, was auch Richtung heißt. Unser „Sinn“ als Inhalt und „tiefere Bedeutung“ ist wohl aus dem „Sinn“ des Uhrzeigers oder seiner Drehrichtung entstanden, den die Italiener „senso“ und die Franzosen „sens“ nennen. Was eine Richtung hat, hat Sinn.[8]

Der Kalender der Mayas kam aus der Überzeugung heraus zustande, dass sich Abläufe wiederholen. Der zyklische Charakter ist wichtiger als das Fortschreiten: Es ist das Bild des Rades. Es kann kein vollkommen neues Ereignis geben, und „die Prophetie ist Erinnerung“, wie Tzvetan Todorov schrieb.[9]

Das gute Ende des Zyklus bei den Mandäern ist eingeplant. Derart lange Zyklen – lang ist gar kein Ausdruck – können für den Alltag keine Rolle spielen, aber sie setzen den Gläubigen in ein kosmisches Geschehen. Er (oder sie) hat einen Platz im universalen Kampf zwischen Gut und Böse, der gut ausgehen wird. Am Morgen des dritten Tages nach seinem Tod kommt dem Mazdäer auf der Chinvat-Brücke seine ewige Seele Dâena entgegen, und sie ist strahlend schön, wenn er gut gelebt hat. Sie sagt ihm: „Ich bin deine Ewigkeit.“ Das ist dann die persönliche Transfiguration, die Erlösung. Alles wird gut. Deshalb können wir beruhigt zu Bett gehen. – Wir tun es.

---

8 Corbin, Henry: Temps cyclique et gnose ismaélienne, Paris 1982. S. 15 ff, ebd., S. 10.

9 Todorov, Tzvetan : Théorie du symbole, 1977, S. 104.

4
KREISLÄUFIG

An ersten Januar schrieb ich die erste Seite, die weiter vorn steht. Das ist ein räumlicher Begriff. Oder steht sie weiter hinten? Plötzlich weiß ich nicht mehr, wie ich das beschreiben soll. Sicher kam die erste Seite *zeitlich* vorher: Zurich 13:09:14. Mein Kopf war etwas schwer, wie vermutlich an vielen ersten Januaren zuvor. Gibt es nichts Neues unter der Sonne? Alles wiederholt sich. Die ganze Gesellschaft bewegt sich zyklisch, mit festen Abläufen. Ein Fest reiht sich an das andere, und auch das Wirtschaftsleben hat seinen Rhythmus.

Anfang Januar sieht man Plakate, die eine Hochzeitsmesse ankündigen, Anfang Februar sind dann die Touristikmessen dran, die Fasnacht treibt dem Höhepunkt zu, Ostern wird vorbereitet, der Sommerurlaub geplant. Indessen versuchen die Verwalter der Welt beharrlich, diese zu verbessern. Alle, die einen Posten bekleiden, nehmen eine Funktion wahr, haben Vorläufer und werden Nachfolger haben; es wechseln nur die Namen. Immer wieder spielt Schalke 04 gegen Bayern München, das war vor dreißig Jahren so und wird womöglich in zwanzig Jahren noch so sein, nur mit anderen Spielern. Der Giro d'Italia, die italienische Radrundfahrt, beginnt wieder, nur mit neuen hungrigen Fahrern. Und immer wieder treten die „Rolling Stones“ auf. In Romanen der japanischen Schriftsteller Kenzaburo Oe und Kawabata Yasunari nehmen Akteure die Rollen ihrer Vorfahren ein, und mit fast mathematischer Präzision werden die ineinander verschlungenen Liebesgeschichten in den Abgrund geführt. Die Struktur ist das, was sich als beständig erweist.

Der rumänische Ethnologe Mircea Eliade wies auf die mythischen Abläufe hin. Die Kirchenfeste, Sagen und literarischen Werke sind nicht in einer Zeit angesiedelt. Sie sind „archetypische“ Vorgänge, ewig alt und ewig neu. Bei uns stirbt Christus immer wieder, steigt in den Himmel auf und wird jedes Jahr neu geboren, Hans Castorp fährt ewig hinauf auf den Zauberberg, Rapunzel lässt ihr Haar den Turm herunter, Romeo und Julia küssen sich. James Bond schießt sich seit 1960 durch die Welt und ist immer zwischen dreißig und fünfzig Jahren alt, dabei müsste er allmählich auf die hundert zugehen. Das sind die zeitlosen Elemente unserer Kultur.

Die traditionellen Kulturen waren meist statisch. Die Menschen taten exakt das, was ihre Vorfahren taten. Das System sollte gleich bleiben, es war wichtiger als eine Geschichte. Die westlichen Gesellschaften jedoch arbeiten Veränderungen sofort in ihr System ein, um sie zum „Motor" ihrer Entwicklung zu machen. Wir in Europa und Asien haben uns dem Fortschritt und der Geschichte verschrieben. Wenn wir aber Geschichte schreiben, folgt ein Zustand auf den nächsten und ist aus dem letzten abgeleitet. Wir haben eine einzige kontinuierliche Reihe, die sich auf einer Linie, linear also, fortbewegt. Manchmal allerdings setzen wir einen Punkt und lassen die Linie rückwärts laufen – als Countdown. Der Start der Raumrakete, noch zehn Sekunden, neun, acht, sieben … Der Beginn einer Weltmeisterschaft: Noch 88 Tage, 13 Stunden, 9 Minuten. Endlich ein Ziel für die Zivilisation!

Trotzdem gibt es einen starken Kern immer wiederkehrender Handlungen, denn der Mensch ist, wie man immer noch hören kann, ein „Gewohnheitstier". Wenn man in einer italienischen Bar zwei Mal dasselbe bestellt hat, wird einen beim dritten Mal der Mann hinter der Bar fragen: „Il solito?" Das Übliche? Man sieht jemanden an zwei Tagen hintereinander am selben Ort und nimmt an, dass er am dritten auch dort sein wird. Der Mensch stellt blitzschnell eine Ordnung her.

Er hat seine Rhythmen, die oft im Kreis verlaufen, und ist unser Leben nicht auch wie ein Rad, vom Geburt zum Tod, der auch eine neue Geburt sein könnte? Der Kreis wurde in der Urzeit von der Schlange versinnbildlicht, dem Uroboros, der erschafft und gleichzeitig verschlingt; er hat seinen eigenen Schwanz im Mund. Die Schlange steht für den unbewussten Zustand vor der Geburt des Menschen und der Geburt der Gegensätze, und gleichzeitig bildet sie deren Vereinigung ab, die am Ende der Reise zu erzielen ist. Sie ist „der Fluss, verflossen in sich selber", wie der Mystiker Meister Eckhart um 1300 gesagt hat.

„In allem, was ein Indianer tut, findet ihr die Form des Kreises wieder, denn die Kraft der Welt wirkt immer in Kreisen, und alles strebt danach, rund zu sein“, schrieb Hehaka Sapa (*Black Elk*), ein „wichasha wakon“, ein heiliger Mann der Oglala-Sioux. „Der Himmel ist rund, und ich habe gehört, dass die Erde rund wie ein Ball ist, so wie alle Sterne auch. Der Wind in seiner größten Stärke bildet Wirbel. Vögel bauen ihre Nester rund, denn sie haben die gleiche Religion wie wir. (...) Das Leben des Menschen beschreibt einen Kreis von Kindheit zu Kindheit, und so ist es mit allem, was eine Kraft bewegt.“[10]

Es hat Autoren gegeben, die ein Werk nicht enden ließen. Wie bei der Schlange, die sich in den Schwanz beißt, sollte es gleich wieder von Anfang zu lesen sein. James Joyce hat seinen Roman „Finnegans Wake“ – vielleicht das schwierigste Werk der Weltliteratur – mit einer Zeile enden lassen, die an den Anfang anschließt. Friedhelm Rathjens hat den Schluss so übersetzt: „Gegeben! Ein Weg ein samer ein liebster entlang der.“ So bricht das ab. Der Anfang: „Flußgefließe, schleunigst Ev’ und Adam passiert, vom Strandgestreun zum Buschgebeug …“ Zusammen gelesen, ergibt das einen Sinn: „Ein Weg ein samer ein liebster entlang der Flußgefließe, schleunigst Ev’ und Adam passiert …“[11] Man kann endlos Finnegans Wake lesen, am Ende wieder sich den Anfang vornehmen und läse dennoch jedes Mal wieder ein neues Buch, weil man zwischendurch gelebt und neue Erfahrungen gemacht hat. Joyce verehrte den Philosophen Giambattista Vico mit seinen Zyklen der Menschheitsentwicklung, die die Einzelwesen genauso durchmachen, und das Ende ist ein Anfang, der Tod Durchgang zu einem neuen Leben. Der Titel „Finnegans Wake“ spielt auf den Maurer Tim Finnegan an, der von einer Leiter stürzt, bestattet werden soll, aber wieder erwacht, als eine Flasche Whiskey auf seinen Sarg knallt.

Auch das 999 Zeilen lange Gedicht „Pale Fire” von Wladimir Nabokov, der ein Zauberer des Wortes war wie Joyce, behandelt Tod und Neubeginn. Am Anfang steht die Zeile „I was the shadow of the waxwing slain“. Ein Dichter eröffnet damit („Ich war der Schatten des getöteten Seidenschwanzes“) in Versen die Erzählung seines Lebens und erwähnt in den beiden

10 Recheis, Käthe, Bydlinksi, Georg: Weißt du, dass die Bäume reden? Wien 1991, S. 56.

11 Reicher, Klaus, Senn, Fritz (Hg.): James Joyce Finnegans Wake. Frankfurt 1989, S. 275/44.

letzten Zeilen den Gärtner des Nachbarn mit einer leeren Schubkarre, und dann ist Schluss. Aus dem Kommentar eines Beobachters erfahren wir, dass der Dichter ermordet wurde (der Mörder ist immer der Gärtner), weshalb das Gedicht abbrach. Die Zeile nach der letzten, Zeile 1000, ist gleichzeitig Zeile 1. Man kann das lange Gedicht also wieder von Beginn an lesen, und die Stimme erklingt nun aus dem Jenseits: „Ich war der Schatten von dem Seidenschwanz / für den, getäuscht vom Blau des Fensters, endete sein Tanz. / Ich war der Schmutzfleck wie aus Aschenflaum / und lebte weiter, flog dahin im reflektierten Himmelsraum." Der Vogel kann ein Seelensymbol sein. „Pale Fire" ist ein geschlossener Kreis.[12]

Die 64 Zeichen des altchinesischen Weisheitsbuchs I Ging, zusammengesetzt aus acht dreistrichigen Symbolen, gehen ineinander über: Ein „kreisförmig geschlossener Ablauf von in sich zusammenhängenden Ereigniskomplexen wie Tag und Nacht, Sommer und Winter", die einen Bezug auf Problemlagen des Menschen haben.[13] Und Rabbi Adin Steinsaltz schreibt in seinen Beiträgen über den Chassidismus, das Tetragrammaton – die vier Buchstaben des Namen Gottes – trage über dem ersten Zeichen, dem „Jod", eine Krone, das der göttlichen Seele des Menschen entspreche; es könne nur mit dem letzten Buchstaben kombiniert werden, der formlosen Materie (Heh): „So wird ein Kreis gebildet; das Ende begegnet dem Anfang. … Die Ende der Materie liegt im Wesen des Anfangs."[14]

Irgendwie bewege auch ich mich im Kreis wie die Pferde in der Manege des Zirkus und die Radfahrer auf der Radrennbahn. Ich komme zwar voran, aber nirgends an.

---

12 Nabokov, Vladimir: Pale Fire. London 1991; deutsche Übersetzung von M. P.

13 I Ging. Das Buch der Wandlungen. Wiesbaden 2010, S. 16.

14 Steinsaltz, Adin: In the Beginning. Northvale 1992, S. 22/23.

5
WAS GEWESEN SEIN WIRD

Bringen mich die Begriffe Vergangenheit, Gegenwart und Zukunft weiter? Jeder Augenblick war erst Zukunft, tritt in die Gegenwart über und wird Vergangenheit. Ist es nicht paradox, dass etwas Zukunft *war* und Vergangenheit *wird*? Diese Zeiteinteilung scheint in der Sprache von jeher verankert zu sein. Doch vor langer, langer Zeit, bevor Vergangenheit und Zukunft unser Leben in den Griff nahmen, war der „Aspekt" wichtiger: Ob eine Handlung vollendet oder unvollendet war. Ich schreibe (jetzt gerade, unvollendet); ich schrieb (vollendet).

Für die Zukunft liegen ein paar Eckdaten fest – Weihnachten, Silvester, Ostern, der nächste Urlaub, die geplanten Unternehmungen der nächsten Tage –, aber was zählt, liegt hinter uns und ist bei großer Lebensdauer eine ziemlich dicke Packung. Je älter die Leute werden, desto mehr reden sie von früher. Unsere Kommunikationsmedien und die Unternehmen sprechen heute gern von der Zukunft: Das klingt optimistisch und zugleich geheimnisvoll, wie eine Beschwörung. Die Geschichte wird pflichtgemäß mit ihren Jahrestagen behandelt, aber für sie ist immer weniger Zeit. Die Gesellschaft schaut entweder zurück oder nach vorn. Sie hält es nicht wie Janus.

Wenn ich mein Bücherregal anschaue, sehe ich, dass der größte Teil der Bücher von bereits verstorbenen Autoren stammt: Es sind alles Rufe aus der Vergangenheit, die zu mir dringen, und wenn wir erst an die alten Filme denken, die uns Szenen vorspielen mit sprechenden, handelnden Menschen, die schon zu Staub geworden sind! Der Film ist ein Gespenstermedium.

Auch Fotografie hat mit dem Tod zu tun, und das große Thema der Literatur ist die Vergänglichkeit. Schon im 12. und 13. Jahrhundert klagten die

Dichter darüber. Dietmar von Eist: „Ez dunket mich wôl tûsent jâr daz ich an liebes arme lac.“ (Es kommt mir wie tausend Jahre vor, dass ich in den Armen meiner Liebsten lag.) Walther von der Vogelweide: „Owê war sint verswunden alliu miniu jâr; ist mir min leben getroumet, oder ist ez wâr?“ (Oh weh, wohin sind alle meine Jahre verschwunden? Habe ich mein Leben nur geträumt – oder war es wahr?)

Francisco de Quevedo (1580–1645) hat das Ineinandergreifen der Zeitmodi schön geschildert: „Ayer se fue; mañana no ha llegado; / hoy se está yendo sin parar un punto; / soy un fue, y un será, y un es cansado.“ („Das Gestern ist fort; des Morgen noch nicht eingetroffen; das Heute macht sich bemerkbar, aber setzt mir keinen Punkt; ich bin ein ‘ich war’ und ein ’werd’ sein’, und ein müdes Ich.“) [15]

Zu Quevedos Lebzeiten (1634) schuf sein Landsmann de Pereday Salagado eine Allegorie, also eine Personifikation der Vergänglichkeit: Einen Engel, umgeben von Totenköpfen und der Uhr des Big Ben in London, der mit schwer deutbarer Miene auf die Weltkugel weist. Allegorien sind zeitlos und werden nach Jahrhunderten noch verstanden, und so bewundern wir hier eine unvergängliche Vergänglichkeit, und auch Literatur, an der Vergänglichkeit orientiert, ist manchmal unvergänglich.

Vergangenheit, Gegenwart und Zukunft machen eine starke Trinität aus, die schon in frühester Zeit poetisch behandelt wurde. Die drei wurden auch immer gern als Allegorien gestaltet. Viele Kulturen sprechen in ihren Mythen von einem Sündenfall oder einem Aufstand von Engeln gegen den Schöpfer, und damit kam meist auch die Zeit in die Welt. Erst als sich die himmlischen Götter der Germanen mit „Sünde befleckten“, wie es in einem Sagenbuch für Schulkinder heißt, „kamen aus dem Riesenland drei gewaltige Schwestern. Sie heißen: Urd, die Herrin des Vergangenen; Werdandi, die um das Seiende und Werdende weiß; Skuld, die kennt, was einst sein soll.“

Das sind die Nornen, und sie leben am Schicksalsquell Urdarborn, mit dessen Wasser sie den Weltenbaum Yggdrasil begießen. Die Nornen sind

15 In: Hierro, José: Libro de las alucinaciones, Madrid 2000, S. 143.

auch die Göttinnen des Wetters (im Italienischen heißt „tempo“ Zeit, aber auch Wetter). „Oft hören wir, dass zwei von ihnen dem Neugeborenen Glück und Begabung in die Wiege legen, während die dritte durch ihren Spruch diesem Glück eine grausame Grenze setzt.“ Das tut Skuld, was wie Schuld klingt.[16]

Den germanischen Nornen entsprechen in der griechischen Antike die Parzen. Platon gibt am Ende des zehnten Buches von „Der Staat“ wieder, was der Soldat Er aus dem Jenseits berichtete. Die Verstorbenen brauchen eine neue Existenz, und das Los bestimmt über die Reihenfolge. Wer als Erster dran ist, kann ein besseres Leben wählen. „Rings aber säßen drei andere Gestalten in gleicher Entfernung voneinander, eine jede auf einem Throne, nämlich die Töchter der Notwendigkeit, die Parzen, in weißen Gewändern und mit Kränzen auf dem Haupte, Lachesis, Klotho und Atropos, und sängen zu der Harmonie der Sirenen. Lachesis besänge die Vergangenheit, Klotho die Gegenwart, Atropos die Zukunft.“

Die Verstorbenen begeben sich nach ihrer Wahl zu Lachesis, die ihnen einen Beschützer (Dämon) mitgibt, während Klotho den Schicksalsfaden befestigt und Atropos ihn unveränderlich macht: Die Griechen glaubten, dass das Schicksal nicht zu ändern sei, darum sind die drei die „Töchter der Notwendigkeit“. Schließlich treten die Geister auf das Feld des Vergessens und trinken aus dem Fluß Lethe, wonach ihr früheres Leben getilgt ist. Und los geht es in eine neue Welt.[17]

Am ersten Tag eines Jahres richtet sich der Blick janusartig nach hinten und nach vorn. Ich blicke auf meine Handlungen im abgelaufenen Jahr und sehe künftige Handlungsweisen voraus. Ich denke, dass sich nicht viel ändern wird.

Wir würden ja gern schöne Dinge wiederholen, jedoch zwingt uns etwas, alte Fehler erneut zu machen, obwohl uns das schadet. Warum? Das fragte sich der Psychoanalytiker Sigmund Freud. Auch seine Patienten bereiteten

16 Siegle, Rainer, Wolff, Jürgen (Hg.): Tod des Lichtgottes. Stuttgart 1997, S. 16/17.
17 http://www.opera-platonis.de/Politeia10.html

sich selbst mehr Unlust als Lust: „Der eine erfuhr immer wieder Undank, ein anderer wurde regelmäßig verraten, und ein dritter verspürte sein Leben lang das Bedürfnis, andere zu Autoritäten zu erheben und sich ihnen unterzuordnen, obwohl er das gar nicht wollte." Freud führte das auf frühkindliche Prägungen zurück und erklärte: „Das Ziel alles Lebens ist der Tod." Die Neigung zur Wiederholung des Unlustvollen nannte er Todestrieb. Das ist aber keine Erklärung. Womöglich stellen wir immer wieder die klassische Situation her, die Schlüssel-Situation unserer Kindheit, und dies im festen Willen, sie umzudrehen und zu siegen; aber dann fehlen uns oft die Kraft und das Glück. Ein Sieg wäre ein Sieg für alle Zeiten; was einmal gelingt, gelingt auch ein zweites Mal. Oder immer. *Das* wäre eine Erklärung.

So oder so: Die Kreisform ist für die Psychoanalyse wichtig: Das Verdrängte muss sich immer wieder neu zeigen, das anfängliche Trauma muss erkannt und bearbeitet werden, und so ist der Ausweg aus dem Teufelskreis möglich.[18]

Der dänische Philosoph Sören Kierkegaard hatte fünfzig Jahre vor Freud auch Gutes zur Wiederholung zu sagen. Sie sei das, was bei den Griechen die Erinnerung gewesen sei. „Wiederholung und Erinnerung sind die gleiche Bewegung, nur in entgegengesetzter Richtung. (...) Deshalb macht die Wiederholung, wenn sie möglich ist, einen Menschen glücklich, während die Erinnerung ihn unglücklich macht." Eine neue Philosophie werde lehren, dass das ganze menschliche Leben Wiederholung sei. Das wissen wir auch ohne Philosophie. Wir pendeln immer zwischen Erregung und Abstumpfung und müssen das passende Quantum an Neuem suchen.[19]

Auch der französische Therapeut Jacques Lacan (1901–1981), der Freud lange folgte, sah das so. Er behauptete, dass „all das, was zu einem wesentlichen Fortschritt für das menschliche Wesen gehört, den Weg einer hartnäckigen Wiederholung durchlaufen muss". Seine Hoffnung war: „Nicht das, was danach kommt, wird modifiziert, sondern alles Vorherige. Wir

18 Lang, Nicolas: Die Zeit der Psychoanalyse. Frankfurt 2005, S. 172/175/191.
19 Kierkegaard, Sören: Die Wiederholung. Hamburg 2000, S. 3.

haben eine *nachträgliche* Wirkung." Lacan wollte den Patienten die ganze Vergangenheit umschreiben lassen. Es ist wie ein Eingriff aus der Gegenwart in die Vergangenheit, um auch die Zukunft zu ändern. Dann hat sich der künftige Kreislauf verändert. Wir gelangen von einer Kreisläufigkeit in die andere. In eine bessere.

Ich schaue durch das Fenster meiner kleinen Wohnung zum Castellberg, der nun wieder seine Ruhe hat. Nach der Fasnacht werden sie von dort oben kleine feurige Räder in die Ebene schleudern zum Zeichen dafür, dass der Winter endet. Alle Alpträume der Vergangenheit daran binden und sie fortschleudern, das wäre eine Möglichkeit. Ich denke mir, dass es einfacher wäre, wenn wir nicht von Vergangenem sprechen müssten und auch nicht von der Zukunft, weil beides nicht so richtig vorstellbar ist.

Auf dem Land in Oberägypten war vor fünfzig Jahren die Zukunft undenkbar. Ein Agrarexperte legte einem Bauern dar, wie viel er in ein paar Jahren verdienen würde, und der Bauer wurde wütend, was der Übersetzer noch abmildern konnte. Der ägyptische Bauer hatte das Gefühl, man halte ihn zum Narren, denn welchen Sinn hatte etwas, das irgendwann passieren würde? Bei manchen Indianerstämmen wurde das Konzept, dass eine Reform in einer Zukunft mehr Verdienst einbringen würde, überhaupt nicht verstanden. Man wollte etwas jetzt und sofort. In manchen Sprachen gibt es kein Wort für das „Warten". Da gibt es die Geschichte des Samen in Lappland, der zum Bus ging, der einmal am Tag fuhr. Der Bus sei gerade abgefahren, sagte ihm jemand bestürzt. Der Same zuckte die Schultern. Er war, wo er war.[20] Kein Wunder, dass Kinder zwölf Jahre alt werden müssen, bis sie die Zeit ganz begriffen haben. Sie wollen gleiche Abläufe, wollen dieselben Spiele spielen und immer dieselben Bücher anschauen. Das gibt ihnen Sicherheit. Wenn sie klein sind, wie sollen sie einen Satz verstehen wie „Nächste Woche fahren wir zur Oma"?

Aber wir haben die schwierige Trennung Vergangenheit/Gegenwart/Zukunft in unsere Sprache und unser Denken eingebracht, und nun sehen wir die Welt so. Jeder Zeitpunkt war erst Zukunft, kommt in die Gegenwart und

20 Hall, Edward T.: The Silent Language. New York 1959.

wird Vergangenheit. Ich schreibe hier an einem Buch, das ich im August abgegeben haben werde, und wer es in einem bestimmten Moment liest, tut das für mich in meiner Zukunft, die mich woanders vorfindet (oder wieder hier, Blick auf den Berg). Damit bestimmt die Zukunft meine Gegenwart, und meine Stimme wird für die Leser aus der Vergangenheit ertönen, ist aber deren Gegenwart.

Ich plane einen Artikel für meinen Blog in zehn Tagen ein. Er wird in der Zukunft erscheinen, und ich verändere eine Stelle in einem Artikel vor einer Woche und habe … die Vergangenheit verändert. Aber das Internet ist eine eigene Welt, aus Worten bloß; durch meine Änderung in dem alten Artikel werde ich nicht verändert haben, dass ein Leser sich so ärgerte, dass er ein Glas an die Wand schleuderte, wonach das Glas zerbrach. Es bleibt zerbrochen. Das ist ein Faktum; ein Wort ist das nicht, ein Wort *führt* höchstens zu einem Faktum.

Für Jacques Lacan, der sich auf Martin Heideggers „Sein und Zeit" stützte, stand die Zeit im Zentrum seines Denkens, und so meinte er fast wie Heidegger, in seiner Geschichte verwirkliche sich „das zweite Futur dessen, was ich für das werde gewesen sein, was zu werden ich im Begriff stehe".[21] Das versteht kein Mensch und erinnert an Gedichte in persischer Sprache, die den Autoren erlaubten, ein Verb beliebig zu verwenden – Vergangenheit, Gegenwart oder Zukunft war egal –, Hauptsache, ein Reim kam zustande.

„Werde, der du bist", heißt es in der Hindu-Philosophie, aber wenn man genauer darüber nachdenkt, wird es leicht schwierig: Was du bist, sollst du werden, aber da du es erst werden musst, ist dein „du bist" anscheinend noch versteckt, und wenn du es einmal herausgefunden haben wirst, dann kannst du es auch werden: Was du bist.

Was mit uns war und mit uns sein wird, was wir waren und sein werden, steckt jetzt in uns drin. Wir machen zu viel Aufhebens um unseren Weg hierher, der leicht auch ein anderer hätte sein können.

21 Die Zeit der Psychoanalyse, S. 229/230.

6

IMMER ZU SPÄT DRAN

Geöffnet ist dieses Buch. *Ich* habe es geschrieben, ohne mir etwas darauf einzubilden, und *du*, Leserin oder Leser (wenn ich ausnahmsweise vertraulich werden darf), wirst dich nicht mit diesem „Ich" verwechseln; aber für die Zeit der Lektüre bist *du* eine Weile *ich*, es ist eine Fiktion, und du spielst mich, wie ein Schauspieler eine Rolle spielt, die ihm vorgeschrieben wird. Aber nicht ganz: Du spielst, was dir gefällt, löst dich aus der Rolle und improvisierst. Was dasteht, ist nur Material. Der Linguist Paul de Man hat geschrieben: „Die Unterscheidung zwischen Autor und Leser ist eine der falschen Unterscheidungen, die uns das Lesen vor Augen führt."[22] Für die Zeit der Lektüre gehören wir zusammen, wie Vergangenheit, Gegenwart und Zukunft zusammengehören. Und auch die Welt und wir gehören zusammen; wir lesen die Welt wie ein Buch, und jeder liest sein ganz persönliches Buch.

Das geöffnete Buch. Unsere Augen springen beim Lesen über die Wörter und fixieren sie nur kurz, bis sie erkannt sind. Wir nehmen ganze Einheiten wahr und haben die zuletzt gelesenen Worte abgespeichert, sonst müssten wir stets von neuem anfangen. Wir lieben ja auch Musik, und dazu braucht es ein „Zurückhalten" früherer Noten im Bewusstsein, die wir mit dem jetzt Gehörten zur Melodie verbinden. Beim Lesen und beim Musikhören ist unsere Gegenwart also nicht punktförmig, sondern etwas ausgedehnt. Der deutsche Komponist Arnold Schönberg hat einmal erwähnt, komponieren heiße, eine Blick auf die Zukunft eines Themas zu werfen, es vorwegzunehmen, wieder zurückzuschauen und alles zu einer Einheit zusammenzufassen.

22 de Man, Paul: Allegories of Reading. New Haven 1979, S. 17.

Beim Lesen wird auch blitzartig, könnte man sagen, Zukunft über eine eher geräumige Gegenwart in die Vergangenheit gebracht, eine fortlaufende Umwälzung. Unsere Gegenwart ist eine umfassende Gegenwart, deren genaue Dauer man nicht angeben kann.

Wenn wir den Blick sinken lassen und herumsehen, ist das unsere räumliche Situation, unser Jetzt; aber wir leben konstant in der Vergangenheit. Alles, was wir sehen – Regal, Fenster, Tisch – ist nicht wirklich in diesem Augenblick präsent. Das Licht, das von dort zu uns dringt, braucht eine winzig kurze Zeit, um uns zu erreichen. Wir sehen alles in seinen Vergangenheiten. Sogar das Licht von meinem Computer-Bildschirm hat eine kurze Zeit gebraucht, um meine Augen zu erreichen. Was ich auf dem Bildschirm sehe, ist schon Teil meiner Vergangenheit. Der Berg dort hinten liegt noch weiter in der Vergangenheit.

Die Sonne, falls wir dies am Tag lesen, sehen wir in einem Zustand, den sie vor acht Minuten einnahm. In einem Video über die Dimensionen des Alls war das schön dargestellt. Wir reisen am ersten Januar um 00:00 Uhr ab und fliegen mit Lichtgeschwindigkeit, jagen am Mond und nach acht Minuten an der Sonne vorbei, und am 30. April etwa hätten wir das Ende unserer Milchstraße erreicht, und dann kommt lange nichts, erst nach vier Jahren dann Alpha Centauri. Das letzte mit bloßem Auge noch sichtbare Objekt ist der Andromeda-Nebel, und dieser ist 2,5 Millionen Lichtjahre entfernt. Sogar eine Schnecke, die vom Bayerischen Wald aufbrechen würde und sich vorgenommen hätte, Sizilien zu erreichen, wäre vermutlich schneller dort als wir in der Andromeda-Galaxie. Die nächsten Quasare liegen drei Milliarden Lichtjahre entfernt.

Der Schauder, der die Aufklärer beim Blick auf den gestirnten Himmel erfasste, überkommt uns, wenn wir nur drei Sätze bei Stephen Hawking in seinem Buch „Eine kurze Geschichte der Zeit" (1988) lesen: „Wir wissen heute, dass unsere Galaxis nur eine von einigen hundert Milliarden ist, die man mit Hilfe moderner Teleskope erkennen kann, und jede dieser Galaxien umfasst einige hundert Milliarden Sterne. (...) Unsere Galaxis hat einen Durchmesser von ungefähr hunderttausend Lichtjahren und dreht sich langsam um sich selbst; die Sterne in ihren Spiralarmen benötigen für eine

Umkreisung des Mittelpunkts ungefähr hundert Millionen Jahre. Unsere Sonne ist ein ganz gewöhnlicher gelber Stern durchschnittlicher Größe am inneren Rand einer der Spiralarme."[23]

Was sagen wir dazu? Wir schauen auf unser Buch und blättern einfach zur nächsten Seite um. Das ist nun der Moment, um Benjamin Libet ins Spiel zu bringen. Dieser amerikanische Wissenschaftler bemerkte bei Experimenten Ende der Fünfzigerjahre, dass ein Patient, dessen Gehirn mit einer Elektrode stimuliert wurde, erst eine halbe Sekunde später reagierte. Die Signale des Gehirns wurden ihm also erst mit einer Verzögerung bewusst. Das Bewusstsein war das Problem. Warum merken wir erst 500 Millisekunden später, was im Gehirn passiert ist?

Das deckte sich mit Forschungen von Hans Kornhuber und Ludger Deecke, die auf etwas gestoßen waren, das sie „Bereitschaftspotenzial" nannten. Das Gehirn bereitete eine Bewegung schon einmal vor, und eine halbe Sekunde später trat der Muskel in Aktion, und so ist das auch beim Seite-Umblättern. Wir meinen, den Entschluss zu fassen und den Finger zur Seite zu führen, doch das Gehirn wusste von unserem Plan anscheinend schon früher. Man sprach vom „Geist in der Maschine". Was ist es, das weiß, was ich will? Habe ich keinen freien Willen? Wer bin ich, was ist *ich*?

Mein Bewusstsein hängt also hinterher. Wir nehmen vielleicht nicht das richtige Jetzt wahr, sondern leben in einer subjektiven Welt, eine halbe Sekunde verzögert. Es ist ja unser Gehirn, das ein Zeiterleben hat und es steuert. Wir müssen also das Bewusstsein fragen. Die traditionelle Wissenschaft hält das Bewusstsein für ein vom Gehirn erzeugtes Phänomen. Die Frage lautet: Ist Bewusstsein mehr als das Funktionieren des Gehirns? Wir sind uns bewusst, dass wir denken. Diese „Gerichtetheit" oder „Absichtlichkeit" sagt uns, dass wir ein Bewusstsein *von* etwas haben, denn dieses hat Inhalte und Absichten. Der amerikanische Psychologe William James sprach dem Bewusstsein fünf Kennzeichen zu: Zielgerichtetheit, Subjektivität, Wechsel, Kontinuität und Wahlfreiheit (*selectivity*).

---

23 Hawking, Stephen W: Eine kurze Geschichte der Zeit. Reinbek 1988. S. 54/55.

Schon in der Antike sagte der berühmte Arzt Hippokrates, das Gehirn sei bloß der „Übersetzer des Bewusstseins". Der kanadische Neurologe Wilder Penfield meinte in seinem Buch „The Mystery of the Mind", das Bewusstsein bediene sich einer anderen Energie als das Gehirn. Ein unabhängiges Bewusstsein müsste allerdings durch Telepathie auf das Gehirn einwirken, und der Neurologe Sir John Eccles dachte in diese Richtung. Bestechend wirkt hier das Bild vom Gehirn als Fernsehgerät und dem Bewusstsein als Fernsehprogramm. Der Fernseher mag kaputt sein, doch das Programm läuft weiter, wie Nahtod-Erfahrungen zeigen.

Über das Bewusstsein wissen wir noch wenig. Dass es existiert und uns Menschen zum Menschen macht, zeigt die Tatsache, dass wir dies hier lesen und wissen, dass wir es sind, die das lesen. Der in den USA lehrende Soziologieprofessor Roland Benedikter meint, Körper und Psyche wären eingehend erforscht worden, nur das Ich sei noch der „dunkle Kontinent". Das Ich, das „bewusste Bewusstsein" – im Gegensatz zum Unterbewusstsein, das zusammen mit dem Ich als *Selbst* definiert wurde – bilde sich um ein „gänzlich unverstandenes Kern-Ich" am Schnittpunkt von Materie, Geist und Seele.

Wir dürften, streng logisch betrachtet, Gehirn und Bewusstsein nicht zusammen denken, denn es ist das *Ich*, das „Ich" oder „Gehirn" sagt; wenn das Ich den Begriff „Gehirn" nicht hervorgebracht hätte, gäbe es ihn nicht. Das Bewusstsein rangiert also schon in der Logik vor und über dem Gehirn. In der englischen Sprache wird gern das Wort „mind" verwendet, das mehr meint als Bewusstsein („consciousness"). Der englische Aufklärer John Locke schrieb: „Bewusstsein (consciousness) ist die Wahrnehmung dessen, was im Geist (mind) eines Menschen abläuft." Vielleicht sollten wir den Begriff „Geist" wiederbeleben, meinte Benedikter.[24]

---

24 Benedikter, Roland: Jahrzehnt des Gehirns, des Verstandes – oder der Vernunft? In: Grenzgebiete der Wissenschaft, Innsbruck (58), 2009, S. 195-222.

II DIE UHREN UND DIE HUREN

Hier in meiner Wohnung gibt es keine Uhr. Wenn ich wissen will, wo der Tag steht, muss ich auf mein Telefon schauen, dessen Digitalanzeige mir etwas Mysteriöses verrät: 13:11.

1

INNERE RHYTHMEN

Meine frühere italienische Lebensgefährtin hat oft im Scherz „Die Uhren und die Huren" gesagt, weil Italiener ein H am Anfang eines Wortes nicht aussprechen können. Der Satz klingt also wie „die Uhren und die Uhren". Aber eine Wahrheit steckt darin. Die Uhr ist die Hure eines geheimnisvollen Zuhälters im Hintergrund, von dem keiner weiß, ob er existiert (die Zeit) und gleichzeitig unsere „Domina". Die meisten Menschen im Westen müssen sich sklavisch nach ihr richten, während die Angehörigen anderer Kulturen ihr Leben nach dem Leben richten, so wie es läuft. Ist das überhaupt noch so? Die westliche Zivilisation sickert überall ein.

Darum sind die Geschichten, die Edward T. Hall 1959 in seinem Buch „The Silent Language" erzählte, vielleicht schon Geschichte. Im Nahen Osten sei es sinnlos, Termine über eine Woche hinaus anzukündigen, meinte er: Das gelte als fernste Zukunft. Ein berühmter Indianertanz bei den Navajos im Südwesten fing nicht um 20 Uhr an, sondern wenn alles bereit war; das konnte auch um 2 Uhr morgens sein. Wir sind ja immer pünktlich, aber in der Karibik oder Südamerika etwa kann eine Verspätung von fünfzig Minuten als soziale Vereinbarung gelten.

In dem Buch „Beyond 9 to 5" von Sarah Norgate fand ich ein hübsches Beispiel für die weltweiten Unterschiede in der Behandlung der Zeit. Robert Levine von der California State University fragte sich 1997: Wie kann ich herausfinden, wo das Leben am schnellsten abläuft? Wie kann man eine solche Frage mit einer Studie „operationalisieren"? Levine dachte sich drei Fragen aus: Wo gehen die Uhren am genauesten? Wie schnell bewegen sich Passanten? Wie schnell erhält man auf der Post eine Briefmarke, wenn man einen großen Geldschein vorweist, der gewechselt werden muss? Wunderschön.

Die Uhren gingen am genauesten in der Schweiz, mit einer Abweichung von neunzehn Sekunden gegenüber dem Normwert. Alles andere hätte uns gewundert. In Guatemala betrug die Abweichung im Schnitt drei Minuten. Levine stellte Leute an, die in einunddreißig Städten der Welt messen sollten, wie lange Passanten brauchten, um eine Strecke von zwanzig Metern zurückzulegen. Die Dubliner waren besonders schnell, sie brauchten elf Sekunden, während für die Bewohner Rio de Janeiros sechzehn Sekunden gemessen wurden. Auf dem Postamt reagierten die Angestellten in Frankfurt am Main blitzartig: Dreizehn Sekunden dauerte die Transaktion im Durchschnitt. In Mexiko musste der Kunde über eine Minute darauf warten.

Die Studie von Robert Levine zeigt Zürich und Bern (Bern?! Die Berner gelten in der Schweiz als langsam) auf Platz eins, gefolgt von Irland (Dublin), Deutschland (Frankfurt), Japan (Tokio) und Italien (Rom). Rom? Da habe ich fünf Jahre gelebt und andere Erfahrungen gemacht. Aber gemessen wurde wohl in der Innenstadt. Am Ende der Liste, von Platz 27 bis 31, lagen Syrien (Damaskus), El Salvador (San Salvador), Brasilien (Rio), Indonesien (Djakarta), und das Schlusslicht war Mexiko (Mexiko-Stadt), wo es doch einmal „die schnellste Maus von Mexiko" gegeben haben soll, Speedy Gonzalez.[25]

Doch nun müssen wir von den Uhren sprechen, den Huren der Zeit.

2
HIMMLISCHE UND IRDISCHE UHREN

In vier Stunden kann ich mit dem Rennrad aus der Rheinebene hinauf in den Schwarzwald fahren, durch Freiburg hindurch, vorbei an den Zwillingstürmen der Kirchen von St. Peter und St. Märgen, hinein ins „Hexen-

25 Norgate, Sarah: Beyond 9 to 5. London 2006, S. 19-21.

loch" und wieder hoch nach Furtwangen. Da gibt es das Deutsche Uhrenmuseum. Weite Säle empfangen uns, in Vitrinen und an den Wänden nichts als Uhren, überall tickt es, manchmal schlägt eine Standuhr an – nur wie spät es ist, bleibt ungewiss, da alle Uhren eine andere Zeit zeigen. Sogar Uhrenliebhaber Kaiser Karl V. (1519–1556), der letzte römisch-deutsche Kaiser, soll geklagt haben, seine Uhren gingen nie gleich. Dann endlich konnte er seinem Haushofmeister freudig mitteilen, sie gingen nun richtig. Allerdings gingen sie keineswegs; sie waren nur durch einen Zufall zugleich stehen geblieben.[26]

Auf den Zifferblättern der Uhren hält man es mit der Ordnung. Die Zeiger spiegeln sich an einer senkrechten Achse, und am häufigsten sind sie leicht erhoben wie Hände, die nach dem Himmel greifen: zehn nach zehn. Oder zehn nach zwei. Ein neuerer Bildband über die „Geschichte der Chronometer", „Zeit & Meer" von Constantin Parvulesco, hat auf dem Umschlag eine edle Uhr, die 10:09 Uhr anzeigt. Diese Beobachtung bestätigte sich auch beim Blick auf eine Ausgabe der italienischen Hochglanz-Zeitschrift „L'Orologio" (Die Uhr)[27]: Die „Patek-Philippe"-Armbanduhr (Modell Gondolo) auf dem Titel stand auf 10:08 Uhr, und achtzig Prozent der abgebildeten Uhren präsentierten sich mit einer Zeit zwischen 10:08 und 10:12 Uhr auf dem Zifferblatt. Eine Uhr der Firma Jaeger-LeCoultre kostet übrigens 172.000,- €, eine „Vacheron Constantin" 251.600,- €.

Wie spät ist es also? Zehn nach zehn ist schon vorbei. Hoffentlich ist es nicht fünf vor zwölf, die vielleicht populärste Zeitangabe und Zeigerstellung, die uns im übertragenen Sinn sagt, dass es gefährlich wird und die Apokalypse naht, dass aber noch Hoffnung ist. Danach, um zwölf Uhr nachts, beginnt die Geisterstunde. Aber schließlich präsentiert im Untergeschoss eine Digitalanzeige endlich die Zeit: 13:46 Uhr am 24. April.

Man nehme einen Stab oder eine Stange und ramme sie senkrecht ins Erdreich. Und schon hätten wir eine Sonnenuhr. „Gnomon" nannten die Griechen den Stab („Übersetzer" oder „Wissender", von *gnosis*, Wissen), der einen Schatten werfen sollte auf ein Geflecht aus Himmelsrichtungen

---

26 Graf, Johannes: Moderne Zeiten. Furtwangen 2006, S. 13.

27 L'Orologio, Mailand, Ausgabe Mai 2012 zur Uhren- und Schmuckmesse in Basel.

und Bögen. Wenn man das „Zifferblatt" korrekt gestaltet und die Linien mit ganzen Zahlen nummeriert, haben wir schon eine schöne Uhr. Schon früh hat man angefangen, den Tag in zwölf Teile einzuteilen – die Stunden. Der Schatten deutet auf eine Stelle: Der Gnomon hat mir verraten, in welchem Bezug der Start eines Jets zur Tageszeit und auch zur Jahreszeit steht. Der Stab hat das Ereignis in die Sprache der Sonne übertragen. Ein Gnomon ist auch das Horoskop, wörtlich aus dem Griechischen mit „Stundenzeiger" übersetzt. Dieser Zeiger stellt nach astronomischen Grundsätzen die Stellung der Gestirne im Augenblick der Geburt dar.

Die Ägypter hatten Sonnenuhren schon im 8. Jahrhundert vor Christus. Die Sterne beobachteten sie auch, und da verfolgten sie den Vorübergang von einem und hielten einen Referenzpunkt fest; und sie maßen die Winkel zwischen zwei Himmelsobjekten. Die altägyptischen Obeliske sind riesige Gnomonen. Die englische Anlage Stonehenge mit ihren Steinkolossen ist mit ihrer Hauptachse auf den Aufgangspunkt der Sonne zur Sommersonnenwende am 21. Juni gerichtet. Einen Steinkalender hätte man aber einfacher haben können; vermutlich diente Stonehenge auch kultischen Zwecken.

Die alten Astronomen konnten mit einem Blick auf den Nachthimmel auf die Viertelstunde genau sagen, wo sich die Nacht befand. Mit diesem Wissen bauten sie ihre Astrolabien, die erst im Jahr 1000 unserer Zeitrechnung zur Vollendung gelangten und die Vorläufer des Sextanten waren. Ein Astrolabium bestand aus einer aufhängbaren Platte, die auf die Sterne hinwies und eine Einteilung von vierundzwanzig Stunden besaß.

Wenn wir nicht auf den Himmel schauen wollen, brauchen wir etwas, das regelmäßig fließt und uns das misst, von dem wir nicht genau wissen, was es ist. Die Clepsydrae waren Wasser-Uhren. Wasser floss durch eine Öffnung in ein geeichtes Gefäß, und das funktionierte im Tempel in Karnak in Ägypten schon um 1500 vor Christus. Galileo Galilei, Schöpfer einer Wasseruhr, sagte so richtig: „Zunächst einmal ist es Wasser und nicht Zeit, was fließt." Sanduhren mit dem Stundenglas kamen nach 1300 in Europa auf. Man nennt solche Uhren auch Elementaruhren.[28]

---

28 Nach: Fraser, J. T. : The Genesis and Evolution of Time. Brighton 1982, S. 4 ff.

3
RÄDERUHREN UND DAS PENDEL

Unsere mechanischen Uhren sind eigentlich auch Planetenuhren. Der kleine Zeiger folgt der Sonne und bewegt sich mit der doppelten Winkelgeschwindigkeit des Zentralgestirns. Wie schon bei der Räderuhr, die es seit 1300 gibt, greifen Zahnräder ineinander, und eine aufgezogene Feder lieferte ihnen ab 1430 den Antrieb. Ihr Aufkommen führte zum Uhrmacherhandwerk. Es hat Galileo Galilei viel zu verdanken.

Galilei sah einmal bei der Messe im Dom von Pisa einen großen Kerzenleuchter über den Köpfen der Gläubigen schwingen. Damals musste man Einfälle haben – und der Gelehrte maß die Bewegung an seinem eigenen Pulsschlag. Die Schwingung des Leuchters war überaus regelmäßig, und so erdachte Galilei eine Pendeluhr, mit der Ärzte später auch den Puls von Patienten maßen. Christian Huygens (1629–1695) baute dann eine solche und meldete sie 1657 zum Patent an. Sie war bis auf zehn Sekunden am Tag genau. Die schönen alten Standuhren, sie gehen alle auf Galilei und den Niederländer zurück.

Das hin- und herschwingende Pendel durchschneidet den Raum wie ein Messer, mit furchterregender Präzision, und Edgar Allan Poe, der Erfinder des Detektivromans und der Schauererzählung, hat sich das zunutze gemacht. In der Geschichte „Die Grube und das Pendel" liegt ein Verurteilter gebunden da, und ein Pendel schwingt über ihm, senkt sich allmählich als glitzernder Stahl. „Ich sah, dass noch zehn, zwölf Schwingungen es in Kontakt mit meinen Kleidern bringen würden." Aber er hat Glück: Die Ratten fressen seine Stricke auf, und als das Pendel ihn gerade streift, rollt er sich beiseite.[29]

29 Poe, Edgar Allan: Selected Tales. London 1994, S. 251-166.

„Da endlich sah ich das Pendel." So beginnt der Roman „Das Foucaultsche Pendel" von Umberto Eco (1988), der darin erläutert, in einem Vakuum würde das Gewicht am Ende des Fadens „in alle Ewigkeit pendeln". Fasziniert schreibt er: „Die Erde rotierte, doch der Ort, wo das Pendel verankert war, war der einzige Fixpunkt im Universum." Er war die Mitte der Welt, wo es keine Zeit gibt.[30]

In der Erzählung „Die Maske des Roten Todes" von Poe steht im hintersten Raum der Burg, der mit schwarzem Samt ausgekleidet ist, eine wuchtige Standuhr aus Ebenholz. „Ihr Pendel schwang mit einem dumpfen, schweren, monotonen Geräusch hin und her." Der Stundenschlag ist klar, laut und so musikalisch, dass das Orchester stets pausieren muss; später dann, im Fortgang des Fests, schlägt sie erneut. Stille setzt ein. Alle Träume sind „wie eingefroren". Alle lauschen dem Läutwerk nach, doch dann setzt die Musik wieder ein, bis schließlich ein Mann in der Maske des Roten Todes vor Fürst Prospero erscheint. Dieser erbleicht.[31]

Die Uhr und das unerbittlich heraufziehende Ende. Das Skelett als Allegorie des Todes mit dem Stundenglas, durch das der Sand rinnt. Die tickende Uhr. „'Es ist ja nur ein Muskel', sagte der Oberst." Sein angegriffenes Herz meint damit Richard Cantwell in dem Roman „Über den Fluß und in die Wälder" von Ernest Hemingway (1950), und dieser Muskel „arbeitet so vollkommen wie eine Rolex Oyster Perpetud. Hat nur den Fehler, dass man ihn nicht an den Vertreter der Rolex schicken kann, wenn er reparaturbedürftig ist. Wenn er stehen bleibt, weißt du einfach nicht, wieviel Uhr es ist. Du bist tot."[32] Hemingway schrieb auch den Roman „Wem die Stunde schlägt", und der Schlag zeigt die Zeit eines Menschen an wie in den Versen an der Friedhofskapelle Grißheim am Rhein: „... und magst du Kronen tragen, / die Zeit vergeht, / die Stunde schlägt, / und eh ein Hauch ein Blatt bewegt, / wird auch die deine schlagen!"

Der Ruf des Kuckucks sagt im Volksmund, wie viele Jahre einem bleiben. Bei der Kuckucksuhr, in Furtwangen stark vertreten, zählt der krähen-

30 Eco, Umberto: Das Foucaultsche Pendel, Frankfurt 1988, S. 9/11.

31 Poe, Edgar Allan, S. 192-198.

32 Hemingway, Ernest: Über den Fluß und in die Wälder. Reinbek 1961, S. 94.

de Vogel allerdings nur mechanisch die Stunden durch. Dennoch sagt der Dichter (Horaz): „Horae vulnerant, ultima necat.“ Die Stunden verwunden, und die letzte tötet.

Die Uhr und das Leben, ausgedrückt durch das schlagende Herz, standen aber schon immer in Verbindung. Die amerikanische Parapsychologin Louisa B. Rhine hatte in ihrer Sammlung siebenunddreißig Fälle, in denen eine Uhr stehenblieb, als ein Angehöriger der Familie weit entfernt sein Leben einbüßte – eine oft gehörte Geschichte. Der Autor Friedrich W. Doucet erzählt in einem Buch, seine Wanduhr sei eines frühen Morgens stehen geblieben. „Die Uhr zeigte exakt die Zeit, zu der bei einem engen Freund, Wolf L., nach einer unfallbedingten komplizierten Gehirnoperation und anschließender mehrwöchiger Bewusstlosigkeit der Eintritt des Todes in der Klinik registriert worden war.“[33]

Die Uhrmacher waren zur Zeit der Aufklärung um 1750 schon seit drei Jahrhunderten tätig, als sich Autoren immer häufiger der Metapher vom Uhrmacher bedienten, um den Großen Ur-Macher (*le grand orloger*) zu bezeichnen. (Tausend Jahre zuvor war Gott der Große Töpfer gewesen, und 1680 bezeichnete ihn Newton als „Mechanick“.) Der Schotte Steuart (1715–1772) verglich die Wirtschaft mit einer Taschenuhr (*watch*). Sie sei wie das Universum, ein perfekter Mechanismus, der nicht durch Eingriffe von außen gestört werden dürfe. Damit sagte er auch, dass unsachgemäße Handhabung doch zuweilen Korrekturen durch jemanden nötig mache, der der Staatsmann sein könne.

Voltaire (1694–1778) wandte sich in einem Brief 1766 gegen den Atheismus, „weil es genauso lächerlich ist zu sagen, dass die Ordnung der Welt nicht die Existenz eines höchsten Handwerkers beweise, wie es unverschämt wäre zu behaupten, eine Uhr setze keinen Uhrmacher voraus“. Und nach D'Alembert (1717–1783) bewiesen Tiere und Pflanzen „Intelligenz, so wie die Uhr die Existenz eines Uhrmachers beweist“. Der englische Theologe William Paley (1743–1805) führte das in seinem Buch „Natural Theology“ (1802) aus: Fände man einen Stein, so habe der womöglich immer

33 Doucet, Friedrich W. : Die Toten leben unter uns. Wien 1979, S. 45.

schon dort gelegen; fände man eine Uhr, so müsse man darauf schließen, dass sie einen schlauen Urheber habe, den Uhrmacher, den Paley „Designer“ nennt.[34]

Friedrich Nietzsche bog dann das Uhrengleichnis auf die Gelehrten selbst zurück und lässt seinen Zarathustra über diese sagen: „Gute Uhrwerke sind sie: nur sorge man, sie richtig aufzuziehn! (...) Gleich Mühlwerken arbeiten sie und Stampfen: man werfe ihnen nur seine Fruchtkörner zu! – sie wissen schon, Korn klein zu mahlen und weißen Staub daraus zu machen.“ Ja, das wissen wir. Danke für die Belehrung!

4

ATOMUHREN UND: WAS IST DIE UHR?

Die Taschenuhr wurde nach vierhundert Jahren im Dienst 1900 allmählich von der Armbanduhr abgelöst, die sich 1930 durchsetzte. Die Uhr am Handgelenk wird zu einem integralen Teil des Körpers und steht am Beginn der Versklavung des Menschen durch die Zeit. Sind alle versklavt? Nein. Manche weigern sich. Uhren abzulehnen heißt: Ich will ohne Zeit leben. Bei einem Aufstand im 19. Jahrhundert legten Revolutionäre ihre Gewehre auf die Turmuhren an, wie Walter Benjamin berichtete. Hans Peter Duerr, der die Episode erwähnte, würdigte diesen „anarchistischen Sinn für die Zeitlosigkeit“.[35]

Bei einem Abendessen in Singapur, das André Malraux aufzeichnete, erinnert sich der französische Inspektor der Konsulate an Abadan auf Borneo in den Zwanzigerjahren und seine nachts heulenden Hunde und kreischenden Hähne. „Jeder Wilde mit einer stehengebliebenen Armbanduhr. Die Japaner hatten sie lastwagenweise angeliefert. Keine Uhr hält diesem

34 Nach: Lier, Gerda Das Unsterblichkeitsproblem, Band I, Göttingen 2010; S. 293/294.
35 Duerr, Hans-Peter: Traumzeit. Frankfurt 1982, S. 143.

Klima stand. Aber weißt du, mein Lieber, das ist beunruhigend, so ein Ort, wo es überall Uhren gibt, und die Zeit – nirgends …“[36]

Noch ein halbes Jahrhundert vor diesen Aufzeichnungen war die Zeit überall und in großer Variationsbreite vorhanden, denn jede bedeutendere Stadt hatte ihre eigene. Man richtete sich nach dem Sonnenstand, und überall war zu einer anderen Zeit Mittag. Für Bayern galt fast das ganze 19. Jahrhundert über die Münchner Ortszeit, die sich von jener der Berliner um sieben Minuten unterschied. Ich habe ein paar Jahre in St. Gallen gelebt. Wäre ich im Jahr 1880 von dort nach Osten gefahren, gegen den Uhrzeigersinn um den Bodensee herum, wäre ich aus der Schweizer Zeitzone (Berner Zeit) in Bregenz in die österreichische eingedrungen, wo die Zeit von Prag galt, es also zweiunddreißig Minuten später war. In Lindau galt die Münchner Zeit, und das hieß: Die Uhr sechzehn Minuten vorstellen.

Friedrichshafen war württembergisch, Stuttgart war maßgebend, und da war es wiederum neun Minuten früher. 14:00 Uhr in Arbon am See waren also 14:32 Uhr in Bregenz, 14:48 Uhr in Lindau, 14:39 Uhr in Friedrichshafen und 14:36 Uhr in Konstanz (Karlsruher Zeit). Ich hätte für ein Treffen mit jemandem immer „14:00 Uhr Ortszeit“ sagen müssen. Die Eisenbahn fuhr seit 1837, und 1860 umfasste das weltweite Streckennetz bereits mehr als 100.000 Kilometer, aber vermutlich waren die Fahrpläne auch in Deutschland nicht so exakt, so dass ein paar Minuten zwischen einer Ortszeit und der nächsten keine große Rolle spielten.

Am 12. März 1893 wurde dann das deutsche Zeitgesetz verabschiedet. „Wir, Wilhelm, von Gottes Gnaden Deutscher Kaiser, König von Preußen, verordnen im Namen des Reichs …: Die gesetzliche Zeit in Deutschland ist die mittlere Sonnenzeit des fünfzehnten Längengrades östlich von Greenwich.“ Die Schweiz, die freilich viel kleiner ist, hatte sich bereits 1848 auf eine feste Zeit geeinigt. Für die Welt beschloss im Oktober 1884 die Internationale Meridiankonferenz die Einteilung in 24-Stunden-Zonen von je 15 Längengraden, und der Greenwich-Meridian wurde zum Nullmeridian erklärt.[37]

---

36 Malraux, André: Antimémoires. Paris 1972, S. 395.

37 http://zeitzonen.net/html/geschichte.html

Er war auch der erste Meridian (das Problem mit der Null und der Eins), und Ptolemäus sah ihn in Alexandria in Ägypten, ein Araber legte ihn nach Cadiz, drei Spanier ließen ihn durch Toledo laufen, während Kepler Uranienborg vorschlug und ein gewisser Riccioli Bologna. Es war eine Sache der nationalen Ehre, und die Franzosen ignorierten die Entscheidung von 1884, die für Greenwich, jahrelang. In die Stadt bei London wandern in W. G. Sebalds Roman „Austerlitz" der Erzähler und der Titelheld. „Die Zeit, so sagte Austerlitz in der Sternkammer von Greenwich, sei von allen unseren Erfindungen die weitaus künstlichste und, in ihrer Gebundenheit an den um die eigene Achse sich drehenden Planeten, nicht weniger willkürlich als etwa eine Kalkulation es wäre, die ausginge vom Wachstum der Bäume oder von der Dauer, in der ein Kalkstein zerfällt …"[38]

Der Engländer Alexander Bain (1810–1877) stellte 1840 den Prototyp seiner elektrischen Uhr vor, die nicht mehr durch ein Gewicht oder eine Feder angetrieben wurde, sondern durch Strom. Dazu erfand er eine Batterie, und er übertrug auch Zeitsignale durch Telegrafenkabel von der Mutteruhr zur Nebenuhr, erstmals 1846 zwischen Edinburgh und Glasgow. Dreißig Jahre später verpasste der kanadische Eisenbahningenieur Sandford Fleming in Bundoran in Irland wegen eines Druckfehlers im Fahrplan einen Zug: Er hatte um 5:35 Uhr gewartet, aber nachmittags (p.m.: past meridian, Nach-Mittag), doch der Zug war schon „a.m." (ante meridian, Vor-Mittag) abgefahren. Sandford schlug vor, die Stunden durchzuzählen, von 1 bis 24, und man könnte den Erdball auch in 24 Zeitzonen von je 15 Grad Länge einteilen. So kam es dann 1884.[39]

Heute gilt die koordinierte Weltzeit, Universal Time Coordinated (UTC), orientiert an Greenwich und bestimmt durch Atomuhren. Die astronomische Sekunde ist ein 86400stel des normalen Sonnentags. 1955 wurde die Sekunde atomar definiert. Das Internationale Büro der Gewichte und Maße (BIPM) befindet sich auch in Paris, wo das Foucaultsche Pendel hängt. Zweihundertfünfzig koordinierte Atom-Uhren messen den angeblichen Verlauf der Zeit am Verfall von Caesium-Atomen, die im Labor die zuverlässigsten Frequenzen liefern. Die Strahlung von einem Übergang des

38 Sebald, W. G.: Austerlitz. München 2001, S. 145/146.
39 Graf, Moderne Zeiten, S. 5/23.

Cs-133-Atoms zum nächsten Zustand wird gemessen, und eine Sekunde ist die Schwingung des Caesium-Atoms von 9192631,770 Hertz.[40]

Genausogut könnten wir als Grundlage einen Uhrenstern oder eine Sternenuhr hernehmen, wie den binären Pulsar PSR 1913 + 16, der 1974 entdeckt wurde. Es handelt sich um zwei kleine ausgebrannte Sterne, die sich wirbelnd umeinander drehen und dabei ein Magnetfeld erzeugen, und dieser kosmische Dynamo, tausendfünfhundert Lichtjahre entfernt, schickt wie ein Leuchtturm seinen Strahl durchs Universum. Den ersten Pulsar entdeckten Jocelyn Bell und Anthony Hewish 1967 in Cambridge. Sie hatten einen Wald von Teleskopen aufgebaut, der den Himmel der sich ständig drehenden Erde beobachtete. Der Wald sah vermutlich aus wie das weitläufige Zaungeflecht, an dem sich in meiner Nähe die Weinreben emporranken. Ihr Pulsar hatte einen Impuls von 0,016 Sekunden Dauer, der sich alle 1,33730113 Sekunden wiederholte. Daran könnten wir unsere Zeit messen!

Der kleine Prinz in dem gleichnamigen Buch von Antoine de Saint-Exupéry besucht seinen fünften Stern, den bislang kleinsten. Er trifft einen Mann, der die Laterne auf dem Planeten am Morgen anzünden und am Abend löschen muss. Der „Anzünder“ beklagt sich, der Stern drehe sich immer schneller. Er habe keine Ruhe mehr, müsse die Laterne pro Minute einmal anzünden und auslöschen. „Das ist witzig!“, ruft der kleine Prinz aus. „Bei dir dauert ein Tag eine Minute.“ Ja, sie redeten schon einen Monat miteinander, also dreißig Minuten. Wenn der Planet bei diesem Rhythmus bliebe, wäre er eine Uhr, für den ein Tag eine Minute wäre. 1440 Sonnenuntergänge an einem Erdentag! Traumhaft, denkt sich der kleine Prinz.[41]

Der englische Physiker Julian Barbour fragte einmal einen Kollegen, einen Fachmann für die Relativitätstheorie, was eine Uhr sei, und dieser antwortete, es sei ein Gerät, das nach Angaben des Internationalen Büros der Maße und Gewichte so exakt wie möglich die Zeit messe. Barbour wunderte sich: Müsste der Physiker nicht dem Pariser Büro sagen, was eine

40 Peake, Anthony: Labyrinth of Time. London 2012, S. 94/95.

41 Saint-Exupéry, Antoine de: Le petit prince. S. 42-45.

Uhr sei? Er rügte auch Einstein, der immer von Uhren spreche, aber nie gesagt habe, was er darunter verstehe.[42]

Wenn wir schon nicht genau wissen, was eine Uhr ist, so wissen wir vielleicht, was sie tut. In seinem Buch „Other Worlds" schreibt der Physiker Paul Davies: „Misst die Uhr die Zeit? Niemand hat das je bewiesen."[43] Und trotzdem messen wir.

5

ALTERNATIVE MESSUNGEN

Unsere Zeitmessung ist so exakt, dass man sogar Entfernungen dadurch bestimmt. Seit dreißig Jahren ist ein Meter die Strecke, die das Licht im Vakuum in der Zeit von 1/299.792.458stel Sekunde zurücklegt. Schon die Inder maßen Entfernungen durch die Zeit. Wir sind zwar ganz selbstverständlich, wo wir sind, aber wenn wir unseren Ort verändern, zählen wir ja nicht unsere Schritte. Wir schauen meist auf die Uhr.

Wir wollen nur unsere Position in dieser Welt bestimmen. Auf einem Segelschiff im 14. Jahrhundert war das nicht einfach. Auf welchem Längengrad sind wir? Ein Matrose warf ein Tau ins Wasser, an dessen Ende sich ein hölzernes Brett befand, das Log (daher das Logbuch), in das in regelmäßigen Abständen Knoten geknüpft waren (daher die Geschwindigkeitsbestimmung „Knoten"). Mit Sonnenstand, Windrichtung, zurückgelegten Meilen, Sternenstand und einer Sanduhr konnte man ungefähr berechnen, wie weit man gekommen war – wenn das Schiff auf einer fast geraden Linie gleichmäßig dahinfuhr.[44] Oder wir wollen die Position eines Objekts in der Welt bestimmen: Viele Touristen machen vor dem schiefen Turm von

42 Barbour, Julian: The End of Time. New York 1999, S. 135.
43 Davies, Paul: Other Worlds, S. 96.
44 Eco, Umberto: Die Insel des verlorenen Tages. Frankfurt 1997, S. 241.

Pisa Fotos, und oft hält die Partnerin des Fotografen den Arm senkrecht hoch, um zu zeigen, dass der „Torre pendente" wirklich schief ist. Der Arm ist das Maß, an dem man es sieht.

Vor allem in der komplizierten Warenwelt müssen wir uns orientieren (was vom Orient kommt). Darum wollen wir auch immerzu wissen, was etwas kostet, wie groß jemand ist oder welchen Tag wir haben. Wir stecken unrettbar in einem Geflecht aus Zahlen, und das hätte Pythagoras gefallen! Wir vergleichen, um daraus Anweisungen für unsere Handlungen zu gewinnen. Die Zeit ist ein Maß wie Geld. Zeit ist Geld! Wie wahr. Der Preis für eine Ware macht sie anderen Waren vergleichbar, damit wir Güter austauschen können. Der Euro ist nur ein Bezugssystem neben anderen, er ist unser Maß. Wir geben ihn aus, und wir vergeuden und verschwenden auch manchmal unsere Zeit, und manche Tätigkeit kostet Zeit.

Auch die Sprache ist ein Mittel oder ein Medium, wie Zeit und Geld es sind. Mit ihnen tauschen wir. Das Mittelalter hindurch war das Goldstück das wert, was auf ihm stand, die Worte waren gleichbedeutend mit den Dingen, und die Zeit war, was sie war: Wie sie empfunden wurde. Im 17. Jahrhundert änderte sich das: Die Japaner schufen die Quittung und die Schweden das Papiergeld (1666), und nun war Geld etwas Symbolisches: ein Medium, ein Zeichen. Cervantes ließ in seinem „Don Quijotte" um 1600 sich selbst auftreten, und auch die Sprache wurde zu Spielmaterial und zu einem Zeichen. Am Ende des 17. Jahrhunderts stand die absolute Zeit des Sir Isaac Newton. Zeit, Geld und Sprache hatten ihre Magie verloren und waren zu Instrumenten geworden.

Zeit und Geld. Die griechische Regierung verschob vor der Euro-Einführung (laut einem 3sat-Beitrag vom 19. April 2013) hohe Militärausgaben in die Zukunft, um sie später, als es ernst wurde und es ans Begleichen ging, sie an der Gegenwart vorbei in die Vergangenheit zurückzuschieben. Die Finanzwelt hat mit ihren trickreichen Operationen zur Geldvermehrung das Zeitgefüge erschüttert: Man wettet auf später eintretende Gewinne oder Verluste. Wenn sich das Wort nicht mehr auf einen Sachverhalt im Jetzt bezieht und das Geld nicht mehr auf eine aktuell zu erwerbende Ware, wird die Lage undurchsichtig. Es ist, als würde ich jemandem ein Treffen um 20 Uhr vorschlagen und im Kleingedruckten „Ortszeit San Francisco“ angeben.

Anthony Peake erwähnt in seinem Buch „The Labyrinth of Time“ (2012), dass die ägyptischen Pharaonen sich die Tatsache zunutze gemacht hätten, dass Paviane genau jede Stunde urinieren. Eine Darstellung am Grab von Tutenchamon zeigt 24 Paviane. Man brauchte etwas Regelmäßiges, mit dem man Verläufe messen konnte.

6

INNERE UND ÄUSSERE ZEIT

Ich bin ein wenig ins Trudeln gekommen bei meinen Kreisbewegungen. Ich habe nicht klar auseinandergehalten, was interne und externe Zeit ist. Meist habe ich von der Zeit gesprochen, wie sie die Uhren zeigen. Doch gibt es zu jedem Außen auch ein Innen. Die Uhren können zeigen, was sie wollen – wir nehmen Abläufe und Ereignisse trotzdem subjektiv wahr, und außerdem ist die Zeit (besser: die Zeiterfahrung) ein soziales Phänomen, das überliefert und erlernt wird.

Auch in der Kunst unterscheiden wir eine äußere und innere Zeit. In der Literatur sprechen wir von „erzählter Zeit“ und von „Erzählzeit“. Die erste bezieht sich auf die Dauer der Geschichte, und das können mehrere Generationen sein. Die zweite misst, wie lange wir fürs Lesen brauchen.

Die Musik ist die Kunst in der Zeit, wo Malerei Kunst im Raum ist. Der russische Komponist Strawinsky hat von „psychologischer“ und „ontologischer“ (oder objektiver) Zeit in der Musik gesprochen, und man könnte auch von „gelebter“ und „gemessener“ Zeit sprechen. Die Musik von Bach klingt streng und objektiv, da überwiegt die gemessene Zeit, während die Romantiker sich dem Gefühl und der „gelebten“ Zeit widmeten. Moderne

Musikformen wie Swing und Rock stellen eine Mischung dar: Improvisation und Melodien über einem gleichmäßigen Rhythmusgerüst, wodurch beide Zeiten gleiches Recht erhalten.[45]

Pythagoras, der in Crotona seine Brüderschaft gründete und ein Zeitgenosse von Heraklit und Parmenides war (er starb 510 vor Christus, dreißig Jahre nach deren Geburt), sprach nicht von der Zeit, sondern von der Zahl: Er erkannte, dass die Intervalle auf der Harmonieskala in einem numerischen Verhältnis zueinander standen. Pythagoras soll aus einem Laden den Klang von Hämmern gehört, danach verschiedene Gewichte an einem Strang befestigt und geschlossen haben, die Musik sei ein mathematisches Phänomen. Aristoteles: Wir messen die Zeit durch die Zahl. Die Zahl drückt die Bewegung aus durch Abstände und Zyklen.

Alle Pflanzen, Tiere und Bakterien sind in ihrem Innenleben auf die Licht-Dunkel-Zyklen abgestimmt, die durch die Rotation der Erde zustande kommen. Dementsprechend variieren auch bei uns Körpertemperatur, Blutdruck und die Hormonspiegel je nach Tageszeit. Am späten Nachmittag sollten wir in Hochform sein, morgens zwischen vier und sechs Uhr im Stand-by-Modus. Der Tag-Nacht-Zyklus wird auch eingehalten, wenn wir keinerlei Anhaltspunkte haben, ob es hell oder dunkel ist. Man hat öfter Probanden über Monate in Kellern leben lassen und fand heraus, dass der übliche Zyklus bei vierundzwanzig Stunden und elf Minuten liegt. Wie lange einem ein Aufenthalt im Bunker „vorkommt", hängt aber auch von anderen Faktoren ab.

Fieber zum Beispiel erhöht den Grundumsatz des Organismus und gibt uns das Gefühl, dass die Zeit schneller verläuft. Der Arzt Hudson Hoagland behandelte Anfang der Dreißigerjahre seine Frau Anna, die eine Grippe hatte. Er ging zur Apotheke, und als er nach zwanzig Minuten zurückkam, war seine Frau aufgeregt: Er sei mindestens eine Stunde weg gewesen. Der Alltag führt oft zu Entdeckungen. Hoagland ließ seine Frau bis sechzig zählen, und bei Normaltemperatur brauchte sie dafür zweiundfünfzig Sekunden, bei neununddreißig Grad Fieber nur vierunddreißig. Je höher die

45 Berendt, Joachim Ernst: Das große Jazzbuch. Frankfurt 1959, S. 119.

Temperatur, desto schneller verging der Kranken die Zeit. Die Erhöhung der Gehirntemperatur führt immer zu einem schnelleren Zeiterleben, weshalb Frau Hoagland zwanzig Minuten für eine Stunde hielt.

Eine Maus und eine Schnecke leben in völlig unterschiedlichen Zeitsystemen, da ihr Stoffwechsel anders verläuft als der unsrige: Schneller bei der Maus, langsamer bei der Schnecke. Eine Frage nach ihrem Zeiterleben würden sie jedoch nicht verstehen. Sie würden antworten, wären sie dazu in der Lage, dass ihr Leben ganz normal verlaufe.

Den Zeitsinn muss das Gehirn aktiv konstruieren. Man kann von einer Art „Führungsuhr" im Gehirn sprechen, die im Nucleus suprachiasmaticus sitzen soll, der seinerseits im Hypothalamus steckt. Es wird aber angenommen, dass es noch eine weitere Anzahl „innerer Uhren" gibt, deren Ort nicht bekannt ist. Licht dringt über die Bindehaut und Pfade in den Nucleus, der den Organismus anregt. Wenn es dunkel wird, geben unsere Drüsen Melatonin ab, das hilft, den Schlaf zu regulieren.

Der Botenstoff Dopamin, ein Schmiermittel für die Nervenzellen, scheint auch eine wichtige Rolle beim Zeiterleben zu spielen. Es wird ausgeschüttet, wenn wir alarmiert sind. Wenn Dopamin fehlt, wie bei Parkinson-Kranken, sind kurze Zeitspannen nicht mehr einzuschätzen. Das Dopamin-System könnte also ein „Uhrwächter" sein. Wenn es völlig blockiert ist, tritt ein Zustand ähnlich dem Schlaf oder dem Tod ein, wie bei den Patienten der Klinik am Mount Carmel, über die der britische Neurologe Oliver Sacks in seinem Buch „Awakenings – Zeit des Erwachens" berichtete.

Sie litten an der Encephalitis lethargica, der Schlafkrankheit. Bei vielen dauerte dieser Zustand fast vier Jahrzehnte, von 1929 bis 1967. „Einige Patienten gerieten in einen Zustand der Zeitlosigkeit, eines ereignislosen Stillstands, der sie jeglichen Sinnes für ihre Lebensgeschichte und für Ereignisse beraubte."[46] Erst die Gabe des Medikaments L-DOPA, das sich zu Dopamin umwandelt, führte zum spektakulären Erwachen.

---

46 Sacks, Oliver: Awakenings – Zeit des Erwachens. Reinbek 1991, S. 64.

Man lebt nicht immer intensiv und kennt selber den „ereignislosen Stillstand", der paradoxerweise dazu führt, dass die Zeit schneller zu vergehen scheint. „Leere und Monotonie mögen zwar den Augenblick und die Stunde dehnen und 'langweilig' machen, aber die großen und größten Zeitmassen verkürzen und verflüchtigen sie sogar bis zur Nichtigkeit", erkannte Thomas Mann (1875–1955) im „Zauberberg" von 1924. „Umgekehrt ist ein reicher und interessanter Gehalt wohl imstande, die Stunde und selbst noch den Tag zu verkürzen und zu beschwingen, ins Große gerechnet jedoch verleiht er dem Zeitgange Breite, Gewicht und Solidität, so dass ereignisreiche Jahre viel langsamer vergehen als jene armen, leeren, leichten, die der Wind vor sich her bläst, und die verfliegen."[47]

„Wie ist der Tag verthan!", klagte der Barockdichter Andreas Gryphius in seinem Sonett „Abend". Die Zeit schleppt sich dahin, wenn wir uns langweilen, aber die Erinnerung malt ein anderes Bild: Sie schiebt die wenigen Ereignisse zusammen und kommt zum Ergebnis, dass die Zeit schnell verlief. Beim Älterwerden gewinnt man auch den Eindruck, die Zeit vergehe schneller, da man weniger aktiv ist und mehr Routine erlebt, viele Ereignisse also nicht mehr registriert. Für einen 10-Jährigen ist ein Jahr zehn Prozent seines gelebten Lebens, für einen 100-Jährigen nur mehr ein Prozent.

Ich erinnere mich gern an die wenigen wissenschaftlichen Konferenzen, an denen ich teilnahm. Stellen wir uns vor, es sei eine der Veranstaltungen der International Society for the Study of Time (ISST), die 1966 von J. T. Fraser (1923–2010) gegründet wurde und deren Mitglieder alle drei Jahre zusammenkommen. Man schreibt sich ein, tut sich um, hört die ersten Vorträge, geht zum Abendessen, lernt nette Leute kennen, ist dauernd mit ihnen zusammen, redet bis tief in die Nacht, hört wieder Vorträge, hängt an der Bar herum – bis dann der Veranstalter zu seiner Abschlussrede ansetzt und die Teilnehmer nach drei Tagen wieder in die Außenwelt entlässt.

Man hat intensiv zusammen gelebt und muss sich nun von den liebgewonnenen Leuten trennen, die man, wenn überhaupt, in drei Jahren wiedertreffen

47 Mann, Thomas: Der Zauberberg. Frankfurt 1984, S. 110/111.

wird. Wehmut tritt auf und das Gefühl, dass die Zeit der Konferenz lang war und gleichzeitig sehr kurz. Man fühlte sich tatsächlich wie in Hypnose, vom Geist des Ortes und des Themas völlig in Anspruch genommen, und dann trottet man fast betäubt wieder auf die Straße und hält sich an seinem Gepäck fest. Man könnte fast sagen: Die Zeit hat nicht existiert, auch wenn der Zeitplan straff war und ein Referat das nächste jagte. Immer wenn Menschen ihre Außenwelt vergessen und intensiv kommunizieren oder angestrengt arbeiten, vergessen sie auch die Zeit, und alle sagen, dabei glücklich zu sein, wenngleich es ein unbewusst genossenes Glück ist, ein Abwesendsein, eine Meditation. Ohne Zeit kann der Mensch so glücklich sein.

III DIE PHILOSOPHIE DER ZEIT

1
DER ANFANG DER ZEIT

Aristoteles meinte, die Erschaffung des Menschen auf das Jahr 5000 vor Christus datieren zu können. Aber von Christi Geburt konnte er ja noch nichts wissen, die Zahl hat man später so rekonstruiert. Giambattista Vico, der Philosoph aus Neapel (1668–1774), zählte von der Welterschaffung an durch und legte die Sintflut auf das „Jahr der Welt" 1656. Im Jahr 3223 wurde nach Vicos Rechnung Rom gegründet.[48] Bei uns geschah das 753 (oder 754) vor Christus, weshalb wir im Jahr 2023 (oder 2024) hoffentlich Vicos „Jahr der Welt" 6000 begehen können.

Genaueres wissen wir von Bischof Ussher (1581–1656), dem Erzbischof von Armagh, Primat von Irland und Vizekanzler des Trinity College in Dublin. Er präzisierte: Biblische Erschaffung der Welt am Sonntag, 23. Oktober 4004 vor Christus. John Lightfoot, ein Zeitgenosse des Erzbischofs und Vizekanzler der Universität Cambridge, ergänzte, der Mensch sei exakt „um neun Uhr am Morgen" an jenem Tag geschaffen worden. Da der Mensch aber erst am sechsten Tag das Licht der Welt erblickte, müssten Himmel und Erde bei Lightfoot schon am 18. Oktober, einem Dienstag, entstanden sein. Im Mittelalter gab es eine verbreitete Annahme, die Welt würde 6000 Jahre bestehen – von 4000 Jahren vor Christi Geburt bis 2000 Jahre danach. Das muss uns fast an den Maya-Zyklus erinnern.[49]

Am Montag, dem 10. November 4004, geschah laut Ussher die Vertreibung aus dem Paradies, das der Mensch also nur zweieinhalb Wochen hatte genießen können. Das war ein Trauma für den Menschen, und der italienische Arzt und Autor Carlo Levi (1902–1975), Autor des Buches „Christus kam nur bis Eboli", hat sich der Geschichte angenommen und sie in seinem

48 Vico, Giambattista: La Scienza nuova, Mailand 2004, S. 124/125.

49 http://www.studyoftime.org/ u. http://www.sacred-texts.com/time/timeline.htm

Buch „Paura della libertà“ (Angst vor der Freiheit) nacherzählt, das 1939 im französischen Exil entstand.[50]

Alles fängt mit einem Exil an. Adam aß von den Früchten des „Baums der Erkenntnis von Gut und Böse“, was ihm Gott verboten hatte. Die Schlange hatte hingegen verheißen: „Ihr werdet wie Gott und erkennt Gut und Böse.“ Adam hatte den Tieren Namen gegeben und später, mit Eva, „in der Freiheit gelebt, die das Glück des Gartens war“. Er war von nichts getrennt und kannte keinen Tod: Seine Unsterblichkeit war „eine ewige Gleichzeitigkeit in jedem Augenblick“.

Wer allerdings die Früchte des Baumes isst, wird wie ein Gott – das heißt, er sondert sich ab und zeichnet sich aus, stellt sich außerhalb des Gartens. Es gehen ihm die Augen auf. Der Mensch individualisiert sich und trennt sich von den Dingen, und auch sich selbst sieht er von außen. So vergöttlicht, wird er für immer von sich selbst getrennt sein. Das ist eine Bewusstwerdung. Sie ist teuer bezahlt. Es entstehen Sünde, Konfusion, Götzendienst und Absonderung, tyrannische Liebe, Anstrengung und Sklaverei, Krieg und Tod – und die Zeit haben wir uns mit all dem auch aufgebürdet.

Sagen wir es so: Wir haben uns unsere „innere Zeit“ aufgehalst. Über die externe Zeit, die wir messen, können wir nur sagen, „dass sie mit dem Urknall begann“, wie der Astronom Stephen W. Hawking meinte. Ereignisse davor könnten wir logischerweise nicht in Betracht ziehen. Das hatte Platon bereits 2200 Jahre früher vermutet. „Da es nämlich vor Entstehung des Himmels keine Tage und Nächte, keine Monate und Jahre gab“, beschreibt Timaios in Platons gleichnamigem Buch, habe der Vater, als er den Himmel zusammenfügte, die Zeit gleich mit entstehen lassen. Dann erst tritt der Mensch ins Spiel ein, der aber nur seine innere Zeit kannte.

Er verliert das Paradies, gewinnt Bewusstsein, und irgendwann im Verlauf seiner Selbsterkenntnis spürt er schmerzhaft sein Getrenntsein von der Natur. Er beneidet die „primitiven“ Artgenossen, die noch verbunden

---

50 Levi, Carlo: Paura della Libertà, Turin 1975. S. 120-126.

sind mit der Welt. Für die Naturvölker sind die Mitgeschöpfe und die Natur nicht Gegner. Hans Peter Duerr schreibt in seiner „Traumzeit“, es kennzeichne die archaische Mentalität, „ein klares *Selbstbewusstsein* dadurch zu gewinnen, dass man dem, was man *ist* und gleichzeitig *nicht ist*, ‘in die Augen sieht’.“ Die archaischen Menschen lösten die Grenze auf, die etwa Känguruh und Mensch voneinander trennt. Sie hatten ein All-Bewusstsein.

Adam lebte ja nicht getrennt von allen Wesen und vom Känguruh. Er lebte unter ihnen. Doch: Er wusste es nicht. Nur indem er hinaussprang aus dem System, konnte er es (und sich) erkennen. Zuweilen leben wir im Paradies (etwa in einer schönen Partnerschaft) und wissen nicht, wie gut wir es haben. Nach dem Verlust gehen uns die Augen auf; das ist die Bewusstwerdung. Sie tut weh, ist aber nötig. Dann können wir beginnen, die ursprüngliche Einheit – das Paradies – mit klarem Sinn zurückzuerobern.

Aber Bewusstwerdung heißt nicht nur, zu wissen, was wir verloren haben. Sie ist auch das Wissen darum, was wir sind. Wir handeln, wir wandeln unsere Gedanken in Materie um und gestalten unsere Welt. Wenn wir höchstes Bewusstsein hätten und uns damit perfekt verwirklichten – aber immer so, dass unser Entwurf nicht mit der Welt anderer kollidiert –, hätten wir dann nicht das Paradies auf Erden geschaffen? Wir arbeiten noch daran.

- Bei Levi verjagt der Mensch sich aus sich selbst, um ein Gott zu werden, geht ins Exil und versucht dann, das verlorene Paradies wiederzugewinnen. Das geht weiter, bis in der Umkehrung ein Gott Mensch wird. Die Zeit selbst sei die Sünde, meinte Levi, denn „sie verschiebt die Freiheit und das wiederzufindende Paradies ans Ende aller Zeiten“.

Levi schrieb dieses Kapitel von September bis Dezember 1939 in La Baule in Frankreich. Der Zweite Weltkrieg hatte angefangen. Das große Babylon, die Stadt der Morde und der Sklaverei, des Mysteriums und der Religion werde zerstört werden, prophezeite er. (Berlin 1945: Levi behielt recht.) Irgendwann werde keine Nacht mehr herrschen, „die Völker werden in diesem Licht einhergehen, und die Könige der Erde werden ihre Pracht in die Stadt bringen“, wie es in der Offenbarung des Johannes heißt, und

Levi fügte hinzu, geschehen werde das in einer „wiedergefundenen Zeit, in der es weder Vorher noch Nachher gibt, nicht Tag noch Nacht, und in der jeder Moment ewig ist“.

2
WAS IST DIE ZEIT?

Was ist die Zeit? „Um zu verstehen, was die Zeit tatsächlich ist, ohne die wir nie die *Unendlichkeit* verstehen können, insofern diese ein Teil jener ist, – sollten wir uns ernsthaft hinsetzen und überlegen, was es heißt, dass wir eine *Dauer* haben, um auf zufriedenstellende Weise klären zu können, wie es dazu kam.“ Das sagt der Vater von Tristram Shandy in dem gleichnamigen Buch von Laurence Sterne (1761 erschienen) zu Shandys Onkel Toby, der ungerührt fragt: „Wen interessiert das?“[51]

In dem erwähnten Roman „Austerlitz“ von W. G. Sebald blickt der Titelheld auf die Themse und fragt sich, wenn Newton wirklich gemeint habe, „die Zeit sei wie ein Strom wie die Themse, wo ist dann der Ursprung der Zeit und in welches Meer mündet sie endlich ein? Was aber wären, so gesehen, die Ufer der Zeit?“[52] Natürlich erinnern wir uns an den Ausspruch des Vorsokratikers Heraklit von Ephesos, geboren 540 Jahre vor der Geburt Christi. Er sagte: „Wir steigen nicht zweimal in denselben Fluss.“ Denn neue Wasser sind es, in die wir beim zweiten Mal steigen, und auch wir sind nicht mehr dieselben, aufgrund der Mikro-Umwandlungen in unseren Körpern und allem, was wir zwischen dem ersten und dem zweiten Bad erlebt haben. Die Ägypter hatten zu Heraklits Zeiten schon seit Jahrtausenden das Bild vom „Strom der Zeit“ mitten im Land. Es gab die drei Jahreszeiten Überflutung (Juni bis September), Überflutungsgefahr (Oktober bis Februar) und Trockenheit (März bis Juni). Alle Zeit war Nil-Zeit.

51 Sterne, Laurence: The Life and the Opinions of Tristram Shandy, New York 1940. S. 190.
52 Sebald, W. G.: Austerlitz. München, Wien 2001, S. 146.

Von den Naturphilosophen vor Platon wissen wir wenig. Parmenides und Heraklit sind im selben Jahr geboren, 540 vor Christus. Für Parmenides aus Elea gibt es kein Werden, sondern nur unbeirrtes Sein. Für ihn ist alles Werden „doxa“, also Erscheinung, Täuschung, ein Irrtum der Sinne. Ein Paradoxon ist „eine Tatsache, die unsere plausiblen Erwartungen verblüfft, die 'para doxan', gegen die Meinung ist“.[53] Wir werden viel Paradoxes kennenlernen.

Heraklit ist der Gegenpol. Er hat hundert Aphorismen hinterlassen, unter denen sich sein berühmtester, „Alles fließt“, gerade nicht findet; aber die Zeitgenossen meinten, er müsse von ihm sein. Heraklit redete nun nicht dem fortdauernden Wechsel das Wort, sondern betonte die Einheit in der Vielheit und die Vielheit in der Einheit. Was wir uns von ihm merken müssen, ist die Einheit der Gegensätze. Jedes Ding benötigt sein Gegenteil, und nur das Zusammenspiel beider führt zu Entwicklung.

Da hat Heraklit vielleicht den Faden der alten Mazdäer und der Gnostiker aufgenommen und ihn an den Anfang geknüpft, so dass ein Kreis entstand: Das Ende und der Anfang kommen zusammen. Die Gegensätze ziehen sich an, weil sie einander verwandt sind. Ich mache oft das Experiment, dass ich, wenn ich über eine Handlung nachdenke, mir vorstelle, genau die gegenteilige Handlung (wenn das möglich ist) auszuführen, und – es ergibt Sinn!

Aber vereinfachen wir: Heraklit war für Bewegung, Parmenides für die Reglosigkeit, und sie sind im selben Jahr geboren. Zenon war wie Parmenides aus Elea, nur vierzig Jahre jünger, und wollte seinem berühmten Vorläufer mit einem mathematischen Scherz recht geben, und so erfand er die Geschichte von Achilles und der Schildkröte, die aber genauso gut eine Schnecke sein könnte. Die Schildkröte bekommt einen Vorsprung, und dann legt Achilles die Strecke zurück, die ihn von der Schildkröte oder Schnecke trennt; sie ist aber wieder ein Stück weitergerückt, und Achilles holt sie wieder ein, aber, mathematisch gesprochen, kann er sie nie einholen. Die antike Welt hat andauernd und erfolglos versucht, Zenon einen

53 Weizsäcker, Carl Friedrich von: Aufbau der Physik. München 1985, S. 302.

Fehler nachzuweisen. Das logisch-mathematische Denken ist anders als die Realität, aber die Griechen machte das wahnsinnig.

Das Problem des Zenon war für die Eleaten nicht zu lösen. Er ging von der unendlichen Teilbarkeit von Raum und Zeit aus und von der Annahme, dass es eine perfekte Entsprechung zwischen dem logisch-mathematischen Denken und der Realität gibt: Die alten Griechen waren davon überzeugt, dass ihr Denken die Welt wiedergibt.

Setzen wir aber wieder über die „Datumsgrenze" von Christi Geburt hinüber und gehen wir zu Plotin, der siebenhundert Jahre nach Heraklit lebte, von 204 bis 270. Er stammte aus Ägypten, kam mit vierzig Jahren nach Rom, wurde ein verehrter Philosoph und lehrte dort bis zu seinem Tod. Plotin berief sich auf Platons Lehren – er war der Begründer des Neuplatonismus. Platon (428–348), der größte jemals lebende Philosoph, hatte im „Timaios" geschrieben, der Schöpfer habe zusammen mit dem Himmel die Zeit erschaffen, als irdische Variante des „Äons", des geistigen Kosmos, der Ideenwelt, also der Ewigkeit.

Plotin lehrt nun: „Das Erste und Ewige selbst dagegen hat kein Streben nach dem Zukünftigen. Es ist bereits das Ganze, und das Leben, das es gleichsam zu beanspruchen hat, hat es schon in seiner Totalität. Darum vermisst es nichts. Daher ist die Ewigkeit etwas Ehrwürdiges und identisch mit Gott." Wir haben durch unser Sein Anteil an der Ewigkeit. Die alten Philosophen hatten vor großen Worten keine Angst, sie dachten sich noch als Zentrum des Alls.

Ich kann mich noch erinnern, wie wir als Kinder uns hineindachten ins Universum, das irgendwann angefangen habe, angeblich unendlich groß sei und nie, nie, nie enden werde. Schon uns Sieben- oder Zehnjährigen, für die das Leben noch „open end" sein musste, überfloss ein Schaudern. Heute heißt es eher „Unendlichkeit" statt Ewigkeit, aber immer noch schwören sich Liebende ewige Treue. Alle Lust will Ewigkeit, schrieb schon Nietzsche, diese Zeit solle nie vergehen, dieser Augenblick solle verweilen, da er so schön sei (aus Goethes *Faust*).

Schon bei Josua (10,12-13) heißt es: „Damals, als der Herr die Amoriter den Israeliten preisgab, redete Josua mit dem Herrn, dann sagte er in Gegenwart der Israeliten: ‘Sonne, bleib stehen über Gibeon / und du, Mond, über dem Tal von Ajalon!’ – Und die Sonne blieb stehen, / und der Mond stand still, / bis das Volk an seinen Feinden Rache genommen hatte.“

Am Ende, wenn wir eingesehen haben werden, dass uns Vergangenheit und Zukunft permanent aus den Händen gleiten wie der Sand durch die Sanduhr rinnt, wird uns als kleine Version der Ewigkeit das Jetzt bleiben, immer gleich, als sei der Sekundenzeiger der Uhr blockiert und rucke auf der Stelle.

Die Uhr. Die Zeit. Was ist sie für Plotin? „Man versteht unter Zeit entweder das, was man Bewegung nennt, oder das, was bewegt wird, oder eine Relation der Bewegung“, bietet er an, doch er wischt es gleich wieder vom Tisch. Was die Zeit „selbst ist, ist noch nicht gesagt“. Nach vielen Umdrehungen fragt er sich etwas ratlos, wie die Zeit zu Beginn der Zeiten aus diesen „herausgesprungen“ sei. Wenn sie selbst antworten könnte, würde sie sagen, sie sei erst so ruhig gewesen wie das ruhende Sein. „Da aber ihre Natur einen regen Tätigkeitstrieb hatte und ihr eigener Herr sein wollte und ihren Besitz zu vermehren strebte, so bewegte sie sich selbst, es setzte sich auch die Zeit in Bewegung, und (...) so (...) haben wir die Zeit als ein Abbild der Ewigkeit fertig gebracht.“[54]

Zeit und Seele sind also in Bewegung, und wenn diese ihr Erdenwallen hinter sich hat, geht sie in die Ewigkeit ein, wohin sie gehört. Und das führt uns zu dem Kirchenlehrer Augustinus von Hippo (354–430), der ja gesagt hat: „Unruhig ist unser Herz, bis es ruht in dir, o Herr.“

54 Plotin, in: http://www.zeno.org/Philosophie/M/Plotin/Enneaden

3
AUGUSTINUS RINGT MIT SEINEM HERRN

„Was ist also Zeit? Wenn mich niemand fragt, so weiß ich es; will ich es aber jemandem auf seine Frage hin erklären, so weiß ich es nicht." Das ist das beliebteste Zitat des Bischofs Augustinus. Aus seinen vielen tausend Seiten mit Unterweisungen und Anflehungen haben seine Nachfahren einen Satz herausgepickt, der ihn als Ignoranten ausweist. Das hat er nicht verdient, aber erklären kann man es: Das Zitat zeigt aus dem Mund eines großen Lehrers, dass es schwierig ist mit der Zeit, zudem klingt es wie ein Diktum: Mehr ist nicht hinzuzufügen. Denn man hat ja keine Zeit, den ganzen Augustinus zu lesen.

Als er im Jahr 400 seine „Bekenntnisse" (*Confessiones*) verfasste, war die Ausgangslage eine andere als zu den Zeiten Plotins. Kaiser Konstantin hatte 312 an der Milvischen Brücke nördlich von Rom die Truppen des Maxentius besiegt, 325 das Konzil von Nicäa einberufen und das Christentum zur Staatsreligion gemacht, auch wenn alles viel komplizierter ist, als man meint.

Augustinus hat eine nette Art, mit seinem Herrn im Himmel zu sprechen. Er fleht ihn an, appelliert an ihn, fragt ihn direkt, bittet ihn, doch bleibt er dabei ein klarer Denker. Das elfte Buch seiner Bekenntnisse dreht sich nur um die Zeit, die er aber nicht direkt zur Rede stellt wie Plotin. Jedoch würde er gern Moses aufhalten und sich von ihm die Schöpfung erklären lassen, aber, so Augustinus, wenn er Hebräisch spräche, „würde er vergebens an mein Ohr anklopfen".

Augustinus verfährt ähnlich wie Plotin und kommt zu einem ähnlichen Ergebnis. Er vergleicht den „Glanz der immer beständigen Ewigkeit" mit der „niemals stillstehenden Zeit". Anscheinend war damals eine beliebte Frage, was Gott vor der Schöpfung getan habe; dabei dürfen wir nicht vergessen, dass im antiken Griechenland und noch nach Christi Geburt Gott nicht als Schöpfer der Welt galt. Sie war einfach da, aus ihm irgendwie hervorgetreten. Erst im Jahr 341, also ein paar Jahre vor Augustinus' Geburt, legte das Konzil von Nicäa die Schöpfung „ex nihilo" durch Gott fest, aus dem Nichts also.

Was tat Gott vor der Schöpfung? Der Physiker Paul Davies erwähnte in seinem Buch „About Time" von 1995, dass Leute, vor allem Journalisten, oft fragten: „'Was geschah vor dem Urknall?' Wenn diese Theorie korrekt ist, lautet die Antwort ganz einfach – nichts." Augustinus beantwortete die Frage genau so. Was hat Gott vor der Schöpfung getan? Nichts.

Nun gebe es, schreibt er, Vergangenheit und Zukunft (sie wurde ja dauernd prophezeit; an sie glaubte man), aber alles sei eigentlich nur Gegenwart. „Es gibt drei Zeiten, eine Gegenwart in Bezug auf die Vergangenheit, eine Gegenwart in Bezug auf die Gegenwart und eine Gegenwart in Bezug auf die Zukunft."

Wenn ein Dreiteiler über Napoleon gedreht wird, ist es eine Interpretation der Vergangenheit aus unserer Gegenwart heraus, und wir erfahren viel über unsere Zeit. Der Film ist eine Gegenwart in Bezug auf die Vergangenheit. Die „Star-Trek"-Filme, die in Deutschland „Raumschiff Enterprise" hießen, waren eine Gegenwart in Bezug auf die Zukunft. Jeder spricht über sich und über seine Zeit.

„Mittelst der Zeit messe ich die Dauer der Bewegung", stellt Augustinus fest und stößt auf dieselben Probleme wie Plotin: Das Maß der Zeit ist nie die Zeit selbst. „So messe ich also, mein Gott, ohne zu wissen, was ich messe." Wo ist die Zeit? Womit messe ich sie selbst? Und wie Plotin die Zeit mit der Seele zusammenbringt, sagt Augustinus: „In dir, mein Geist, messe ich meine Zeiten." Die Erwartung des Zukünftigen ist im Geist, die Erinnerung an die Vergangenheit ist noch im Geiste, und die Gegenwart ist ohnehin in einem Augenblick vorüber. Auch er kapituliert also vor der objektiven, zu messenden Zeit und schiebt alles dem Menschen zu.[55] „Wo

55 Augustinus, in: http://www.unifr.ch/bkv/kapitel73.htm

ist die Vergangenheit?", fragte sich Augustinus, anscheinend entgeistert. Plotin und Augustinus haben recht! In meiner Seele ist die Zeit, und wo ich war, bin ich nicht mehr und ist sie nicht mehr. Ich habe mich bewegt und bei meinen Veränderungen alles mitgenommen, was ich war, einschließlich aller Erlebnisse – die Zeit, wenn man so will –, und jetzt bin ich eben hier, daran gibt es nicht zu deuteln. Das Phantom unserer Vergangenheit suchen wir vergeblich. Es ist in unserem Körper und in unserem Geist gespeichert, vielleicht auch in der Seele.

Dieses kleine Problem von Geist und Seele bleibt noch zu klären. Plotin redet von Seele, Augustinus vom Geist, der für ihn als „animus" eine Substanz mit Vernunft und Einsicht ist. Viele Kulturen kennen Geist und Seele, und manchmal sprechen sie von zweigestaltigen Seelen, so etwa die Navajo-Indianer. Ein Teil gilt als Atem oder Wind (*pneuma* bei den Griechen), der andere als ein Schatten (*psyche*), und diese Seele verbleibt eine Weile in der Nähe des Körpers. Im mystischen Islam ist der Geist der Vater, die Seele die Mutter (*nafs* heißt Seele, aber auch Selbst) und zugleich das Gesicht des Geistes, das der niederen, dichten Welt zugewandt ist.[56]

Peter Novak hat in seinem Buch „The Division of Consciousness" geschrieben: „Alle drei Bestandteile eines menschlichen Wesens – der Körper, die unbewusste Seele und der bewusste Geist – können im Tod voneinander getrennt werden, und gewöhnlich geschieht das. ... Die Wiederentdecker dieses alten Geheimnisses, einige der verehrtesten Lehrer der Menschheit, versuchten Menschen zu zeigen, wie sie zu leben hätten, um zu vermeiden, dass sie im Tod derart gespalten würden … Wenn du innen anders bist als außen, warnen diese Lehrer, bist du in Gefahr, deine Seele im Tod zu verlieren."[57]

Der Geist als menschlicher Anteil des Unendlichen strebt nach oben, die Seele sinkt nach unten. Auch frühe Autoren des Sufismus, des mystischen Islam, nennen die Seele (*nafs*) dunkel und unwissend und ordneten ihr Ehrfurcht und Strenge zu. Der Geist sei strahlend und Gott näher, und man könnte sie Bewusstsein nennen und die Seele das Unbewusste.

56 Murata, Sachiko: The Tao of Islam. Albany 1992, S. 144.
57 Novak, Peter: The Division of Consciousness. Hampton Roads 1997, S. 21.

869, beim Vierten Konzil in Konstantinopel, wurde bestimmt, dass es neben dem Körper nur noch Seele (oder Geist) geben solle. Die von Photios vertretene Zwei-Seelen-Lehre, gemäß der dem Menschen eine höhere, unsterbliche Geist-Seele und eine irdische, vergängliche Seele eigen sind, wurde mit dem Bannfluch belegt. Es blieb ein Dualismus übrig – nur noch zwei Substanzen. So verarmt blieb der Christ in der Welt zurück.

4

ETWAS BEWEGT SICH

Wir fliegen mit dem Zauberteppich aus „Tausendundeiner Nacht" über Karl den Großen hinweg, sehen aus dem Augenwinkel Friedrich II. in Apulien sitzen, der viel für die Mathematik übrig hatte, denn die Mathematiker kamen immer wieder auf die Zeit zu sprechen, hingeführt durch die Zahl. Bradvardinus, Erzbischof von Canterbury mit dem Ehrentitel „Doctor profundus", definierte Anfang des 14. Jahrhunderts „Das Unteilbare der Zeit ist der Augenblick" und „Die Bewegung ist das aufeinander folgende Kontinuierliche, gemessen in der Zeit."[58] Immer gab es große Geister, auch im tiefen Mittelalter. Damals war das Endliche und das Unendliche das große Thema, und im 15. Jahrhundert schrieb Nicolaus von Cues (auch Cusanus genannt), jede geometrische Figur lasse sich auf eine andere zurückführen und sei alle anderen, und erst in der Unendlichkeit, also in Gott, fielen alle Gegensätze ineinander und höben sich auf.

Der Franzose René Descartes (1596–1650) war ein Mathematiker, der prägend wirkte. Er setzte die Geometrie mit der Algebra in Verbindung: Linien gehörten zu Zahlen und zu Gleichungen, man konnte Linien teilen und multiplizieren. Wenn wir die geometrischen Flächen und Linien uns

58 Colerus, Egmont: Piccola storia della matematica. Turin 1962, S. 140.

als Körper denken und die Zahlenoperationen der Algebra als den Geist, bekommen wir das, wofür Descartes heute steht – den „Dualismus“ von Geist und Körper. Er, René, existierte, weil er dachte und *sich selbst* denken konnte: *cogito, ergo sum*. Ich denke, also bin ich. Das, was er außerhalb von sich selbst sah, waren die „ausgedehnten Dinge“ (res extensa): Das Ich sah sich dem Nicht-Ich gegenüber, wie Fichte zweihundert Jahre später lehren sollte.

Descartes bewies zwar auch Gott (oder meinte, ihn bewiesen zu haben), doch die Seele interessierte ihn nicht. Er lebte in den Niederlanden und blieb am Vormittag gern lange im Bett. Da sah er einmal eine Fliege in der Ecke des Raums herumsummen, zwischen Decke und den beiden angrenzenden Ecken, und da sah er, dass sich ihre Position einfach mit drei Zahlen angeben ließ: Das heißt heute das Kartesische Koordinatensystem. René Descartes war ein französischer „Seigneur“, ein Großmeister des Gedankens, der nicht gern viele Worte machte. Und er war großherzig. Seine Urenkel würden ihm für die Dinge, die er gesammelt habe, dankbar sein, meinte er, aber auch für alles, was er absichtlich beiseite gelassen habe, um sie „nicht des Vergnügens zu berauben, es selbst zu entdecken“.[59]

Er war ebenso Philosoph wie Physiker. Philosophen konnte man noch ignorieren, dachte wohl die Katholische Kirche, die im 17. Jahrhundert noch eine Macht war. Die Gefahr kam von den Fakten – von der Physik. Ein Physiker tritt auf, legt Gleichungen vor, jeder kann sie überprüfen, und er hat gewonnen. Der israelische Physiker David Deutsch hat einmal gesagt, die Geschichte der Wissenschaften sei die Geschichte einer Physik, die der Philosophie Thema um Thema wegschnappte, und das mit Lehrsätzen und Gleichungen, die, gut dargestellt, jeder verstehen könnte. Das war gefährlich für die Kirche, die darum auf Galileo Galilei (1564–1642) losging. Der Mann aus Pisa experimentierte. Er befragte die Natur, und sie gab ihm Antworten. Mit ihm begann ein neues Zeitalter der Wissenschaften.

Galilei entdeckte das Gesetz der Trägheitsbewegung, das bei Einstein und einer Diskussion über die Zeit eine Rolle spielen muss, und wider-

59 Ebd., S. 187/188.

sprach Aristoteles so: „Eine horizontale Bewegung ist ewig, denn wenn sie gleichförmig ist, dann schwächt sie nichts, verlangsamt sie nichts, stoppt sie nichts."

1610 legte Galilei erstmals wissenschaftliche Beweise für Kopernikus' Modell vor. 1613 gab er bekannt, der Blick durch sein Teleskop habe ihm gezeigt, dass Kopernikus recht habe. Die Katholische Kirche verbot 1615 das Werk des Kopernikus und zwang erst 1633 Galileo Galilei, seine Ansichten zu widerrufen. Zwar war nicht Gott als Schöpfer in Frage gestellt, jedoch die Bibel, Sein Wort. Hieß es doch im Psalm 93: „Der Erdkreis ist fest gegürtet, / nie wird er wanken." Und im Psalm 104 war zu lesen: „Du hast den Mond gemacht als Maß für die Zeiten, / die Sonne weiß, wann sie untergeht."[60] Himmel und Hölle galten als echte Orte, und wo hätten sie im neuen System ihren Platz?[61]

Das alte System des Ptolemäus sollte gelten, mit einer ruhenden Erde in der Mitte, und nicht das Kopernikanische oder Keplersche, das Galilei bevorzugte. Fast hundert Jahre vor dem Gericht in der Basilika Santa Maria sopra Minerva zu Rom hatte Nikolaus Kopernikus ja sein System über die Umläufe der himmlischen Sphären vorgelegt, wobei Umläufe auf englisch „Revolutions" heißt. Diese Revolutionen waren eine Revolution. Aber die Sonne setzte er nicht genau in die Mitte seines Universums. Das tat dann Nikolaus Kepler, der auch für elliptische Bahnen plädierte. Kepler, der sich für die Reinkarnation eines orientalischen Wissenschaftlers hielt und schrieb: „Ja, ich bin es, ich habe die goldenen Gefäße der Ägypter geraubt, um meinem Gott aus ihnen ein Heiligtum zu errichten."[62] Beide aber dachten sich als Folie ein Himmelsgewölbe, an dem die goldenen Sternlein prangten. Dahinter war vielleicht nichts – oder der große U(h)r-Macher, aber dieses Bild wurde erst später populär, nach Newton.

Galilei soll nach dem Verfahren grimmig gemurmelt haben: „Eppur si muove." (Und sie bewegt sich doch, die Erde.) Draußen, vor der Basilika Santa Maria sopra Minerva, in der am 22. Juni gegen Galilei verhandelt

60 Die Bibel. Freiburg, Basel, Wien 1980, S. 664/669.

61 Armstrong, Karen: A History of God. New York 1993, S. 290.

62 Steiner, Rudolf: Die Offenbarungen des Karma. Dornach 1980, S. 28.

wurde, standen vermutlich die Kaleschen der Kardinäle. Sie standen still. Wenn die Erde sich nicht bewegte, standen die Kutschen sogar *absolut* still. Was nun, wenn sich aber die Erde doch drehen sollte? Dann drehten die Kutschen sich mit, gegen ein anderes Bezugssystem irgendwo. Gegen die Sonne? Steht denn sie starr? Auch sie eigentlich nicht.

René Descartes, im Bett in den Niederlanden, hatte das Problem erkannt. Woran messe ich eine Bewegung, wenn die Erde nicht ein fester Bezugspunkt sein kann? Aber noch vor der Verhandlung gegen Galilei ließ er ein Buch darüber in der Schublade verschwinden. 1644 dann, in seinem Hauptwerk, dem „Discours", zog er sich geschickt aus der Affäre. Ein Körper könne nur in Bezug auf einen anderen eine Bewegung haben, schrieb er. Da es so viele Körper um uns herum gibt, hat ein Körper also viele Bewegungen. Aber *eine* Bewegung nur sei die echte, die „philosophische Bewegung", schrieb Descartes, der Physiker: Und sie werde an der Materie direkt neben dem Körper gemessen. Und überhaupt bewege sich die Erde ja nicht, denn sie ruhe in einer Art Wirbel, der indessen um die Sonne kreise.

Die zehn Kardinäle haben an jenem 22. Juni 1633 Galilei zu Kreuze gezwungen und sind in ihre Kutschen eingestiegen, die losrattern, am Pantheon vorbei und durch Gassen in Richtung Engelsbrücke, Ponte Sant'Angelo. Vor der Engelsburg werden sie nach links abbiegen wollen, zum Vatikan, zum Petersdom, der erst seit sieben Jahren (durch Papst Urban VIII.) für den „Kultus" geöffnet ist.

Wenn die Pferde nie müde würden, es keine Reibung durch Luft und durch die Holzräder auf den Holpersteinen gäbe, dann würden sie geradeaus fahren, die Kardinäle, ohne Störung, ewig, vorbei am Petersdom, über die sieben Berge ... Das Trägheitsgesetz ist in den Worten von Carl Friedrich von Weizsäcker „fundamental für die klassische Mechanik. Es stellt aber ein *kausales Paradoxon* dar". Es ist eine Bewegung ohne einwirkende Kraft, stur und unbeirrt. Das ist unglaublich, und auch die Wissenschaftler waren zu träge, darüber nachzudenken, weshalb sie das Gesetz unerklärt vor sich her schoben, 250 Jahre lang.

IV

DIE PHYSIK DER ZEIT

Sir Isaac Newton (1642–1726) brachte mit seiner lateinisch geschriebenen „Philosophiae Naturalis Principiae Mathematica“ 1687 das universelle Gravitationsgesetz und die Bewegungsgleichungen in die Welt. Fünf Jahre zuvor saßen Edmund Halley, Robert Hooke und Christopher Wren in einem Café in London. Wie man beweisen könne, dass die Bahnen der Planeten Ellipsen seien, fragten sie sich und setzten als Preis ein Buch im Wert von vierzig Schillingen aus. Als Halley einmal Newton in Cambridge besuchte, erwähnte er das Problem, und Newton meinte seelenruhig, das habe er längst bewiesen, vor zwanzig Jahren schon. Halley drängte Isaac, das aufzuschreiben, und ruhte nicht, bis das Werk erschienen war. Er finanzierte auch noch den Druck.

1

ABSOLUTE ZEIT UND ABSOLUTER RAUM

Newton hatte Descartes studiert und stimmte nicht mit ihm überein. Die Bewegung der Kutsche an den passierten Häusern zu messen, wäre absurd. Sein erstes Bewegungsgesetz lautete daher: Jeder Körper behält seinen Zustand von Bewegung oder absoluter Ruhe bei, solange er nicht durch Kräfte, die auf ihn einwirken, gestört wird. Newton führte den Begriff „absoluter Raum“ ein, unterschieden vom relativen Raum, in dem sich Körper befinden können (ein Zimmer, ein Berggipfel). Dann brachte er seine berühmte Definition einer „absoluten, wahren und mathematischen Zeit“ vor, „die von selbst und aus seiner eigenen Natur heraus ohne Beziehung zu etwas Externem gleichmäßig fließt“. Sir Isaac Newton konstruierte also eine universell gültige Bühne mit absolutem Raum, absoluter Zeit und einem absoluten Ruhezustand. Die Zeit, die im Mittelalter subjektiv gewesen war, galt nun als feste Größe.

Drei Bewegungsgesetze hat Newton aufgestellt. Das erste kennen wir, das zweite sagt, dass die Beschleunigung eines Körpers proportional zu der auf ihn einwirkenden Kraft ist. Und das dritte: Jeder Kraft, die auf ein Objekt einwirkt, steht eine gleich große und entgegengesetzte Kraft gegenüber. Mit diesen drei Gesetzen konnte Newton die Bewegungen der Sonne und der Planeten bestimmen, und man war überzeugt, dass seine Lehre für das ganze sichtbare Universum gälte. Der Kosmos wurde plötzlich zu einem gigantischen Uhrwerk.

Der französische Philosoph Voltaire (1694–1778) machte Newtons Ergebnisse in seinem Land bekannt: „Die Entdeckungen des Ritters Newton, die ihm einen weltweiten Ruf einbrachten, betreffen das System der Welt, das Licht, das geometrisch Unendliche und schließlich die Zeitrechnung, mit der er sich zu seiner Erholung vergnügt hat. … Die Gravitationskraft wirkt proportional zur Materie, die die Körper enthalten; (...) Und damit haben wir die Anziehungskraft, die die große Triebfeder ist und die die ganze Natur in Bewegung hält." Der Begriff der Anziehung (oder Gravitation) wurde indessen kritisiert. Newton verteidigte sich: Er verwende das Wort nur, „um einen Effekt auszudrücken, den ich in der Natur entdeckt habe, ... eine der Materie eigene Qualität, deren Ursache Fähigere als ich finden werden, wenn sie können".[63] Und Fiktionen erfinde er nicht, lautete sein berühmter Halbsatz: „Hypotheses non fingo." Und immer, wenn er keine wissenschaftliche Lösung fand, zog er Gott heran, der nach seiner Meinung das Uhrwerk immer wieder etwas korrigierte.

Die Gravitation ist rätselhaft wie die Trägheit. Warum stürzen die Himmelskörper nicht ineinander? Warum ist alles so gut eingerichtet? Der Franzose Charles Fourier sprach 1803 von einem Ausgleich menschlicher Leidenschaften durch soziale Bestrebungen, und zweihundert Jahre später schrieb der amerikanische Psychologe Gary E. Schwartz, wenn er mit der Welt unzufrieden sei, tue er etwas: Er lasse einen Gegenstand fallen. Das beruhige ihn. Die Schwerkraft sei bedingungslos und berechenbar, sie halte das Universum zusammen. Schwartz behauptete: „Gemäß Newton ist Liebe die universelle Energie, und die Existenz der Schwerkraft ist die grundlegendste und weitreichendste Illustration dieses bedingungslosen Prozesses der Liebe. Das liebende Herz Gottes drückt sich buchstäblich durch die universell anziehende Kraft der Gravitation aus."[64] Alles ist aber auch gut ausgewogen. Im Koran heißt es über den Allerhöchsten: „Er hält den Himmel zurück, damit er nicht auf die Erde falle."[65]

Die Existenz Gottes war für Sir Isaac bewiesen. 1693 schrieb er an seinen Freund Richard Bentley: „Die Schwerkraft kann die Planeten in Bewegung gesetzt haben, aber ohne göttliche Kraft könnten sie sich nie so gleichförmig um die Sonne drehen." Darum wollte Newton sich einen „intelligenten Agenten" vorstellen, den „Mechanick". Albert Einstein, der auch gern von Gott sprach, schrieb später gut gelaunt: „Am Anfang (wenn es einen solchen gab) schuf Gott Newtons Bewegungsgesetze samt den notwendigen

63 Voltaire, Briefe.
64 Schwartz, Gary E.: The Afterlife Experiments. New York 2002, S. 287/288.
65 The Tao of Islam, S. 120.

Massen und Kräften. Dies ist alles.“ [66] Das Weitere ergebe sich durch die Ausbildung mathematischer Methoden.

Newton hätte schon damals alles haben können, wenn er genau hingeschaut hätte. Es gab nämlich unerklärte Abweichungen bei den Planetenbahnen, die Newton bei genauerer Untersuchung leicht zu Schwarzen Löchern und der Ausdehnung des Universums hätte führen können. Der dänische Astronom Ole Rømer berechnete 1676 die Lichtgeschwindigkeit, doch sein Wert lag ein Drittel unter dem tatsächlichen. Doch schon seine ermittelten 220.000 Kilometer pro Sekunde waren kaum vorstellbar.

Newton vertrat die Ansicht, Licht bestehe aus Teilchen, der Christian Huygens – der Mann mit der Pendeluhr – seine Wellentheorie entgegenhielt. 1715 stimmte die Royal Society in London darüber ab, und Newton siegte. Hätten die beiden Gelehrten sich mit einer Flasche Whisky zusammengesetzt und bei einer Verbrüderung den nicht abwegigen Einfall gehabt, das Licht könne mal so, mal so auftreten, sie hätten schon zweihundert Jahre früher die Quantentheorie entdecken können, aber das ist natürlich Spekulation.

Ende des 17. Jahrhunderts meinte man, durch Newtons Gesetze alles erklären zu können. Noch einmal hundert Jahre später, zu Beginn des 19. Jahrhunderts, schien alles noch klarer. Pierre-Simon Laplace (1749–1827) schrieb, ein „Weltgeist“ kenne Vergangenheit und die Zukunft, alles sei berechenbar und determiniert. Kaiser Napoleon soll ihn gefragt haben, wo da Gott vorkomme, worauf Laplace angeblich erwidert habe: „Sire, diese Hypothese benötige ich nicht.“ Der Große Uhrmacher wäre ohnehin arbeitslos gewesen, da ja alles vorherberechnet war.

Sir Isaac Newton war ein großartiger Denker, auch wenn ihn nicht interessierte, warum es überhaupt Materie gab. Man hat ihn einmal gefragt, wie er auf das alles gekommen sei, und er antwortete, er habe eben lange Zeit darüber nachgedacht. So einfach ist das; aber Zeit kostet es auch. Ein Genie wie Newton, das unaufhörlich denkt, verwirrt sich auch manchmal.

66 Weizsäcker, Aufbau der Physik, S. 555.

Es heißt, einmal habe ihn seine Küchenhilfe vor dem Herd angetroffen, und er hielt ein Ei in der Hand, während im Topf mit kochendem Wasser seine Uhr lag.

Vom Raum zu sprechen, war eine große Leistung. Man sah ihn ja nicht, nur die Körper in ihm. Von unsichtbaren Kräften und Größen zu sprechen, war damals unerhört. Außerdem unterschied Newton zwischen den Gesetzen, die allgemein gelten und viele Bewegungen zulassen, und den Anfangsbedingungen, die festlegen, welche Bewegung wirklich stattfindet. In der Physik muss man wissen, was man tut und warum.

2
PHILOSOPHISCHE ABSCHWEIFUNG

Dieses Kapitel gehört der Physik, aber Philosophen haben ja weiter philosophiert. Newton beeinflusste auch sie.

1685, kurz vor der Veröffentlichung von Newtons Hauptwerk, wurde George Berkeley geboren, der 1734 Bischof von Cloyne in Irland wurde. Für ihn existierte alles nur im Geist. Berkeley schrieb: „Für mich ist es völlig unbegreiflich, was man von den Dingen sagt, die nicht denken können, und dass man nichts darüber sagt, dass sie wahrgenommen werden. Das Sein der Dinge ist ein Wahrgenommenwerden (*esse est percipi*), und es ist nicht möglich, dass sie außerhalb des Geistes oder der denkenden Dinge, die sie wahrnehmen, eine Existenz haben können."[67]

Gibt es die Dinge nur, weil wir sie anschauen? Aber als man die Erscheinungen der Quantenphysik nicht mehr ignorieren konnte, soll Einstein gesagt haben, er fände es gut, wenn der Mond noch da wäre, auch wenn er

67 Storia del pensiero filosofico, Hg.: Perone, Ferretti, Ciancio, Turin 1980, Bd. S, S. 267.

ihn nicht anschaute. Und er könne sich nicht vorstellen, dass eine Maus das Universum verändern könne, nur indem sie es betrachte. Berkeley hatte nur durch Nachdenken und konsequentes Weiterdenken etwas Fundamentales entdeckt, er war seiner Zeit voraus.

Auch Gottfried Wilhelm Leibniz (1646–1716) war das. Er hat schon etwas von Einsteins Relativitätstheorie vorweggenommen. Leibniz war auch Mathematiker, hielt seine Kunst für die „wahre Kabbala" und entdeckte früher als Newton die Infinitesimalrechnung. Bewegung, sagte Leibniz, kann ich nicht objektiv feststellen. Sie ist relativ und hängt vom Standpunkt des Beobachters ab. Die Kraft hinter der Bewegung ist das einzig Reale. Raum und Zeit sind ebenfalls relativ. Der Raum ist die Ordnung der gleichzeitig existierenden Dinge, die Zeit die Ordnung der aufeinander folgenden Dinge. Leibniz glaubte wie Berkeley, Descartes, Newton und die Aufklärer Voltaire und D'Alembert an die Gottheit, den großen Ur-Macher.

Die Welt des Früh-Aufklärers Leibniz besteht aus den „Monaden", das sind punktförmige Substanzen, die Kraftzentren sind, aber auch Seelen und Individuen. Es gibt niedere und hoch entwickelte Monaden. Sie alle bilden das harmonische Ganze der Welt. Aber wie stimmen sie sich ab, wie kommen sie miteinander zurecht? Wenn sie Uhren wären, müsste sie ein Ober-Mechaniker fortlaufend einstellen – oder sie wären schon immer perfekt aufeinander abgestimmt. Leibniz entschied sich für die „prästabilierte Harmonie". Von Anfang an zeigen alle Uhren dieselbe Zeit. Gottfried Wilhelm Leibniz hielt auch unendlich viele Welten für möglich. Gott habe diese Welt als die „beste aller möglichen Welten" ausgesucht; aber es könnte im „unendlichen" All noch andere Planeten geben, die Gott womöglich als zweit- und drittbeste mögliche Welten erwählte.[68]

Hundert Jahre lang mussten sich Leibniz' Nachfolger mit dessen Gedanken auseinandersetzen, so einflussreich waren sie. Aber Newtons Vorstellungen von absoluter Zeit und absolutem Raum standen unverrückbar. 1781 veröffentlichte Immanuel Kant (1724–1804) seine „Kritik der reinen Vernunft". Die Zeit ist für ihn „kein empirischer Begriff, der irgend von

68 Störig: Weltgeschichte: S. 343-345 (Leibniz).

einer Erfahrung abgezogen worden". Die Bewohner Königsbergs waren da anderer Ansicht, sie brachten die Zeit direkt mit Kant in Verbindung, der angeblich so regelmäßig das Haus verließ, dass man eine Uhr nach ihm stellen konnte. Kant blieb dabei: Die Zeit ist „a priori gegeben", also als sinnliche Anschauung von Anfang an vorhanden, aber „nicht etwas, was für sich selbst bestünde", und sie ist etwas, das, wenn man die sinnliche Anschauung wegnimmt, „gar nichts ist". Bei Raum und Zeit, diesen Beschaffenheiten, die nicht in den Körpern sind, gebe es viele Ungereimtheiten: „So kann man es dem guten Berkeley wohl nicht verdenken, wenn er die Körper zu bloßem Schein herabsetzte ..."[69]

Zeit und Raum sind also gesetzt, absolut, und laut dem Philosophen gehören sie in unsere „Seele". Haben Plotin und Augustinus etwas anderes gesagt? Die Zeit können wir messen, wie wir wollen. Was wir da messen, wissen wir allerdings nicht. In dem Werk Kants war trotz aller Seele dann doch zu viel Geist, befand der Vatikan, und verbot das Buch 1827. Erst in den Sechzigerjahren des 20. Jahrhunderts wurde das Urteil zurückgenommen.

Marx forderte 1860, die Philosophen sollten nicht länger die Welt erklären, sondern sie verändern. Getan haben das dann hundert Jahre Politiker und Militärs, aber seither, seit fünfzig Jahren, kommt die Weltveränderung von der Technik, deren theoretischer Hintergrund wiederum von der Physik stammt und deren Erkenntnisse auch die Philosophie befruchteten. Die Physik mag der Philosophie Themen weggenommen haben, aber dann merkte man, dass die Revolutionen des 20. Jahrhunderts – die Relativitätstheorien und die Quantenphysik – Folgen für das Denken hatten. Physik und Philosophie können einander nicht mehr ignorieren.

69 Kant, Immanuel: Kritik der reinen Vernunft. Leipzig 1878. S. 58-65.

3
DAS LICHT IM ÄTHER UND DER ZEITPFEIL

Christian Huygens verlor 1715 die Abstimmung in der Royal Society. Newton siegte. Das Licht bestand also angeblich aus Teilchen, aus Korpuskeln. Als der Engländer 1720 starb, glaubten alle daran. Hundert Jahre später jedoch glaubten die Physiker das Gegenteil: Licht ist Welle. Der entscheidende Versuch, der alle umstimmte, stammte 1802 von Thomas Young: Das Zweischlitz-Experiment.

Young schickte einen Lichtstrom auf ein Blatt mit zwei Schlitzen. Dahinter befand sich eine fotografische Platte. Wenn man einen Schlitz abdeckte, war hinter dem zweiten das übliche gesprenkelte Muster zu sehen, das auf Teilchen hindeutete. Wenn jedoch beide Schlitze offen blieben, bildete sich hinter ihnen ein Muster von Schichten und Schleiern, als ob zwei Wellen durch die Schlitze gegangen wären; wie wenn man zwei Steine in einen Teich wirft und die Wellen überlagern sich. Nun waren die Physiker überzeugt, dass Licht in Wellenform auftritt und Newton unrecht hatte.

Das war schon eine Erkenntnis. Aber jede Erkenntnis bringt neue Probleme mit sich. Was bedeutet das? Es hat noch nicht viel mit der Zeit zu tun, aber wir müssen die gesamte Entwicklung der Physik erzählen, damit wir die Geschichte verstehen. Die Physik ist das Zusammenspiel vieler Akteure, und hinterher könnte man mit Jorge Luis Borges sagen, sie sei vielleicht das Werk eines einzigen Physikers, der über Jahrhunderte hin- und herprobierte und immer mehr begriff.

Thomas Young brachte auch den Äther ins Spiel, den schon Descartes in seiner Theorie hatte: Etwas Durchsichtiges, aber doch eine Substanz, in der das Licht fließen konnte. Der Äther durfte aber keinen Widerstand bieten, denn die Himmelskörper bewegten sich ja reibungslos.

Der nächste Schritt, nachdem man den Wellencharakter des Lichtes begriffen hatte, war die Erkenntnis, dass Elektrizität und Magnetismus eng zusammen gehörten. Michael Faraday erzeugte als erster Ströme und sah begeistert, wie sich Eisenfeilspäne an einem magnetischen Pol anordneten. James Clerk Maxwell (1831–1879) führte mit zwanzig Gleichungen vor, wie sich Lichtwellen ausbreiten: Eine sich verändernde elektrische Komponente erzeugt die sich verändernde magnetische Komponente, die ihrerseits wieder die elektrische beeinflusst, was die Welle weitertreibt. Das gilt etwa auch für Radiowellen, die Maxwell vorhergesagt hatte.

Licht war auf jeden Fall eine elektromagnetische Erscheinung, und ihre Geschwindigkeit war auch die der Elektrizität. Das hatte sich schon 1746 gezeigt, als der Abbé Nollet zweihundert gehorsame Kartäusermönche über einen Kilometer verteilte, wobei jeder mit dem nächsten durch einen Eisendraht verbunden war. Dann schickte der Abbé einen Strom durch den Draht, und alle schrien und sprangen augenblicklich und synchron hoch.[70]

Maxwell behandelte die „Felder", wie Newton Körper behandelt hatte. Nun war die klassische Physik komplett. Man hatte Materie und Felder, und man hatte die Gleichungen, die beide beschrieben. Das Konzept des „Feldes" veränderte jedoch das Bild des Physikers von der Welt. Das Feld ist, wie ein Physiker erläutert, „unbeschreibbar, weil ein Feld weder Raum noch Zeit noch Masse hat. Es ist ein überall gleichzeitiges Immer, weder ruhend noch bewegt. Vielleicht könnte man sagen, dass es unendlich schnell sei, denn unendlich schnell heißt: überall zugleich."[71] Dennoch ließen sich Felder klassisch beschreiben.

Die Physik wurde immer nutzbringender. James Watt (1736–1819) hatte 1782 eine Dampfmaschine hergestellt, die einen Wirkungsgrad von drei Prozent aufwies, der uns heute lächerlich vorkommt. Immer wieder hatte man versucht, ein Perpetuum mobile zu bauen: Eine Maschine, die ewig weiterläuft. Der Physiker Paul Davies erzählte, dass viele Tüftler und verrückte Erfinder Pläne zu einem Perpetuum mobile einschickten; diese Manuskripte nähmen Platz zwei in der Statistik ein, und auf Platz eins rangier-

70 Gratzer, Walter: Eurekas and Euphorias. Oxford 2002, S. 63.
71 Woltersdorf, H.W.: Keine Angst vor Einstein. Sulzbach 1992, S. 101.

ten Aufsätze von Denkern, die appellieren: Einstein irrt sich! Ich habe die Lösung, bitte sagen Sie es der Welt![72]

Man ahnte aber schon vor 150 Jahren, dass eine Maschine ohne Energiezufuhr nicht funktionieren kann: Heiße Körper geben Wärme an eine kältere Umgebung ab, was man heute durch Wärmedämmung von Häusern zu vermeiden sucht. Der Erste Hauptsatz der Thermodynamik, der besagt, dass in einem System die Energie erhalten bleibt, wird dadurch nicht verletzt. (Wir können ja das gesamte Universum als ein System betrachten.) Die Mathematikerin Emmy Noether bewies mit ihrem Theorem zu diesem Ersten Hauptsatz, dass die Zeit homogen ist: Die Naturgesetze gelten zu jeder Zeit gleich, und so war die Zeit noch einmal als etwas Bleibendes anerkannt.

Allerdings war nun plötzlich der Begriff Irreversibilität da: Die Bewegung geht von Heiß zu Kalt, und man kann sie nicht umkehren. Der zweite Hauptsatz der Thermodynamik behauptet, dass die Entropie oder das Chaos in einem System, das abgeschlossen ist, immer zunimmt, jedenfalls nicht abnimmt. Um Ordnung zu erreichen, muss man dem System Energie zuführen. (Wir müssen etwa in einem Zimmer aufräumen, das ohne Einwirkung dazu tendiert, immer unordentlicher zu werden.) Der dritte Hauptsatz besagt, dass der absolute Nullpunkt nie zu erreichen ist: Um ihn herum vibrieren die Moleküle. Carl-Friedrich von Weizsäcker schrieb: „Die klassische Thermodynamik darf als die größte Abstraktionsleistung der Physik gelten."[73]

Bei den Philosophen gab es immer Empiriker, die von beobachtbaren Größen ausgehen, und Rationalisten, die glaubten, dass mit Logik und Gedankenexperimenten genauso viel über die Welt zu sagen wäre. In der Physik gibt es leidenschaftliche Experimentatoren und theoretische Physiker. Albert Einstein war der theoretische Denker. Seine Gedankenexperimente waren legendär. Ein anderer Albert, Szent-Györgi mit Nachnamen und Biochemiker, sagte: „Forschung betreiben heißt sehen, was alle gesehen haben, und denken, was niemand gedacht hat."[74]

72 Davies, About Time, S. 54.
73 Weizsäcker, S. 250.
74 Zit. in: Weizsäcker, S. 549.

Ludwig Boltzmann behandelte 1870 die herumschwirrenden Teilchen der Thermodynamik mit den Gleichungen der klassischen Mechanik und nahm die Wahrscheinlichkeit hinzu. Unsere Welt sei eine Schwankung in der Unendlichkeit, und unser Hiersein sei nicht unwahrscheinlich (wie unser Hiersein zeigt), und wir Menschen würden die Zeit „in Richtung wachsender Entropie messen".[75] Nun sprach man vom „Zeitpfeil", den Arthur Eddington so genannt hatte. Newtons Bewegungsgleichungen kannten keine bevorzugte Richtung. Man kann einen Ball vom Turm von Pisa hinunterwerfen und ihn fotografieren; oder man kann ihn hochwerfen und ihn fotografieren: Niemand wird feststellen können, ob der Ball von oben oder von unten kam. Dasselbe gilt für einen Ball, der eine schiefe Ebene hinabrollt, wie bei den Versuchen Galileis. Man könnte ein geordnetes Kartenspiel mischen, dann wäre es in Unordnung. Aber es ist nicht undenkbar, dass irgendwann einmal ein Mischvorgang die ursprüngliche Ordnung wiederherstellt: Es ist kein irreversibler Vorgang.

Doch in der Thermodynamik sind Prozesse plötzlich nicht mehr umkehrbar. Energie geht verloren, Chaos tritt auf, Verfall regiert. Das gilt für ein System, das nicht von außen neue Energie bekommen kann; und freilich muss es vorher eine gewisse Ordnung erreicht haben, damit ein Verlust von Ordnung eintreten kann. Der Lebensprozess ist auch unumkehrbar.[76] Was lebt, stirbt auch. Untergang und Neugeburt sind miteinander verschränkt. In der Mechanik und in der Quantenphysik – also bei elementaren Prozessen – gibt es keine bevorzugte Zeitrichtung. Bei komplexen Vorgängen jedoch verlaufen Zeit und Veränderungen streng in eine Richtung. Warum?

Nobelpreisträger Ilya Prigogine meinte, die wirkliche Natur sei eben so – turbulent und irreversibel. Die Zeit sei durch eine „Symmetriebrechung" entstanden. Jedes komplexe System gehört zu einem noch größeren und ist durch eine Barriere von der reversiblen Zeit getrennt: „Jeder von uns hat seinen eigenen autonomen, unumkehrbaren Pfeil, aber dieser ist eng verknüpft mit dem unumkehrbaren Pfeil des Universums", in den Worten von John Briggs und F. David Peat. Prigogine meint, die Physik könne die

75 Ebd., S. 151.
76 Fraser, S. 110/111.

Irreversibilität nicht finden, eher könne dies die Metaphysik, also die Philosophie der Letzten Dinge.[77]

Die Physik entdeckte den Zeitpfeil und weiß auch heute noch nicht, warum die Zeit in eine Richtung verläuft. Würde sich etwas ändern, wenn sich das Universum zusammenzöge? Vermutlich nicht. Aber als nach 1900 Einstein, Planck und Bohr eingriffen, interessierte das nicht mehr. Die Welt der kleinsten Teilchen, die unserer Welt zugrunde liegt, war anscheinend ganz anders, war mysteriös und verrückt.

4

EINSTEINS ERSTE REVOLUTION

Der Äther. Er bleibt ein Kuriosum in der Geschichte der Physik: Ein gewaltiger Irrtum, der sich fast zweihundert Jahre hielt. Man kann schnell etwas erfinden; aber nachzuweisen, dass es das nicht gibt, ist schwierig. Der Äther diente nur dazu, die Erregung von Maxwells elektromagnetischen Feldern zu tragen. Er war die schweigsame Substanz, an der sich alles messen ließ, war etwas wie Gottes Atem. Lichtwellen bewegten sich relativ zum Äther mit ihrer konstanten Geschwindigkeit. Die Erde konnte „auf ihrer Reise um die Sonne vergnügt durch den Äther pflügen, ohne den geringsten Widerstand zu spüren“, schrieb Davies.

Auf Griechisch heißt Äther Himmel. Der Äther war das fünfte Element und füllte die Sternensphäre, glaubten die Gnostiker in den ersten Jahrhunderten unserer Zeitrechnung, und dorthin steigen die Geister auf, die sich von allem Seelischen läutern wollen. Mitte des 19. Jahrhunderts setzte sich der chemische Äther als Narkosemittel durch, und das Wort drang in den Sprachgebrauch ein. Karl Valentin (1882–1948), der unsterbliche

77 Briggs, John, Peat, David F.: Die Entdeckung des Chaos. Gütersloh 1990, S. 248.

Münchner Kabarettist, formulierte: „Schrie ich in den blauen Äther hinaus." Radiowellen im Äther, der „ätherische Körper" der Spiritualisten und das „ätherische Wesen" – damit war der Äther unsterblich geworden.

Albert Michelson und Edward Morley wollten ihn 1887 nachweisen. Die Erde bewegt sich in eine Richtung; wenn man Licht in die andere Richtung schicke, gegen den Äther, müsse sich wohl eine geringe Verzögerung nachweisen lassen. Aber nichts dergleichen. Keinerlei Hinweis auf den Ätherstrom. Hingegen gab es klare Anzeichen dafür, dass nichts schneller reist als das Licht. Fast vierzig Jahre nach dem Äther-Versuch, als Michelson Nobelpreisträger war und alt, überbrachte ihm sein Assistent die neueste Zahl der Lichtgeschwindigkeit: 299.774 Kilometer pro Sekunde. Die Freude übermannte Albert Michelson. Er diktierte einen Satz, fiel dann in den Schlaf, und am übernächsten Morgen starb er friedlich.[78]

Der Holländer Lorentz ersetzte den fehlenden Äther durch einen Faktor, der eine Zeitausdehnung und eine Verkürzung von Längen ausglich, und man konnte sagen: All das geschieht, damit die Lichtgeschwindigkeit konstant bleiben kann.

Albert Einstein hat das Michelson-Morley-Experiment nur am Rande erwähnt. Er war jung, sechsundzwanzig Jahre alt (wie Newton, als er die Bewegungsgesetze fand), arbeitete in Bern im Schweizer Patentamt und dachte nach. In jenem Jahr, 1905, veröffentlichte er vier bahnbrechende Arbeiten. Darunter war die Abhandlung „Über die Elektrodynamik von bewegten Körpern", und sie wurde später Spezielle Relativitätstheorie genannt.

Er mochte die Elektrodynamik deshalb, weil diese die Lichtgeschwindigkeit als konstantes Tempo eingeführt hatte. Der 17-jährige Albert hatte sich ausgemalt, wie es wäre, auf einem Lichtstrahl durchs Universum zu fliegen. Es ginge los, wenn die Kirchturmuhr (vermutlich eine in München, wo er zur Schule ging) Mitternacht anzeigte. Er würde dahinfliegen und auf einen Schwesterlichtstrahl schauen, hätte eine stehende elektromagne-

78 Novikov, Igor: The River of Time. Cambridge 1998, S. 40.

tische Welle vor sich und um sich, und die Frage war: Würde für ihn dabei Zeit vergehen und wieviel?[79]

Kopernikus, Galilei und Newton hatten ja schon bemerkt, dass Bewegungen *in* einem System durch eine gleichförmige Bewegung *des* Systems nicht beeinflusst werden. Jemand sitzt in einem Flugzeug, und sein Buch fällt zu Boden. Es fällt so auch, wenn es bei ihm zu Hause fällt. Woher weiß er, ob er sich bewegt? Es gibt keinen Zustand der absoluten Ruhe im Universum.

Aber es gibt vielleicht absolute Ruhelosigkeit, also absolute Bewegung. Albert Einstein zeigte mathematisch, dass die Lichtgeschwindigkeit die kosmische Höchstgeschwindigkeit war, eine *absolute* Geschwindigkeit: Ob ich mich mit 200.000 Kilometern pro Sekunde mit ihr bewege oder ihr mit demselben Tempo entgegen fliege, macht keinen Unterschied. Überall ist sie gleich.

Nun dachte er sich zwei Systeme aus, die sich gleichförmig zueinander bewegen, etwa zwei Autos. In jedem sitzt jemand und schickt einen Lichtstrahl an eine Zentraluhr, der zurückkommt, damit die Uhren in den Fahrzeugen richtig gestellt werden können. Jeder Reisende hat auch einen Stab dabei. Die Lichtgeschwindigkeit hat denselben Wert, wie immer sich die Beobachter bewegen. Sie ist das Maß und kann nur konstant sein, wenn die Entfernungen und die Zeitintervalle für die Beobachter unterschiedlich sind, je nach ihrer Bewegung. Uhren und Stäbe verändern sich, damit die Lichtgeschwindigkeit konstant bleiben kann: Der Stab wird etwas kürzer, die Zeit dehnt sich. Die Uhr geht also etwas langsamer – in allen Systemen.

Gemessen an ihr, der in allen Systemen konstanten Lichtgeschwindigkeit c von nunmehr exakt 299.792,458 Kilometern pro Sekunde, müssen also alle Bewegungen relativ sein sowie Raum und Zeit auch. Kurios ist, dass beide Reisende der Meinung sind, die Uhr des anderen laufe langsamer und dessen Stab verkürze sich – und beide haben recht. Wenn wir uns der Lichtgeschwindigkeit nähern, wächst unsere Masse unglaublich an, und

79 Wheeler, John Archibald: A Journey through Gravity and Spacetime, New York 1990, S. 8.

wir schrumpfen zusammen. Schon ein Viertel der Lichtgeschwindigkeit wäre tödlich; aber käme man trotzdem durch, würde man bald in Strahlung verwandelt. Auf und mit einem Lichtstrahl durchs Universum zu reiten, hieße, ohne Zeit zu leben, alles gleichzeitig zu erleben, wegzufliegen und gleichzeitig schon dort zu sein. Einstein wies nach, dass es in bewegten Systemen keine Gleichzeitigkeit gibt. Sie hat keinen Sinn, sie ist unsere Erfindung. Echte Gleichzeitigkeit gibt es nur für das Licht: Es ist überall.

Die spezielle Relativität bezieht sich auf lokale Erscheinungen. Es geht um Systeme, die sich gleichförmig zueinander bewegen. Schon eine Beschleunigung führt eine Störung ein und verändert den Lauf der Uhren. Zudem ist die Theorie für einen leeren Raum gedacht (die Allgemeine Relativitätstheorie ist für Materie und die Schwerkraft zuständig). Jedenfalls kann man nie sagen, dass drei Ereignisse in drei Orten gleichzeitig stattfinden, wenn man sich stetig fortbewegt.

Zwei Physiker, die nebeneinander herspazieren, sind schon zwei bewegte Systeme mit zwei eigenen „Jetzt“. Es gibt unendlich viele „Jetzt“, aber kein Jetzt mehr, auf das sich alle, die sich bewegen, einigen könnten. Jedes Ereignis gehört zu vielen Jetzt, von vielen Beobachtern in vielen Systemen gesehen.

Die Raumzeit wurde durch Hermann Minkowski mit seiner berühmten Rede am 21. September 1908 in Köln eingeführt. Minkowski war Professor an der Eidgenössisch Technischen Hochschule in Zürich und ein früherer Lehrer von Einstein, und er wandte sich so an seine Hörer: „Meine Herren: Die Anschauungen über Raum und Zeit, die ich Ihnen entwickeln möchte, sind auf experimentell-physikalischem Boden erwachsen. Darin liegt ihre Stärke. Ihre Tendenz ist eine radikale. Von Stund an sollen Raum für sich und Zeit für sich völlig zu Schatten herabsinken und nur noch eine Art Union der beiden soll Selbständigkeit bewahren.“[80] Man müsse sie zusammenbacken und zusammenschrauben zur „Raumzeit“ (der *Zeitraum* war leider schon vergeben), in der alles einfach *ist*. Er hat die Zeit entmachtet und dem Raum zugeteilt.

---

80 Ewald, Günter: Die Physik und das Jenseits. Augsburg 1998, S. 33.

In Japan gibt es den Ausdruck *ma*, der ebenfalls Raumzeit bedeutet, aber eher als Kombination des Raums mit einer Funktion. Der Raum ist offen, also ein Raum zwischen Pfeilern, und wenn ein kleines Blumen-Arrangement hinzugefügt wird, ist er bereit für eine Teezeremonie, kann sich aber danach schnell in ein Schlafzimmer verwandeln. Japaner hätten sicher kaum Probleme, sich die Raumzeit vorzustellen.[81]

Die Zeit ist also untrennbar mit dem Raum verschränkt und wird zu dessen Ergänzung: Wenn sich die Stäbe zusammenziehen, dehnt sich die Zeit. Die Zeit wird auf einer extra Linie angegeben, und der Weg eines Körpers durch Raum und Zeit ist seine „Weltlinie". Die Fliege, die Descartes in der Ecke zwischen Decke und Zimmer sah, hat auch eine Weltlinie. Sie besteht aus den drei kartesischen Koordinaten plus einer Zeit-Koordinate, entlang derer sich das Leben der Fliege abwickelt. Einstein verglich die Raumzeit als die Gesamtheit aller möglichen Orte und Zeiten einmal mit einer Mietskaserne, in die die Ereignisse einziehen könnten. Sie steht fertig da, und die Mieter kommen. Auch künftige Mieter werden kommen. Vergangenheit, Gegenwart und Zukunft sind über den komplexen Raum verteilt, und darum konnte Einstein der Witwe seines alten Freundes Michele Besso auch schreiben, die drei seien für den Physiker eine „hartnäckige Illusion". In seinem und Minkowskis Universum sind auch Zeitreisen in der Theorie möglich.

5

DURCHDREHENDE UHREN UND DAS ZWILLINGSPARADOXON

Dass Bewegung die Zeit verändern könnte, hätte sich Newton nicht träumen lassen. Seit Einstein können wir Zeit und Raum nicht mehr als unveränderbare Größen betrachten. Zwei amerikanische Wissenschaftler, J. C.

81 Thompson, Fred, Blake, Sheri, Someya, Yasumasa: Ritual and Space, Waterloo 1988, S. 9.

Hafele und Richard Keating, wollten wissen, ob Uhren tatsächlich anders ticken, wenn sie bewegt werden.

a) Wenn Uhren um die Erde touren

Sie entliehen sich vier Atomuhren und flogen mit ihnen in Verkehrsflugzeugen um die Welt: Zweimal in Richtung Osten und zweimal in Richtung Westen. Die Veränderung würde winzig klein sein, da gewöhnliche Linienflugzeuge nur ein Millionstel der Lichtgeschwindigkeit schaffen.

Auf den Flügen Richtung Osten liefen die Uhren 59 Nanosekunden langsamer. Eine Nanosekunde ist eine Tausendstel Mikrosekunde, die wiederum eine Tausendstel Sekunde ist. Die Uhren, die in Richtung Westen um den Erdball bewegt wurden, zeigten 273 Nanosekunden mehr an, sie waren also schneller gelaufen. Einstein hatte bereits bemerkt, dass auch die Erde durch ihre Drehung die Zeit dehnt. Wenn man diese Wirkung herausrechnete, bestätigte sich Einsteins Formel.[82] Auch der große Zeitexperte J. T. Fraser stellte sich vor, eine Uhr auf einen „round trip" ums Universum zu schicken und dem Astronauten obendrein einen Stab mitzugeben. Der Stab wird sich zwar zusammengezogen haben, bei der Rückkehr jedoch wieder auf seine ursprüngliche Länge von einem Meter zurückgeschnellt sein. Die Uhr aber … zeigt nur 6789 Einheiten, verglichen mit 9876 Einheiten der auf der Erde verbliebenen Uhr. Sie ging also schneller!

b) Reisen mit Lichtgeschwindigkeit

Deutlicher wird das mit dem Gedankenexperiment des Zwillingsparadoxons. Paul Davies hat das wiederum gut dargestellt, und statt Ann und Betty bei ihm nehme ich mich und meine Freundin Leila. Sie ist Stewardess und somit das Fliegen gewohnt. Also soll sie mit einem Raumschiff zu einem Stern fliegen, der acht Lichtjahre entfernt ist. Lichtjahre sind ja eine Entfernung. Ich bleibe zu Hause. Es ist das Jahr 2014. Leila küsst mich und zischt mit achtzig Prozent der Lichtgeschwindigkeit ab. Sie braucht für die acht Lichtjahre zehn Jahre unserer irdischen Zeit und wird für mich im

---

82 Davies, About Time, S. 57.

Jahr 2024 dort ankommen. Hier sein wird sie wieder im Jahr 2034, logisch, nach zwanzig Jahren, in denen ich vielleicht weitere Bücher geschrieben haben werde. Das ist dann wieder unser gleichzeitiges Ereignis, da wir uns „live“ in die Arme fallen. Ich will gar nicht wissen, wie alt ich dann wäre. Leila jedoch wäre nur zwölf Jahre älter. Sie ist ja jetzt schon viel jünger als ich! (Vielleicht wäre besser ich geflogen.)

Nach einer Stunde ihres Flugs würde sie sehen, dass auf meiner Uhr nur sechsunddreißig Minuten verstrichen sind. Das ist der Zeitdehnungseffekt von 0,6 – laut Einstein. Je weiter sie sich entfernt, desto länger braucht das Licht, um zu ihr zu gelangen und ihr meine Zeit zu zeigen (der Doppler-Effekt), und die Zeitdehnung durch ihr Tempo kommt noch hinzu. Ihre Landung sehe ich erst im Jahr 2032, also achtzehn Jahre später, weil sie nach zehn Jahren (meiner Zeit) eintrifft und das Licht noch die acht Lichtjahre zurückfliegen muss zu mir, um mir das Bild ihrer Landung zu zeigen. Für sie ist bei Ankunft das Jahr 2020. Sie war sechs Jahre unterwegs für ihre Hinreise, die für mich achtzehn Jahre gedauert hat. Sie brauchte also nur ein Drittel meiner Zeit.

Was sieht Leila von mir? Sie ist in ihrem Jahr 2020 dort und in meinem Jahr 2024 (ich sehe sie aber erst 2032). Da das Licht auch für sie acht Jahre braucht, um ihr meinen Kalender zu zeigen, sieht sie mich in der Vergangenheit, im Jahr 2016. Leila muss also vermuten, dass die Zeit, die für mich verlief, nur ein Drittel der ihrigen betrug (sechs Jahre für sie, zwei für mich) – perfekt symmetrisch!

Auch beim Rückweg stimmt wieder alles. Sie fliegt der Erde entgegen, und der Doppler-Effekt, der vorher das Licht verzögert hat, weil sie sich von der Erde entfernte, wirkt in die entgegengesetzte Richtung. Ich sah ihre Ankunft im Jahr 2032, sie hingegen hatte 2020, und wenn sie wieder hier ist, sind für sie zwölf Jahre vergangen: Das Jahr 2026 in ihrem Raumschiff. Sie wird erstaunt sein, dass wir schon 2034 schreiben. Ihr Rückflug dauerte für sie sechs Jahre, für mich nur zwei. Für mich lief ihre Uhr dreimal schneller als die meine, und ihr muss es vorkommen, als sei meine Uhr dreimal schneller gelaufen als die ihre: Sie ist bei 2016 meines Kalenders abgeflogen und im Jahr 2034 eingetroffen, wodurch achtzehn Jahre auf der Erde vergingen, während sie nur sechs unterwegs war – wieder perfekt symmetrisch.[83] Schwierig, aber die Sache stimmt. Ein Hoch auf Einstein.

6
EINSTEINS ZWEITE REVOLUTION

Einstein plante und verwirklichte seine beiden Revolutionen – die Spezielle und die Allgemeine Relativitätstheorie – in der Schweiz, in Bern und Zürich. Da konnte man schon immer ruhig arbeiten, während sich woanders die Welt auf Hochtouren drehte.

a) Über Albert Einstein

Nach der Veröffentlichung seiner bahnbrechenden Arbeiten (1905) wurde die Wissenschaft erst langsam auf Einstein aufmerksam. Er wurde Privatdozent an der Universität Bern und dozierte im Sommer 1908 über Hitzestrahlung vor drei Studenten, von denen einer Michele Besso war, später sein lebenslanger Freund. Dann wurde Einstein assoziierter Professor für Theoretische Physik in Zürich, 1911 Professor in Prag und kehrte 1912 nach Zürich zurück, bevor Berlin sich für ihn interessierte. Zwanzig Jahre später sagte Albert Einstein seiner Frau Milena, sie solle noch einen Blick auf das „Landhaus Einstein" im Dorf Caputh werfen (anders als Loth, der seiner Frau den Rückblick verbot), denn sie werde es nie mehr sehen. So war es auch. Unter den Nationalsozialisten war das Leben für einen jüdischen Wissenschaftler unerträglich geworden. Die Einsteins gingen nach Amerika, Princeton, wo schon Familie Mann lebte.

Die Frau von Thomas Mann, Katja, schrieb in ihren Erinnerungen: „Albert Einstein war auch in Princeton. Wir waren beinahe Nachbarn und

83 Ebd., S. 59-65.

haben ihn oft gesehen. Er war sehr sympathisch und nicht besonders anregend. Einstein hatte eigentlich etwas Kindliches im Wesen, so große Glupschaugen; er hatte etwas Naives an sich, ein lieber Mensch."[84] Am 18. April 1955 starb der „liebe Mensch" in Princeton, und Thomas Mann, der vier Jahre älter war, vier Monate danach – in Zürich. Nach Einsteins Tod kursierte eine Karikatur, die das Weltall zeigt mit der Erde in der Mitte, und darauf klebt ein Zettel: „Hier lebte Einstein." In zweihundert Jahren wird man sich vielleicht nicht mehr an Thomas Mann erinnern, an Albert Einstein aber schon.

Zurück nach Bern. Einstein hatte 1905 seine fünf Arbeiten vorgelegt, was das Patentamt nicht sonderlich beeindruckte, dort vielleicht nicht einmal bemerkt wurde. Er saß also weiter im Amt herum und prüfte Eingaben. Sein Chef Friedrich Haller hatte ihm stets eingeschärft, er solle das Arbeitsmodell dahinter herausarbeiten und in einem klaren Satz darlegen, ob es funktionieren werde oder nicht. So lernte auch ein Einstein.

1907 oder 1908 hatte der Gelehrte den „glücklichsten" oder „größten" Einfall seines Lebens, und irgendwo las ich den Satz „I had it on my bike". Dass er den Einfall beim Radfahren hatte, glaube ich gern; das Hirn wird von tausend Gedanken durchschossen und durchflossen, und ein genialer Gedanke entsteht häufiger als im Sitzen. Laut John Archibald Wheeler kam ein Ereignis hinzu: Einstein hatte von einem Maler gehört, der von einem Dach gefallen war. Er erkundigte sich und erfuhr, der Mann habe sich ganz gewichtslos gefühlt. Anscheinend fühlte man sich in einem Schwerefeld geringer räumlicher Ausdehnung wie in einem Raum ohne Schwerkraft. Der freie Fall war der Ausgangspunkt.

Albert Einstein hätte das auch ohne Maler entdecken können. Bei einem Spaziergang über die Aare-Brücke wäre er plötzlich vor dem Gebäude des Schweizerischen Alpin-Clubs (SAC) gestanden und, einer Eingebung folgend, hineingegangen. Im Archiv herumsuchend, hätte er im Jahrbuch 1892 des Clubs auf den Aufsatz „Notizen über den Tod durch Absturz" stoßen können, worin Albert Heim Alpinisten zu Wort kommen lässt, die

84 Mann, Katja: Meine ungeschriebenen Memoiren, Frankfurt 2002, S. 132/133.

einen Sturz in den Bergen überlebten. Ein Klubkamerad Heims, der rücklings vom Gipfel des Kärpfstocks fiel, schilderte: „Ich glaubte mich schwebend auf die angenehmste Weise nach unten getragen und hatte vollstes Bewusstsein während des Falls.“[85]

Wir könnten auch Felix Baumgartner fragen, den Österreicher, der am 14. Oktober 2012 so tief stürzte wie noch nie ein Mensch zuvor. Ein Heliumballon hatte sich in Roswell (US-Bundesstaat Texas) erhoben und seine Druckkapsel in zweieinhalb Stunden über die zunächst geplante Höhe hinaus gebracht. Auf 38.969 Meter Höhe sprang der Österreicher ab, und dann befand er sich vier Minuten und zwanzig Sekunden im freien Fall – das war ein Weltrekord. Dabei übertraf er kurzzeitig mit 1.357 Kilometern pro Stunde die Schallgeschwindigkeit – mehr als Mach 1.

Die Mach-Zahl (M) ist nach Ernst Mach (1838–1916) benannt, einem Physiker und Philosophen, den Einstein bewunderte. Sie drückt das Verhältnis zwischen Fluggeschwindigkeit und der Geschwindigkeit der Schallwellen aus, die von der Lufttemperatur abhängig ist, was bei minus 50 Grad dreihundert Meter pro Sekunde bedeutet. Wenn wir diese Zahl auf die Stunde hochrechnen, haben wir 1080 Kilometer. Wenn das Flugzeug schneller fliegt als der Schall, kommt es zu einem Knall, da es eine Druckwelle durchbricht. Aber schon lange vor dem Jet hatte der Mensch ein Objekt erfunden, das die Schallmauer durchbricht und dabei knallt: die Peitsche.[86] Die Rotorblätter des Hubschraubers knattern, weil sie auch die Schallmauer durchbrechen.

b) Die Kerngedanken

Formulieren wir die Allgemeine Relativitätstheorie erst einmal nach dem geistreichen amerikanischen Physiker John A. Wheeler (1911–2008), der auch die Zeit humorvoll definierte: So verhindere die Natur, dass sich alles zur selben Zeit ereigne.[87] Wie es zu dem Zitat kam, fand ich erst später

85 Poser, Manfred: Halluzinationen und Grenzerfahrungen im Alpinismus, München 1998, S. 75.

86 Baumgartner und Mach: Wikipedia.

87 Barbour, Julian: The End of Time. S. 44/45.

heraus, in einem Buch des russischen Physikers Igor Novikov. Bei einem Besuch am 5. Juni 1992 in Kopenhagen, wo Novikov als Professor arbeitete, fragte dieser Wheeler zum Abschied: „John, du bist berühmt für deine Definitionen, kannst du mir sagen, was die Zeit ist?“ Ein halbes Jahr später traf bei ihm Wheelers Buch „Frontier of Time“ ein mit der Widmung: „Für Igor – mögest du zeitlos sein! – John, 25.11.92: Du hast um eine Definition gebeten. Es gibt einige Graffiti in der Herrentoilette in Austin, Texas, und darunter ist das folgende: ‚Die Zeit ist die Lösung der Natur, um zu verhindern, dass alles gleichzeitig passiert.‘“[88]

Die Prinzipien der allgemeinen Relativität nach Wheeler: Die erste Grundidee sei das freie Schweben, die zweite die Krümmung der Raumzeit. Wir, die wir meinen, fest auf dem Boden zu stehen, irren uns. Die Erde hält uns durch ihren Widerstand von unserem natürlichen Bewegungszustand ab, dem freien Schweben. Nehmen wir die Schwerkraft weg, so herrscht Schwerelosigkeit. Ohne Schwere – das Schweben. Wir treiben nach oben und winken uns zu.

Wenn wir ein breites Loch durch die Erde bohren und es verschließen, wird drinnen keine Schwerkraft herrschen. Dann lassen wir zwei Menschen, die bei Wheeler Alix und Rob heißen, in kleinen Raumkapseln hineinschweben, und sie werden „auf die angenehmste Weise nach unten getragen“ werden und ohne Kollision wieder zurückkommen, weil die Raumzeit mit ihrer Krümmung sie lenkt. Die Raumzeit ergreift also die Masse und sagt ihr, wie sie sich bewegen muss; und ebenso ergreift die Masse die Raumzeit und sagt ihr, wie sie sich krümmen soll.[89] Wäre das nicht so, würde alles ewig träge weiterschweben, und wir müssten uns auch von Sonne und Mond verabschieden.

Ernst Mach hatte immer behauptet, alle Masse im Universum übe eine Kraft aus und kontrolliere alles. Alle fernen schweren Sterne wirken bis hierher. Alles ist in einem großen Gleichgewicht. Das „Machsche Prinzip“ nannte das Einstein, und es faszinierte ihn. Dennoch war Einsteins Physik immer lokal, auf den Nahbereich bezogen.

88 Novikov, Igor: The River of Time. New York, Melbourne 1998. S. 199.

89 Wheeler, S. 11/12.

Nehmen wir den Maler, der abstürzt. Nur subjektiv schwebte er ja. Er fällt, und alle Körper fallen mit der selben Beschleunigung, wie schon Galilei und Newton berechnet hatten. Nun mag Einstein an seine spezielle Theorie (Beobachter in gleichförmig bewegten Systemen können nicht merken, dass sie sich bewegen) gedacht haben: Ob jemand in einem Raum *ohne* Schwerkraft beschleunigt werde oder in einem Raum *mit* Schwerkraft falle, kann der Betroffene nicht sagen. Beschleunigung und Schwerkraft sind dasselbe.

Wer sagt dem Bergsteiger dann, wie er fallen wird? Vielleicht nicht seine Masse, sondern das Medium, durch das er fällt. Die Schwerkraft ist vielleicht Ausdruck der Krümmung des Mediums. Bis Einstein seine Gedanken geordnet und in Formeln untergebracht hatte, vergingen noch sieben Jahre. Er probierte herum. Wie würden Naturgesetze in bewegten Systemen, etwa in einem rotierenden System, aussehen? Und er fand, dass Minkowskis Raumzeit nicht mehr genügte, da sie Regeln folgten, wie sie im ebenen Raum gelten, in einer Euklidischen Geometrie, wie man sagt.

Unebenheiten und Krümmungen finden sich indessen in einem Modell des deutschen Mathematikers Bernhard Riemann (1826–1866), das dieser 1854 vorgelegt hatte. Die Weltlinie eines Körpers im Minkowski-Raum ist eine gerade Linie, während sie im Riemann-Raum so etwas wie eine Linie auf einem Fußball wäre – gekrümmt. Der direkteste Weg auf einem Ball ist eine geodätische Linie. Das ist noch leicht zu berechnen, aber für kompliziertere Fälle braucht man den Riemann-Krümmungstensor, der mathematisch aus zweihundertsechsundfünfzig Einzelteilen besteht. Bei Entfernungsmessungen auf der Erde wird die Messung, wenn man ein Maßband über Hügel legt, viel länger ausfallen, als wenn man ein Stück Wüste vermisst. Jedenfalls geht es immer um den kürzesten Weg, den Objekte zurücklegen. Flugzeuge fliegen auch nicht gerade, sie folgen der Krümmung der Erde.

Einstein dachte sich einen gläsernen Lift und einen Lichtstrahl, der diesen durchquert. Licht quert Lift. Aber nehmen wir besser Wheelers Beispiel. Da ist ein gläserner Aufzug. Er steht. Jemand wirft einen Ball auf die gegenüberliegende Wand. Der Ball führt seine Kurve aus und fällt, plopp, zu

Boden. Nun lassen wir einen anderen Aufzug links neben dem ersten nach unten fahren. Der geworfene Ball wird in diesem Zustand der kurzzeitigen Schwerelosigkeit irgendwo oben an die Wand prallen, aber von außen betrachtet – von uns aus, wir sehen beide Aufzüge gleichzeitig – hat er eine gerade Linie beschrieben. Vor allem: Für uns Betrachter von außen hat der Ball in beiden Fällen in derselben Zeit genau denselben Endpunkt erreicht.

Die Bälle bewegten sich zwar unterschiedlich, aber in Begriffen der Raumzeit ergibt sich eine identische Linie.[90] Das Fallen des Balls ist (immer raumzeitlich gesehen) eine Illusion. Die Schwerkraft ist eine Illusion. Ohne sie befinden wir uns in einem Zustand des seligen Schwebens, wie bei einem Fall durchs All. Der Ball fällt nicht wegen der ominösen Schwerkraft, sagt Einstein. Im linken Aufzug gibt es sie ja nicht, aber dort gab es die Ablenkung durch die Masse: Durch die Masse der Erde, die die Raumzeit krümmte.

Der Krümmung folgten der stürzende Bergsteiger und Felix Baumgartner; aber es ist keine mysteriöse Wirkung ferner Massen, sondern eine ganz konkrete Wirkung im Nahbereich. Jetzt kommt ein weiteres Mal Gott ins Spiel, in Gestalt des US-Physikers J. Richard Gott, der in seinem Buch über Zeitreisen im Einstein-Universum die Sache noch anschaulicher beschrieben hat: Wenn die Schwerkraft von der Beschleunigung nicht zu unterscheiden sei, könnte man sagen, dass dem Bergsteiger die Erde „entgegenkommt".

Im Moment des Absturzes schwebt er (das freie Schweben), und dann wirkt die Beschleunigung, die seine eigene Masse bewirkt. Die Erde bewegt sich auf ihn zu, was „Krümmung der Raumzeit" bedeutet.[91] Das seltsame Konstrukt „gekrümmte Raumzeit" ist also ein Ausdruck gleichbedeutend mit der Schwerkraft. Ich stehe auf der Treppe, schiebe meinen Fuß vor, bis er frei schwebt, – und dann senke ich ihn nach unten, auf die nächste Treppenstufe, die dem Fuß, physikalisch gesehen, entgegenkommt.

90 Ebd., S. 9.
91 Gott, J. Richard: Time Travel in Einstein's Universe. New York 2001, S. 86/87.

Das wollte berechnet werden. Einstein war kein Mathematik-Genie. Sein Lehrer Minkowski soll sich über dessen schwache Leistungen beklagt und ihn sogar einen „faulen Hund" genannt haben.[92] Zum Glück hatte Einstein seinen guten Freund Marcel Grossmann in Zürich, der ihn mit dem Ricci-Tensor vertraut machte. Dieser Krümmungstensor gibt an, wie sehr das Volumen eines Balles im gekrümmten Riemann-Raum von dem Volumen eines Standardballs im gewohnten geometrischen Euklidischen Raum abweicht; mit diesem Tensor kann man also Wege und Bewegungen in der gekrümmten Raumzeit berechnen.

Die Raumzeit in der Riemann-Version kann man sich vorstellen wie ein Tuch, in dem Körper einen Eindruck hinterlassen wie ein Mädchen, das auf einem Trampolin steht. Materie ist ungleichmäßig im Universum verteilt, darum ist auch die Raumzeit unregelmäßig gekrümmt. Und da es diese Biegungen, Unebenheiten und Sprünge gibt, wird auch das Licht abgelenkt und gekrümmt. In der Nähe eines massiven Objekts werden Lichtstrahlen, wie Einstein herausfand, auch im Zeitteil der Raumzeit gekrümmt, und dazu kommt noch der Raumkrümmungseffekt, wodurch das Ergebnis doppelt so stark ausfällt wie bei Newton. Dann wurde bei einer Sonnenfinsternis 1919 exakt Einsteins Wert gemessen, und er wurde berühmt.

c) Noch einmal Uhren unterwegs

Die Krümmung der Raumzeit betrifft beide Elemente, aber da wir uns so langsam auf unserem Planeten bewegen, ist sie – die Krümmung – eher eine der Zeit als eine des Raumes. In der Raumzeit gibt es ja auch weder Entfernungen noch Zeiträume; dafür haben wir das Intervall, das beide vereint. Jedenfalls tritt eine Zeitverzerrung auf.

Da die Massen die Raumzeit beeinflussen, sollte in der Nähe der Masse eine stärkere Wirkung auftreten als weiter entfernt davon. Uhren im 30. Stock sollten langsamer gehen als Uhren im Parterre. Man nennt den Effekt auch „Rotverschiebung im Schwerefeld", da die Frequenz des Lichtes in einem starken Gravitationsfeld rot wirkt und blau in einem schwachen.

---

92 In: Davies, About Time, S. 45.

1959 stellten R. V. Pound und G. A. Rebka im Untergeschoss eines Hochhauses eine Uhr auf und eine weitere oben im Penthouse. Die Zeitverzerrung zwischen beiden war so gering, dass es ein Wunder war, dass sie gemessen werden konnte.[93] Aber es gab sie. Und sie drückt die Schwerkraft aus, die uns auf diesem Planeten festhält und uns verwehrt zu schweben. Je größer die Zeitverzerrung, desto stärker die Schwerkraft, wenn wir sie hier nennen wollen. Sie existiert ja doch, aber sie ist nun definiert: Als Krümmung der Raumzeit durch Masse. Das sollten wir nicht vergessen.

Wenn die Masse größer, also massiver wird, wächst die Schwerkraft an. Unser Planet ist ja klein und leicht – die Sonne ist von Pol zu Pol einhundertzehn Erden breit und 330.000 Mal schwerer –, aber stellen wir uns vor, ihn bei gleichbleibender Masse auf ein Viertel zusammenzukneten. Wir würden viermal so fest auf den Boden gedrückt werden. Wenn es weitergeht, würden wir spüren, wie wir auseinander gezogen werden: Das ist der Schwerkraft-Gezeiteneffekt.

Die Einflüsse von Sonne und Mond entsprechen einer Raumzeitkrümmung außerhalb der Erde. Die Anziehung des Mondes wirkt auf das Wasser, und wäre die Erde nur von Wasser bedeckt, so würde sie, wenn der Mond ihr nahe genug wäre, wie ein Ei aussehen. Die Verteilung unserer Meere und ein Aufschaukeln führen zu unterschiedlich hohen Gezeiten – schwach im Mittelmeer, sehr stark etwa an der Ostküste Amerikas.[94]

Wenn dann die Erde nur noch ein Punkt von einem halben Zentimeter Durchmesser wäre, in dem sich ihre ganze Masse konzentrierte, müsste man sie ein Schwarzes Loch nennen. Der Begriff stammt wiederum von John A. Wheeler (1967). Die Raumzeit um sie herum wäre so verzerrt, dass Objekte – vom Mond aus gesehen – sich ihr in Zeitlupe nähern, aber anscheinend die Erde nie erreichen, und kein Licht würde mehr nach draußen dringen können. Einstein hatte seine Feldgleichungen der Allgemeinen Relativitätstheorien geschrieben. Karl Schwarzschild (1873–1916) berechnete mit ihnen das Aussehen der Raumzeit um einen konzentrierten Massenpunkt. Für einen solchen gibt es kein Draußen. Der Raum

93 Wolf, Fred Alan: Parallel Universes. New York 1988, S: 141/142.

94 Wheeler, S. 89.

schließt sich um den Punkt herum und trennt ihn vom Universum ab. Das geschieht, wenn der sogenannte Schwarzschild-Radius unterschritten wird. Das Gebilde schluckt alles, und nichts kann mehr entweichen, nicht einmal Licht.

J. T. Fraser schrieb 1982, Schwarze Löcher seien ein Modell. Noch 1995 wies nichts darauf hin, dass es sie gab. Doch am Max-Planck-Institut für extraterrestrische Physik in München hat man solche nachweisen können, so im Dezember 2012. Ein „gieriges schwarzes Loch in der Andromeda-Galaxie" habe man entdeckt, hieß es in einer Pressemitteilung, eine extrem helle Röntgenquelle (ULX, ultraluminous X-ray source), die immer heller wurde und dann verblasste. Die Daten deuteten darauf hin, dass das Objekt extrem viel Material aus seiner Umgebung schlucke. Es sei der Überrest eines Sterns der 10-fachen Sonnenmasse, der sich so viel Material einverleibe, wie es möglich sei.[95] Der italienische Astronom Tullio Regge hat ein Schwarzes Loch einmal als „Nimmersatt" bezeichnet, als „Vielfraß". So wird Astronomie menschlich, auch wenn die Vorstellung eines dunklen rotierenden Objekts mit vielfacher Sonnenmasse, das Materie aufsaugt, eher unmenschlich wirkt.

7

WIE ES ANFING MIT DER ZEIT

Albert Einstein ahnte schon 1917, als er in einer Arbeit die Relativitätstheorie auf den Kosmos ausdehnte, dass sich dieser ausdehnt. Die Galaxien bewegen sich voneinander fort, und es gibt einige, die mit 20.000 Kilometern pro Sekunde sich in die Tiefen des Alls entfernen, wo aber genug Platz zu sein scheint. Einstein selbst zog ein starres Universum vor und baute seine „kosmologische Konstante" ein, die er später, als Gegenpol zu seinem

95 http://www.mpe.mpg.de/1027847/News_20121213

„glücklichsten Einfall", als „Eseley" bezeichnete. (Einsteinsche Einfälle waren nie unsinnig; auch der Konstante konnte man später einen Sinn abgewinnen.) Hätte er damals ein sich ausdehnendes Universum prognostiziert, er wäre 1929 triumphal bestätigt worden, als der amerikanische Astronom Edwin Hubble seine Beobachtungen an Galaxien vorlegte. Die meisten wiesen tatsächlich in ihrem Spektrum die Rotverschiebung auf, entfernten sich also. Es war Bewegung im Universum.

Doch erst als Arno Penzias und Robert Wilson in New Jersey 1965 die kosmische Hintergrundstrahlung entdeckten, die erstaunlich gleichförmig war, begann man zurückzurechnen und erstmals vom „Urknall" zu sprechen, dem „Big Bang". Irgendwann soll es angefangen haben, mit einem winzigen Punkt voller Energie und ungeheurer Hitze, dann folgte die blitzartige Ausbreitung mit leichter Abkühlung, und dann dauerte es erst einmal eine Million Jahre, bis das erste Objekt entstanden war. George Gamow hatte schon 1948 vermutet, dass das Universum im Winzlings-Stadium heiß und dicht gewesen sein musste, und am 24. April 1992 zeigten die Ergebnisse des COBE-Satelliten (Cosmic Background Explorer Satellite), dass er recht hatte.[96] Die kosmische Hintergrundstrahlung hatte sich nach dem Urknall wohl 300.000 Jahre unbehindert ausgebreitet und war gemessen worden. Aber die „klumpige" Struktur des Universums war damit nicht erklärt; so etwas dauert gewöhnlich ein paar Dutzend Milliarden Jahre. Es gab und gibt ein Zeitproblem. Alles kann man irgendwie erklären. Es ist ja auch vermessen, wissen zu wollen, was vor dreizehn oder fünfzehn Milliarden Jahren geschah.

Damals fing es an mit der Zeit. Stephen Hawking schrieb, dass man in diesen Moment den Beginn der Zeit ansetzen müsse. Aber das ist schwer vorstellbar. Am Anfang von allem soll ein Proton gestanden haben, das im Atom wirkt wie eine Erbse in einer Kathedrale, und dann: Der erste Ruck, der erste Bruchteil einer Sekunde … Das kleinste denkbare Zeitintervall ist die Planck-Zeit mit 44 Nullen nach dem Komma, und man müsste sie sich vereint denken mit der kleinsten denkbaren Länge mit 33 Nullen nach dem Komma; und das wäre das Raumzeit-Quantum, anzutreffen im Schwarzen

---

96 Davies, About Time, S. 146/147.

Loch, in dem alles aufhört – oder beginnt. Hat mit dem ersten Raumzeit-Quantum die Zeit zu „ticken“ begonnen? Auch ein „Schaum“ aus Raumzeit-Quanten, der geschlossene Welten und virtuelle Schwarze und Weiße Löcher erzeugt, ist keine Lösung, denn es brauchte die Erhitzung.

Was war vor dem Big Bang? Nichts, sagte Augustinus. Nichts, sagen auch die Physiker. Was war gleich danach, lautet die Frage, und dieses „gleich danach“ ist so gleich danach, dass es fast gleichzeitig wirkt. In derart kleinen Dimensionen gelten die Regeln der Quantenphysik, noch nicht die der Relativitätstheorie. Wir benötigten eigentlich einen Beobachter, der erst, wie die Theorie sagt, einen nebelhaften Zustand ins Konkrete überführt. Bewusstsein ist gefragt. War das Gott? Denn der Mensch entstand ja erst viel später, außer er hätte durch rückwirkende Beobachtung das Universum selbst erschaffen, was jedoch ein Zirkelschluss wäre. Es gibt auch die Hypothese eines in sich geschlossenen Universums, das aussieht wie ein kosmisches Flügelhorn und auch keines Anfangs bedürfte. Ist das etwa die Lösung?

Wieso drückt die Schwerkraft zwischen den Himmelskörpern nicht alles zusammen? Wieso dehnt sich alles trotzdem aus? Der Russe Alexander Friedmann legte schon 1924 eine Theorie vor, die von einer Anfangs-Singularität ausging – der Urknall vor dreizehn oder fünfzehn Milliarden Jahren. Singularität bezeichnet einen Zustand außerhalb der Norm, in dem keine Regeln gelten. Er rechnete dann mit einer Ausdehnung, die ein Maximum erreichen würde, bis alles wieder in sich zusammensänke im „Big Crunch“, wie John A. Wheeler das Geschehen genannt hat.

Nach dem Modell eines oszillierenden Universums, an dem unser Gott, J. Richard, mit Jim Gunn, Beatrice Tinsley und David Schramm gearbeitet hat, ist das Universum nach Ausdehnung und Schrumpfung (die Form eines Footballs) winzig klein geworden und nützte seinen Schwung aus, um sich erneut aufzublähen, was womöglich schon hundert Mal geschehen ist. Haben wir vielleicht doch alles schon viele Male erlebt? Jedenfalls wären wir fast wieder am Beginn angelangt, bei den zyklischen Zeiten, und auch die Physiker halten so etwas anscheinend für möglich.

Die Zeit bleibt davon unberührt, wenn wir von der Tatsache absehen, dass astronomische und atomare Zeitmessung auch etwas außer Takt geraten könnten. Doch die Lichtgeschwindigkeit ist immer gleich, seit Beginn der Zeiten hatte sie denselben Wert. Das Licht ist immer da, für ein Photon vergeht keine Zeit, und auch unser Körper besteht, wie schon erwähnt, aus Spurenelementen, die in der Frühzeit des Universums kursierten. Unser Anfang ist in uns und um uns.

Das Buch „Eine kurze Geschichte der Zeit“ von Stephen Hawking fängt mit einer kleinen alten Dame an, die einem berühmten Wissenschaftler nach dessen Vortrag widerspricht und behauptet, die Welt sei eine flache Scheibe, die „von einer Riesenschildkröte auf dem Rücken getragen wird“. Worauf die Schildkröte stehe? „Da stehen lauter Schildkröten aufeinander.“[97] Bei J. Richard Gott ist es ein Reisender, der vor Jahrhunderten diese Information von einem Philosophen erhält („Schildkröten bis ganz nach unten“), und er will sie von US-Astronom Carl Sagan haben.

Das erinnert an eine Geschichte aus der Sammlung TASTE des Psychologen Charles T. Tart, der transpersonale und paranormale Erlebnisse von Wissenschaftlern sammelt. Ein Psychologe, der sich das Pseudonym Taudo gab, schrieb im Jahr 2000, er sei 1984 als 30-jähriger einem Marine-Corps zugeteilt worden, und bei einer Schulung habe er zu seiner Verblüffung gesehen, dass alle Teilnehmer mit ihren Stühlen auf den Auswüchsen eines riesigen Reptils saßen, dessen Hautplatten er wahrnahm. Es habe ihm sogar zugezwinkert, und er habe sich sehr wohl gefühlt. Carl Gustav Jung, dem Schweizer Psychologen, hätte das gefallen, denn es wirkt wie eine Vorstellung aus der Frühzeit der Menschheit. Es ist ein Archetypus. So viel wir auch von kosmologischen Konstanten und Hintergrundstrahlung sprechen – die alten Märchen leben weiter.[98]

Einstein, mit dem dieser Abschnitt schließen muss, sagte einmal, an der Grenze der Physik habe das unendlich Kleine denselben Rang wie das unendlich Große; beides sei nur noch mit einem Symbol darstellbar. Von der Kosmologie gehen wir darum zur Quantentheorie über, denn wir müssen,

97 Hawking, Geschichte der Zeit, S. 13.
98 http://www.issc-taste.org/arc/dbo.cgi?set=expom&id=00070&ss=1

um alles über die Zeit zu wissen, über das physikalische Rüstzeug verfügen. Newton schaffte die Illusion einer absoluten Position von Körpern im Raum ab, Einstein die absolute Zeit, und die Quantentheorie schaffte dann noch vieles andere ab, was für gesichert gegolten hatte.

V

DIE QUANTEN UND JENSEITS DAVON

1

DIE UMWÄLZUNG DER WELT

Gegen Ende des 19. Jahrhunderts lehnten sich die Physiker zurück. Sie kannten die Welt. Da gab es nun die elektromagnetischen Felder, das Licht trat als Welle auf, die Gegenstände bestanden aus den kleinen Atomen, die wie Billardbälle aneinander stießen, und nun war Langweile zu befürchten. Lord Kelvin, ein führender englischer Physiker seiner Zeit, riet um 1890 jungen Menschen vom Physikstudium ab, da eigentlich alles erforscht sei und man nur einige Stellen hinter dem Komma berichtigen könne[99], und Professor Philippe von Joly sagte Max Planck, er brauche nicht Physik zu studieren, da die Materie so gut wie ausgeforscht sei.[100] Gut, ein paar Erscheinungen störten in der gemütlichen Welt der Physiker. Das Experiment von Michelson und Morley, das 1887 den Äther nicht aufspüren half, und das Problem der Strahlung schwarzer Körper.

Wenn man einen Ofen aufheizte, gaben die Lamellen Strahlung ab und erhitzten die Wände. Aber wenn die Strahlung kurzwellig wurde, müsste die Strahlung unendlich sein, sagte die Theorie. Unmöglich. Die klassische Physik funktionierte mit Kugeln und Körpern, Maxwell hatte auch die Felder mit klassischen Gleichungen in den Griff bekommen, aber wenn es um die Praxis und ein Kontinuum ging, versagten die Gesetze und gaben „unendlich" an – die sogenannte Ultraviolettkatastrophe. Ein Ofen erhitzt sich doch ganz normal. Entweder stimmt also der Ofen nicht – oder meine Physik hat ein falsches Bild von der Welt. *Sie* stimmt nicht.

Max Planck hatte sich schon zehn Jahre mit dem Problem beschäftigt und kam auf die Lösung, dass erhitzte Atome Strahlung in Form von kleinen Einheiten abgeben, dem sogenannten Wirkungsquantum h. Sie ist also gequantelt, die Energie, und das war der Beginn der Quantentheorie. Die

99 Bohm, David, Hiley, Basil: The undivided Universe. London, New York 1993 S. 321.
100 Eurekas and Euphorias, S. 12.

Größe *h* ist die kleinste Größe, die wir kennen. Planck war der Experte der kleinsten Dinge. Einstein wandte diese Überlegung 1905, vor der Speziellen Relativitätstheorie, auf das Licht an und sagte, das Licht reagiere wie ein Teilchen, das er nun Lichtquant nannte (später wurde es zum *Photon*) und das ebenfalls eine bestimmte („diskrete") Energieportion ist. Dafür erhielt er 1922 den Physik-Nobelpreis.

Das Jahr 1905. Albert Einstein arbeitete gleichzeitig an dem photoelektrischen Effekt (die Arbeit über das Lichtquant) und seiner Speziellen Relativitätstheorie, über die er einem Freund gelassen schrieb: „Ihr kinematischer Teil wird dich interessieren." Die erste Arbeit jedoch nannte er „sehr revolutionär". Ihr Ergebnis erschütterte ihn selbst. So etwas Fundamentales wie das Licht war anscheinend mysteriös und wankelmütig.

Durch Planck konnte der Däne Niels Bohr auch darstellen, wie es im Inneren der Atome aussehen könnte: Das Elektron, das im Wasserstoffatom um den Kern kreist, nimmt Energieportionen auf und springt auf die nächste Bahn, zerfällt dann aber wieder: Es springt zurück. Der deutsche Physiker Gustav Hertz las die Arbeit und meinte: „Das ist verrückt."[101] Louis de Broglie fand wiederum zehn Jahre später (1924), dass das Elektron genauso wie das Licht teils als Teilchen, teils als Welle operieren konnte. Man musste alles neu überdenken, und der Physiker und Kosmologe Sir James Jeans tat das. Die Wellen und Partikel hätten den Gegensatz zwischen Geist (*mind*) und Materie abgelöst. Welle stehe für Bewusstsein, Teilchen für Körper. Sind die Erscheinungsformen aber wirklich ein Gegensatz, ergänzen sie sich nicht eher? „Komplementarität" nannte das Bohr 1927, und Weizsäcker erläuterte: „Materie und Licht sind ‘an sich’ weder Teilchen *noch* Welle. Wenn wir sie aber für unsere Anschauung beschreiben wollen, so müssen wir beide Bilder gebrauchen."[102] Wir müssen uns nicht entscheiden. Ein Mensch kann auch einmal ein Engel sein, ein Bote Gottes.

Aber wann spielt das Licht Teilchen, wann Welle? Denken wir noch einmal an das Zwei-Schlitz-Experiment, das 1802 Thomas Young darauf

101 Weizsäcker, S. 277/278.
102 Ebd., S. 503/504.

brachte, das Licht müsse eine Welle sein. Ist ein Schlitz offen, finden wir Punkte auf unserem Schirm dahinter. Teilchen sind hindurchgegangen. Halten wir beide Schlitze geöffnet, würden wir mehr Punkte erwarten. Aber nein! Die Teilchen müssen beide Schlitze gleichzeitig erforscht haben und sich dabei selber begegnet sein, womit sie ein Mischmuster erzeugten. De Broglie: „Jedes Photon wechselwirkt nur mit sich selbst." Die Teilchen sind also überall, solange keiner hinschaut und misst.

Erwin Schrödinger kam 1926 zu seiner Wellengleichung der Materie, die Heisenbergs komplizierter Matritzenmechanik gleichkam. Er beschrieb das Elektron im Atom als Welle und führte eine Wellenfunktion ein, die im Hilbert-Raum operiert. Es geht in der Quantenphysik um Systeme, auch wenn es oft nur aus einem Teilchen oder zweien bestehen. Diese erfundene Welle oder Wolke, der Schrödinger den Buchstaben ψ (*psi*) gab, bricht zusammen, wenn gemessen wird. Vorher war alles möglich; nun haben wir ein Ergebnis. „Kollaps" wurde es von Bohr genannt. (Physiker neigen zu dramatischen Beschreibungen: Kollaps der Wellenfunktion, Big Bang, Ultraviolettkatastrophe, Hitzetod des Universums.) Doch es gibt auch den beschaulicheren Begriff „Reduktion des Wellenpakets".

Wir haben ein Ergebnis, und die Welle ist weg. Sie ist verschwunden. Der Forscher, ein Bewusstsein, hat hingeschaut und eine Welt fixiert, die vor seinem Hinschauen aus tausend unsichtbaren Möglichkeiten bestand. In der Mechanik konnte man vorhersagen, wo ein Ball in fünfundvierzig Sekunden sein würde, wenn man seine Geschwindigkeit kannte. In der Quantenphysik kann man auch Prognosen erstellen, aber nur für das System. Wie das einzelne Elektron reagiert, ist unbestimmt.

In der Mechanik kann ich für einen rollenden Ball immer gleichzeitig die Geschwindigkeit und den Ort angeben. In der Quantenphysik geht das nicht mehr. Wir können von einem Paar zusammengehöriger Größen für ein Teilchen (etwa Position und Impuls, also Lage im Raum oder Bewegungsrichtung) immer nur eine gesichert messen, nie beide zusammen. Genau wissen wir nur die Position *oder* den Impuls – die Heisenbergsche Unbestimmtheit. Es ist entscheidend, was ich messen will. Doch wenn ich mich für eine Messung entscheide, gibt es keinen Rückweg.

2
DIE GRÜNE UND DIE BLAUE WELT

Unsere Welt ist klassisch. Sie funktioniert. John Stewart Bell, der irische Physiker, der wichtige Beiträge zur Quantenphysik geliefert hat, sagte 1988 in einem Interview der Zeitschrift „Omni“: „Die gegenwärtige Lage ist so, dass wir einen Satz von Gleichungen für Blau und einen anderen für Grün haben. .. Die Welt, in der wir die Quantenmechanik anwenden müssen, ist sehr, sehr weit weg von uns. Und irgendwo zwischen Hier und Dort gibt es diesen Wechsel in der Sprache, grob gesprochen von Partikel zu Welle. (...) Du arbeitest, als gäbe es zwei unterschiedliche Welten; eine blaue Welt und eine grüne Welt, blaue Gleichungen und grüne Gleichungen. Das kann nicht richtig sein.“

a) Kopenhagen

Und doch arbeitete man weiter. Die blaue Welt (wenn wir so die Mikrowelt bezeichnen wollen, denn sie ist tief „unten“, schwarzblau, der Urgrund von allem) war auch real und musste uns etwas über die ganze Welt verraten, da alles aus den kleinsten Teilchen besteht. Die fundamentale Unbestimmtheit der Quantenwelt betrifft auch die Zeit. Bohr entwickelte die Kopenhagener Deutung der Quantentheorie. Erst wenn man hinschaut, weiß man etwas. Vorher herrscht die unbestimmte Wellenfunktion. Dann die Messung – ein Mensch und ein Gerät, die beide eine Einheit bilden.

Würde man bloß ein Gerät messen lassen ohne einen Menschen – es wäre auch eine Messung. Jedenfalls liegt der „Schnitt“ zwischen grüner und blauer Welt zwischen dem Messgerät und dem gemessenen „System“. Die Unklarheit darüber lässt uns denken, dass die Trennung vielleicht nicht möglich ist. Und tatsächlich hat Niels Bohr immer darauf hingewiesen, die Quantentheorie habe die strenge Trennung zwischen dem Beobachter und dem System aufgehoben. Wir seien „zugleich Mitspieler und Zuschauer in dem großen Schauspiel des Daseins".

In der klassischen Physik ist das Objekt so, wie es ist. Sein Verhalten ist vorhersagbar, mit oder ohne Beobachter. Bei den Quanten ist das, was ich weiß – die Wellenfunktion – nur ein „Wahrscheinlichkeitskatalog", wie Weizsäcker schreibt, aus dem ich meine Welt auswähle. Was ich messe, wird dann meine Welt.

Es mag uns beruhigen, dass Carl Friedrich von Weizsäcker in seinem Buch „Aufbau der Physik" gestand, er habe, „etwa bis 1954 [Er hatte den Doktortitel und war 42 Jahre alt], immer wachsend unter dem Empfinden gelitten, dass ich die Quantentheorie nicht verstand. Logisch hatten sie, so schien mir um 1935, vielleicht vier bis fünf Leute verstanden: etwa Heisenberg, Pauli, Dirac, Fermi; ich gewiss nicht. Philosophisch verstand sie, so schien mir, nur Bohr; ihn verstand kein anderer; und zudem wusste selbst Bohr, so schien mir weiter, nicht das letzte Wort über sie."[103] Einstein klagte einmal bei Niels Bohr, vielleicht werde man die Quantentheorie nie verstehen, und der Däne erwiderte, das könne gut sein, aber gleichzeitig würden wir verstehen, was das Wort „verstehen" bedeute.

Ich verstehe ja, dass Atome vor allem aus Protonen und Neutronen bestehen, aber nun sollen diese aus zwölf verschiedenen Quarks bestehen, die immer paarweise auftreten und nie einzeln gesehen wurden. Quarks haben auch Farbladungen – grün, blau und rot. Man gruppiert Elementarteilchen in Fermionen (die Bausteine der Materie) und die Bosonen, die Vermittler von Wechselwirkungen. Über die ersteren sagt man, sie hätten den „Spin" (Drehrichtung) ½, und zu ihnen gehört auch das Elektron. Das Photon gehört zu der Spin-1-Truppe. Carl Friedrich von Weizsäcker hat noch die „Ure" vorgeschlagen, als Ur-Teilchen der Felder, und das ist hübsch, weil es an unsere Uhren erinnert. Aber mich interessiert nur die Messung – Mensch und Welt.

103 Weizsäcker, S. 549/550.

John A. Wheeler, der hier ausgiebig zu Wort kommt, weil er kluge Sachen gesagt hat, bemerkte, Bischof Berkeley habe recht gehabt, als er behauptete, etwas existiere nur, wenn es wahrgenommen werde. Was aber war vor der Wahrnehmung? Das entspricht der Frage, was Gott vor der Schöpfung tat oder was sich vor dem Urknall ereignete.

John Stewart Bell, ein großer Physiker, hat 1988 in seinem Omni-Interview die Lage zusammengefasst. Elektronen, sagt er, verhielten sich nicht wie normale Teilchen; sie würden anscheinend von einer Art Welle geführt. „Also haben wir irgendwie Partikel (…) und eine Welle, die sie in einer Weise dirigiert. Das Verhältnis zwischen der Welle und dem Partikel ist nie wirklich klar begriffen worden.“ Die Kopenhagener Interpretation der Quantenmechanik von Niels Bohr sagt, wir dürften nicht annehmen, dass es „da draußen“ etwas gebe. „Ich kann behaupten, dass du hier bist, aber ich darf nicht behaupten, dass du aus Elektronen bestehst, die hier sind“, meinte Bell. Über Experimente und die Ausrüstung könne man sprechen, aber „die Elektronen und so weiter – über die darf man nicht sprechen. Man … kann nicht von ihnen sprechen.“[104]

Die Kopenhagener sagen also: Vorher ist nichts. Oder besser: Ich weiß nichts, und wovon ich nichts weiß, davon kann ich nicht reden. Es ist vor einer Messung und vor einer Entscheidung wie vor Anbeginn der Welt: keine Information. Alles ist unbestimmt. Die Physiker gaben sich damit zufrieden, weil es eine sehr realistische Auffassung war. Es zählt nur, was ich jetzt tue, um den Rest kümmere ich mich nicht. Einstein hat die Kopenhagener Interpretation als eine „Beruhigungsphilosophie“ bezeichnet. Denn ich muss mir keine Gedanken machen.

Nun verstehen wir auch Einsteins ironische Frage, es wäre schön, wenn der Mond noch da wäre, auch wenn er nicht hinschaute. Professor Mermin von der Cornell-Universität dachte darüber nach und meinte 1985, die Atome des Mondes würden, wenn lange keiner hinschaute, ungewiss hinsichtlich ihres Quantenzustands, und der Mond würde allmählich zu einem Quantengespenst, bis wieder einer hinschaute – vielleicht Einstein selbst.

---

104 Interview Omni mit John Stewart Bell, Oktober 1988, S. 86.

Für Erwin Schrödinger gab es nur das Elektronenfeld, seine Wellenfunktion, die er für etwas Wirkliches hielt. Darum wollte er es nicht akzeptieren, dass vor der Messung mehrere Ergebnisse „geisterhaft" anwesend waren. Also dachte er sich 1935 eine Katze aus, die als „Schrödingers Katze" berühmt werden sollte. Angenommen, in einer Schachtel lebt eine Katze. Ein Zufallsgenerator entscheidet, ob ein tödliches Gift ausströmt oder nicht. Man weiß also nicht, ob die Katze lebt oder nicht, bevor man eine Messung vornimmt. Entweder lebt sie oder sie ist tot. Erst die Messung sagt mir, wie es ihr geht. Wie kann eine Katze lebendig und tot zugleich sein? Niels Bohr hätte schlicht gesagt: „Dieser Gedanke gilt nicht. Ich weiß einfach nicht, was mit der Katze ist."

Weizsäcker hat es kritisiert, die „arme Katze" als Messinstrument zu behandeln, und für paradox hielt er es nicht. Ich sage: „Vielleicht gehe ich heute Abend ins Kino. Aber vielleicht bleibe ich auch zu Hause und schreibe. Ich überlasse es dem Zufall und werfe eine Münze." Man kommt zu keinem Ende, denn wer entscheidet darüber, wie ich mich entscheide? Wer verändert vielleicht den Fall der Münze durch sein Bewusstsein? Physiker wie Eugene Wigner (es war sein Einfall) und Weizsäcker hielten den Einfluss eines teilnehmenden Bewusstseins für möglich.

b) Viele Welten

Hugh Everett III fand 1957, dreißig Jahre nach der Etablierung der Quantenphysik, eine verblüffende Lösung für das Problem der lebendtoten Katze. In seiner Viele-Welten-Theorie ist beides möglich. Die Welt spaltet sich auf. In einer Welt lebt die Katze, in der anderen ist sie tot. In einer Welt bin ich im Kino, in der anderen schreibe ich zu Hause, auch wenn die Welt, die nicht stattgefunden hat, etwas geisterhaft wirkt. Bei jeder Entscheidung entsteht eine neue Welt.

Natürlich war Everetts Modell streng physikalisch und mathematisch. Seine Arbeit trug den Titel „Relative state formulation of quantum mechanics", also „Formulierung relativer Zustände in der Quantenmechanik". Der Mann mit dem genialen Gedanken arbeitete in der Waffenforschung, war Kettenraucher und starb mit etwas über fünfzig Jahren 1982.

Man braucht aber immer jemanden, der einen Gedanken übersetzt und uns zeigt, was es bedeuten könnte. Dieser Jemand war der US-Physiker Bryce DeWitt (1923–2004), der den Begriff „Viele Welten“ (Many Worlds) schuf. Er lernte das Modell zehn Jahre später kennen (Zeit bedeutet nichts in der Physik, alle arbeiten am selben Projekt) und äußerte sich verblüfft: „Ich erinnere mich noch lebhaft an den Schock, den ich erlebte, als mir das Viele-Welten-Konzept zum ersten Mal begegnete. Die Idee von 10^{100} und mehr unperfekten Kopien von mir, die sich in weitere Kopien aufspalten und letztlich unerkennbar werden, ist schwer mit dem normalen Menschenverstand zu begreifen. Das war Schizophrenie in Hochpotenz.“ DeWitt konfrontierte Hugh Everett mit allen möglichen Argumenten, doch dieser hatte auf jedes eine Antwort.[105]

Gerda Lier hat in ihrem Buch „Das Unsterblichkeitsproblem“ den Komplex schön dargelegt. Everett sprach nur von verschiedenen Zuständen des Beobachters. Mit jeder Beobachtung „verzweigt sich der Zustand des Beobachters in eine Anzahl unterschiedlicher Zustände. … Alle Zweige existieren gleichzeitig in der Überlagerung nach jeder Sequenz von Beobachtungen.“[106] Nicht eigentlich das Universum vermehrt sich, sondern der Beobachter. Das Bewusstsein als Ganzes verzweigt sich sich in Teile, die voneinander nichts wissen. Everetts Theorie sollte „Viele Bewusstseine“ heißen, meinen Bohm und Hiley,[107] und Weizsäcker schlug „Viele Möglichkeiten“ vor.

Alle Kopien seien so real wie der Akteur der Handlung, die geschehen ist. Warum weiß ich nichts von den anderen? Der Physiker David Deutsch hat sich überlegt, warum wir von unseren Kopien in den anderen „Quantenzweigen des unendlichdimensionalen Hilbertraums“ nichts wissen. Diese Paralleluniversen hätten zwar Ort und Zeit mit der unsrigen gemeinsam, aber seien unsichtbar. Wir seien mit unserer Umwelt unrettbar verstrickt. Es sei nur ein Zufall der Evolution, dass „die Sinne, mit denen wir geboren werden, nicht darauf geeicht sind, solche Dinge unmittelbar zu ‘spüren’.“[108]

105 Everett, in: Barbour, S. 221 ff. DeWitt: S. 225.
106 Lier, Gerda: Das Unsterblichkeitsproblem, S. 173/174 ff.
107 Bohm, Hiley, S. 253.
108 Lier, ebd.

Kopien geistern umher. Der amerikanische Parapsychologe D. Scott Rogo hat einmal in einem Buch erzählt, er habe fest vorgehabt, ein Fotostudio anzurufen, es aber dann vergessen; dann legte er sich kurz hin, und ein Mitarbeiter des Studios rief an und behauptete, Rogo hätte ihn angerufen, und nun wisse er die Antwort auf die Frage … Charles W. Ingersoll aus Cloquet im US-Bundesstaat Minnesota erzählte dem Autor Brad Steiger, er und seine Eltern hätten jahrelang davon geträumt, den Grand Canyon zu besuchen, und im Sommer 1948 sah es gut aus, doch eine berufliche Verpflichtung ließ die Sache platzen. Erst 1955, sieben Jahre später, fuhren sie zum Canyon. Hinterher sprachen sie darüber, und Ingersoll kaufte einen 8-Millimeter-Schwarz-Weiß-Film von 1948. Es waren Menschen mit der damaligen Kleidung zu sehen, und zu seiner Verblüffung: Er selbst! Alle Freunde, denen er den Film zeigte, sagten: „Hey, das bist ja du, Charlie!" Der Film hatte ein Jahr in den Regalen gelegen.[109]

Das erinnert an den „Vardögr", den „spirituellen Vorläufer", der aus Norwegen bekannt ist: Er macht sich durch Geräusche bemerkbar, als ob jemand das Haus beträte, und bald danach kommt der Gast selbst. Der Physikprofessor T. Wereide schrieb 1946, wie Anjela Jaffé referierte: „Eine Hausfrau beginnt auf die Geräusche hin zu kochen, damit das Essen fertig ist, wenn der Angekündigte in persona heimkommt … Nachträgliche Kontrollen und Versuche haben ergeben, dass der Vardögr in dem Augenblick erscheint, wenn der Weg zum betreffenden Haus angetreten wird oder auch kurz zuvor, wenn der Entschluss zum Fortgehen gefasst wird."[110]

Die Geschichte mit den „Kopien" lässt mich nicht los, und ich muss sie loswerden, ohne wirklich von ihr losgelassen werden zu wollen. Der Amerikaner Robert Monroe, der die Gabe hatte, außerkörperliche Reisen unternehmen zu können, reiste oft in der Zeit zurück und rettete Wesen, und er erfuhr, es gehe um das „Aufsammeln von Persönlichkeiten aus früheren Leben", die womöglich tausende oder hunderttausende wären. Monroe gewöhnte sich an die Vorstellung, dass seine Gesamtperson „nicht ein Sportwagen war, sondern eher ein Bus oder Raumschiff mit einem eigenen

109 Steiger, Brad: Mysteries of Time and Space, S. 181/182.
110 Jaffé, Anjela: Geistererscheinungen und Vorzeichen, Zürich, Stuttgart 1958, S. 194.

kleinen Universum".[111] In einem anderen Buch hat Ned Dougherty eine Vision: „Dort, in einem Amphitheater, schickten ihm Tausende Menschen Botschaften der Zuneigung und der Unterstützung: ‚Vergiss nicht, dass wir hier sind, um dir zu helfen. Du gehörst zu uns, wie wir zu dir gehören.'"[112] Vielleicht waren das seine „Kopien" aus früheren Leben.

J. Richard Gott und sein Kollege Li-Xin Li berechneten die Raumzeit des einzigen Tags im Film „Und täglich grüßt das Murmeltier" (Groundhog Day), von dem wir noch hören werden. Sie gingen vom Misner-Raum aus, der wie ein Zylinder geformt ist, um den man sich – für einen Tag – herum und herum bewegt, und Gott schreibt: „Wenn man achtzig Jahre leben würde (29.220 Tage), dann würde sich die eigene Weltlinie immer wieder um den Zylinder winden, und am Ende hätte man 29.219 Kopien von sich selbst getroffen, vom Säugling bis zum Rentner. In diesem Raumzeit-Szenario könnte man Fußball gegen sich selbst spielen – in der Tat könnte man auf jeder Position spielen und sogar die Zuschauerränge mit sich füllen."[113]

Diese ganzen Theorien und Erfahrungen um Kopien und vervielfachte Beobachter sind gewiss kein Zufall. Aber wie der Physiker müsste man sich fragen: Steht es für eine Sehnsucht oder für einen Wirklichkeitskern? Bohr würde sagen: Das kann ich nicht wissen, lasse es sein.

3

NICHTLOKALITÄT

Von 1905 bis 1912 hatte Einstein die ideelle Führerschaft in der Quantenphysik, dann löste ihn 1913 Bohr ab und hatte bis 1925 die besseren Einfälle. 1926 lagen Heisenbergs und Schrödingers zentrale Gleichungen vor,

111 Monroe, Robert: Über die Schwelle des Irdischen hinaus, München 2006, S. 177/216.
112 Brune, Francois: Les Morts nous aiment. 2009, S. 239/240.
113 Gott, S. 139/140.

und 1932 schuf John von Neumann das grundlegende mathematische Fundament. Die Quantenphysik schien vollständig zu sein. Aber Einstein war unzufrieden. Für ihn war sie durchaus unvollständig, und das versuchte er 1935 (das Jahr von „Schrödingers Katze") mit einem Gedankenexperiment nachzuweisen, das er zusammen mit Boris Podolsky und Nathan Rosen erdachte und nach deren Initialen den Namen „EPR-Paradoxon" erhielt. Alles ist paradox in der blauen Welt!

In den meisten Experimenten ging es um ein Partikel, dessen Eigenschaften von der Wellenfunktion ψ beschrieben wurde. Man konnte sich aber auch zwei Elektronen denken. Diese gehören dann, wenn sie gemeinsam losgeschickt wurden, zusammen, und ihre Orte werden im Phasenraum Q mit einem einzigen Punkt beschrieben. Julian Barbour schreibt trocken: „Wer das nicht verstanden hat, der hat die Quantenmechanik nicht verstanden."[114] Das Profil für Elektron 1 engt das für Elektron 2 ein, aber das gilt nur, wenn beide Elektronen von derselben Quelle kamen, also sozusagen vermählt oder „verschränkt" (*entangled*) sind. Dann weiß man, wenn man den Ort des ersten misst, sofort den Ort des zweiten (vorher weiß man, wie wir wissen, nichts).

Einstein und seine beiden Mitdenker dachten sich ein Molekül, das zertrennt wurde. Die beiden Atome werden in entgegengesetzte Richtungen geschickt, so weit es geht: Eins bis zum Sirius, warum nicht? Messe ich nun die Drehrichtung (*Spin*) des Elektrons im ersten Atom, weiß ich sofort, dass das Elektron des zweiten Atoms die entgegengesetzte Richtung haben muss, obwohl es so weit weg ist. Das sagen die Gleichungen (und der Franzose Alain Aspect hat 1982 in einem Versuch bewiesen, dass es stimmt). Man weiß es augenblicklich. Müsste dann nicht die Information von einem zum anderen mit Überlichtgeschwindigkeit geschehen sein, was die Spezielle Relativitätstheorie verbietet? Wenn nicht, wäre das Wissen um die beiden Drehrichtungen, wie Einstein behauptet, von Anfang an dagewesen, was Heisenbergs Unbestimmtheitsrelation aber verbietet. Von Telepathie könnte man sprechen, aber das tun Physiker nicht. Was war nun?

---

114 Barbour, S. 211.

Weizsäcker drückte es physikalisch so aus: „Zwei koexistierende Objekte A und B können als ein zusammengesetztes Objekt C = A + B aufgefasst werden.“[115] Niels Bohr dachte sorgfältig darüber nach und entgegnete, was wir erwartet hatten: Wir könnten nur über das Experiment im Ganzen sprechen. Das Zwei-Teilchen-System und die klassischen Messgeräte gehören zusammen, und die Teilchen sind nicht kleine Kugeln mit den klassischen Eigenschaften Ort, Impuls, Drehrichtung. Solche Differenzierungen sind in der Quantenbeschreibung nicht eingeschlossen. Es gibt unsere gemeinsame Wellenfunktion und das Ergebnis, und diese geheimnisvolle Welt ist eben so.

Einstein, der noch 1949, sechs Jahre vor seinen Tod, bekannte, dass er an eine Welt aus Dingen glaube, hielt es trotzdem für verrückt und jammerte über eine „spukhafte Fernwirkung“. Damit hatte er ein Kennzeichen der blauen Welt, der Mikrowelt, gut benannt. Sie ist nichtlokal. Es gibt plötzliche Wirkungen über Entfernungen hinweg, die es nicht geben dürfte. Einsteins Physik war lokal: Das Schwerefeld um den stürzenden Maler, die verzögert laufenden Uhren, die gekrümmte Raumzeit, alles war die direkte räumliche Wirkung von etwas.

John Stewart Bell sagte in einem Interview im Jahr 1988, Einstein hätte dennoch einen Punkt gemacht. Und dann war es der irische Physiker, der mit den nach ihm benannten „Ungleichungen“ das Genie widerlegte. Er wollte eigentlich die Nichtlokalität widerlegen (dass das, was man hier tue, und er deutete im Interview vor sich hin – an entfernten Orten – wobei er aus dem Fenster wies, sofortige Konsequenzen habe). „Und ich fand, dass ich es nicht konnte. Irgendetwas ging immer schief.“[116] Es war also ein negativer Beweis: Die Nichtlokalität war nicht zu widerlegen. Die Verschränkung oder „Korrelation“ zwischen den Teilchen ist so, dass sie nie zuvor feste Eigenschaften gehabt haben konnten, die man hinterher getrennt messen würde. Bell selber sagte, es gebe wohl ein Signal schneller als das Licht, auch wenn es ihn schmerze, das sagen zu müssen.

115 Weizsäcker, S. 332.
116 Bell, Interview, S. 90.

4
DIE QUANTENZEIT

Ist das nun die ganze Geschichte der Quanten? Der Einfluss des Bewusstseins auf die Welt, die Unbestimmtheit, die Rolle der Wahrscheinlichkeit und die Nichtlokalität? Im Alltag haben wir es mit klassischen Objekten zu tun, die so groß sind, dass Quanteneffekte sich nicht bemerkbar machen. Aber täuschen wir uns nicht!

Da gibt es den „Wachhund-Effekt", in den Worten von David Bohm und Basil Hiley, den Paul Davies den „Beobachteten-Teekessel-Effekt" nennt, da im Volksmund ein Teekessel, den man nicht aus den Augen lässt, nie kocht. Ein Elektron im Atom, das zerfallen will und beobachtet wird, springt nicht auf eine niedrigere Bahn. Die dauernde Beobachtung friert es sozusagen ein. (Beim Schreiben beobachtet zu werden, lähmt einen auch.) Aber kaum schaut man weg, springt es. Ich denke, kumulierte Quanteneffekte sind für manche Erscheinungen verantwortlich, die man für ironisch hält. Man will ein Foto machen und schaut kurz weg – und schon ist es passiert. Oder man hat sich selber nicht im Griff, schaut geistig kurz weg – und fällt eine völlig andere Entscheidung als die, die man im Sinn gehabt hatte. Solche „snap decisions", wie Fred Alan Wolf sie nennt, erinnern ihn auch an die Quanten-Unbestimmtheit.

Was ist nun mit der Zeit in der Quantenwelt? Die Unbestimmtheit betrifft alles, auch Uhren, auch die Schwerkraft und die Zeit selbst, die schon bei Einstein eine Konvention ist, da wir durch unseren Ort und Bewegungszustand sozusagen je eine andere Schicht aus der Raumzeit herausschneiden. Zeit ist auch in der Quantenkosmologie etwas Angenähertes und Abgeleitetes. Die Teilchen selbst sind komplex, aber wenn man sie, um ein Zitat von John A. Wheeler abzuwandeln, fragen würden, wie spät es ist, würden sie nur darüber lachen. Sie sind immer in der Gegenwart. Freilich kann man die Mikrowelt in Gleichungen fassen, die eine Zeit enthält; aber der

Zeitpfeil ist immer von uns Menschen konstruiert, und wir brauchen ihn. Wenn das Universum nach noch Milliarden Jahren der Ausdehnung sich wieder zusammenziehen würde, vielleicht würde sich der Zeitpfeil dann umdrehen?

Alles ist Ansichtssache. Wo ein Physiker wie Richard Feynman Teilchen ausmachte, die sich bewegen, sogar rückwärts in der Zeit, da sagte sein Kollege David Bohm, dies sei einfach eine Veränderung des Parameters der „Einfaltung", der da eben negativ sei. Die Zeitkoordinate sei ein Grad der Einfaltung. Was er darunter versteht, schauen wir uns einmal an.

5

BOHMS UNGETEILTE GANZHEIT

David Bohm wurde 1917 im Bundesstaat Pennsylvania geboren, promovierte 1943 in Berkeley und arbeitete dann in Princeton mit Einstein zusammen, der große Stücke auf ihn hielt. Als Bohm nach dem Zweiten Weltkrieg vor den McCarthy-Ausschüssen angeben sollte, wer Kommunist sei, weigerte er sich und kam sogar ins Gefängnis. Er wanderte nach seinem Freispruch nach Brasilien aus, wurde Professor in Haifa in Israel und 1961 am Birkbeck-College in London. 1951 hatte er eine neue Interpretation der Quantenphysik vorgelegt, die klassisch war, mit verborgenen Variabeln operierte, nicht total überzeugend war, aber auch nicht widerlegt werden konnte; aber ignorieren konnte man sie. Und so geschah es.

David Bohm sah über die Physik hinaus und unterhielt sich auch mit dem indischen Mystiker Krishnamurti, so wie ein halbes Jahrhundert zuvor Albert Einstein mit dem indischen Lyriker Rabindranath Tagore gesprochen hatte. So wurde der amerikanische Physiker in den Achtzigerjahren zu einem Hoffnungsträger der damaligen New-Age-Gemeinde, was ihm seine Kollegen übelnahmen. Sein Landsmann und Nobelpreisträger Brian

Josephson, der unkonventionellen Ideen vorurteilsfrei gegenübertritt, sagte einmal in einem Interview der Zeitschrift „New Scientist“: „Es scheint, dass in der Gemeinde der Physiker alles möglich ist – kosmische Wurmlöcher, Zeitreisen –, solange man sich von allem fernhält, das mystisch wirkt oder nach New Age klingt.“[117]

In den Unterhaltungen von Bohm und Krishnamurti kommt auch die Sprache zur Sprache. Wir denken, und wir denken in der Sprache, die wie ein Computerprogramm ist. Es verarbeitet die Wirklichkeit. Oder, um mit Einstein zu sprechen: „Erst die Theorie sagt mir, was ich sehen kann.“ Die Theorie (unser Denken, gekoppelt an unsere Sprache) bestimmt meine Wahrnehmung. „Wenn man also glaubt, dass es zwei Teile gibt, wird man zwei Teile bekommen“, sagte Bohm.[118] Wenn ich von mir spreche, gibt es ein Draußen und ein Drinnen, ein Ich und ein Nicht-Ich und auch Objekte, und Weizsäcker sagt: „Objekte, Gegen-stände, gibt es nur für Subjekte, denen sie ‚entgegenstehen'.“ [119] Wir müssen darauf achten, wie wir sprechen. Ein neuer Gedanke, ein neuer Blickwinkel führt manchmal zu einem überraschenden Ergebnis.

Als ich in Italien unterwegs war, konnte ich in Santa Marinella (am Meer, sechzig Kilometer von Rom entfernt) in einer Buchhandlung an einem Seminar über Zeitmanagement teilnehmen. Nietzsche kannte sich da schon aus. Er sagte: „Wenn man viel hineinzustecken hat, hat ein Tag tausend Taschen.“ Der italienische Referent beharrte, der Tag habe 8400 Sekunden, die man ausgebe und die auf Nimmerwiedersehen verschwänden, während Geld beliebig vermehrbar sei. Zeitmanagement-Gurus sind ja Mahner der Vergänglichkeit. Lothar J. Seiwert ist ein solcher. Man kennt ihn. Er nennt Zeit ein „absolut knappes Gut“, das „nicht gespart oder gelagert“ und „nicht vermehrt werden“ könne: „Zeit verrinnt kontinuierlich und unwiderruflich.“Hilfe![120] Auch der italienische Referent teilte das Leben in Arbeitszeit und freie Zeit und meinte, man müsse für alles einen Preis zahlen, und so musste man sich gedanklich in ein Gefängnis gepresst fühlen.

---

117 Interview, New Scientist 2581, 9. Dezember 2006, S. 56/57, Autorin: Alison George.

118 Bohm, David: Die verborgene Ordnung des Lebens. Grafing 1988, S. 45.

119 Weizsäcker, S. 530.

120 Seiwert, Lothar J.: 30 Minuten für optimales Zeitmanagement. Offenbach 2010, S. 11.

David Bohm legte nahe, man müsse eine neue Sprache finden, die die Ganzheit und das Werden betone, indem man mehr Verben benutze und weniger Substantive. „Unsere Sprache ist bruchstückhaft“, assistiert der Physiker Hans-Peter Dürr. „Sie unterteilt, weil sie das Ganze nicht auf einmal auszusagen vermag. Wir teilen etwas Zusammenhängendes auf, um dann über das Abgetrennte besser sprechen zu können. Aber es bleibt die Frage, was dadurch gewonnen wird.“[121] Dürrs chinesische Freunde würden oft kritisieren, dass im Westen mehr Wert auf Unterscheidungen gelegt werde als auf Gemeinsamkeiten. Jemand kommt aus dem Urlaub zurück und erzählt, was ihm aufgefallen ist, was anders ist als bei uns. Vielleicht ist das auch normal.

Ein weiterer wichtiger Begriff wird bei Bohm/Krishnamurti herausgearbeitet – die Bedeutung. Die Bedeutung sei der Inhalt des Bewusstseins, meint Bohm. Sie sei mein aktives Tun, ausgelöst durch eine bestimmte Informationsstruktur. Information gebe formloser Energie Form. Information ist, was Information erzeugt (weil sie neu ist), etwa die Meldung der Nachrichtenagentur, die aber noch nicht Bedeutung ist. Diese kommt erst durch Kommentare und Diskussionen hinzu. Bedeutung entsteht erst durch den Zusammenhang, durch ein In-Beziehung-Setzen. Der deutsche Logiker und Mathematiker Gottlob Frege bekräftigte: „Nur im Zusammenhange eines Satzes bedeutet ein Wort etwas.“[122]

Ein unerhörtes Ereignis, das neu und beziehungslos im Raum steht, sagt mir nichts. Ich muss ein Ereignis mit anderen Ereignissen vergleichen, um seine Tragweite „ermessen“ zu können. Nur ist das ein komplexer Vorgang und keine simple Messung wie die der Zeit an einem einzigen Maß, dem „distinguished simplifier“, wie Julian Barbour das nannte – an einem „auserwählten Vereinfacher“.

Vierzig Jahre nach dem Modell einer Quantentheorie mit verborgenen Variablen legte Bohm zusammen mit Basil Hiley 1993 eine Gesamtdarstellung vor: „Das ungeteilte Universum. Eine ontologische Interpretation der Quantentheorie.“ Der Mitautor Hiley berichtete von den Diskussionen mit

---

121 Dürr, Hans-Peter: Es gibt keine Materie! Amerang 2012, S. 46.
122 Dummett, Michael: Truth and other Enigmas, S. 38.

Bohm und schrieb dann: „Gerade als wir dem Manuskript den letzten Schliff geben wollten, starb David überraschend." Er hatte sich mit der letzten Fassung allgemein zufrieden gezeigt und wollte möglichst rasch zur Publikation schreiten.[123] So ist das Buch sein Vermächtnis geworden.

Bei der philosophischen Disziplin der Ontologie geht es um die Frage nach dem Sein. Inwiefern ist die Wellenfunktion real? Bohm und Hiley beschreiben sie und den Messprozess so, dass da nichts zusammenbrechen muss. Den Schnitt zwischen der blauen (zu messenden) und der grünen (messenden) Welt müsse man vielleicht nicht vornehmen. Beide Welten sind in dieser Welt; vielleicht sollte man sie nicht trennen, meinte Bohm (und meinte auch Bohr). Seine Teilchen folgen klassischen Bahnen und bewegen sich auf Verzweigungspunkte zu, die zu Möglichkeiten führen, die Bohm und Hiley mit Kanälen vergleichen.

Aber nicht nur die beobachtete Welt wird durch das Einwirken des Bewusstseins verändert, sondern das Bewusstsein selbst. Beim Messen „haben der Apparat und das beobachtete System aneinander 'Anteil genommen' und sich im Verlauf gegenseitig beeinflusst".[124] Beide sind nun „korreliert" wie zwei verschränkte Teilchen. Das lässt an die mystische Ansicht denken, Beobachter und Beobachtetes würden „eins". „Also nun; suche mich im mystischen Reich der Liebe", heißt es bei Scheich Ruzbehân, einem Autor aus dem 12. Jahrhundert. „Shâhid (Betrachter) und mashhûd (das Beobachtete) sind eins. Der Betrachter ist der Spiegel, in dem sich Gott erblickt, und wir alle sind Spiegel, in denen er 'in den schönsten seiner Formen' erscheint."[125] Es ist ein Spiegel-Spiel: Die Form, unter der der spirituelle Mensch Gott erkennt, ist auch die Form, unter der Gott ihn erkennt, da er sich so vor sich selbst offenbart.

Bohms und Hileys Theorie beruft sich auf die alte Ansicht, dass es Erscheinung und Essenz gibt. Sogar das Atom ist eine Erscheinung; die Essenz ist der Kern mit seinem ihn umlaufenden Elektron, das wiederum vielleicht nur Erscheinung ist. Solche Theorien, schreiben Bohm und Hi-

123 Bohm, David, Hiley, Basil J.: The Undivided Universe, London, New York 1993, Xi.
124 Ebd., S. 107.
125 Ruzbehân: Le Jasmin des Fidèles d'Amour. Paris 1991, S. 33.

ley, seien „sozusagen nur weitere Ausdehnungen der Erscheinungen, die dem Beobachter einen mentalen Spiegel geben, in dem er oder sie reflektiert werden".[126]

Die Erscheinungen gehören bei Bohm und Hiley zur „expliziten" Ordnung der sichtbaren, getrennten Objekte, und Essenz ist die „implizite Ordnung", die universal ist. Ist das Gott? Der arabische Philosoph Avicenna, der fast tausend Jahre zuvor dem Mittelalter den Aristoteles nahebrachte, sah das so: Die Essenz war der Schöpfer, das „notwendige Sein", und „Existenz" nannte er alles andere, das mögliche oder zufällige Sein. Das wären die Erscheinungen.

Die Bewegung kommt bei Bohm/Hiley von der Holo-Bewegung (*holo* für ganz), der Bewegung des Ganzen, das in jedes Bestandteil eingefaltet ist. Sie vergleichen das mit einem Hologramm, das im Kleinen schon das Ganze zeigt. In einem Resümee schreiben sie: „So sieht sich der Beobachter durch diesen Spiegel des Universums als Ganzem 'selbst', sowohl physisch wie auch mental. … Allgemeiner könnte man sagen, das menschliche Wesen sei ein Spiegel, damit sich das Universum selbst betrachten könne."[127]

Aristoteles sprach von Stoff (griechisch *hyle*) und Form (*morphe*). Form und Stoff wirken seit Ewigkeiten aufeinander ein. Der „unbewegte Beweger" hat die Welt nicht erschaffen; sie geht dauernd aus ihm hervor, aus der reinen Form (Information), dem Vollkommenen, aus dem reiner Geist, der sich selbst betrachtet. In einer berühmten außerkoranischen Stelle, dem Hadith qudsi, fragt David den Herrn: „Warum hast Du die Kreaturen erschaffen?" Gott gab zur Antwort: „Ich war ein verborgener Schatz, und ich wollte erkannt werden. Daher erschuf ich die Kreaturen, dass ich gekannt würde." Gott war eine verschlossene Kiste mit Juwelen, denen seine göttlichen Namen und Attribute entsprechen. Die Kreaturen sind die Empfänger oder Orte, in denen Gottes Namen ausgestellt werden: Sie sind wie Spiegel, wie Juwelen. Rumi hat das so schön gesagt: „Ich war ein Schatz, verborgen hinter dem Vorhang des Ungesehenen, versteckt im Niemandsland. Ich

126 Bohm, Hiley, S. 323.
127 S. 389.

wollte, dass meine Schönheit und Majestät durch die Schleier der Existenz bekannt würden."[128]

Fassen wir etwas zusammen:

Alles, was wir sehen, besteht auch aus allerkleinsten Teilchen, die eigentlich nur „Energiebündel in Feldern" sind. Die Materie ist eine Auswölbung der Raumzeit, weitgehend leer, mit einem Kern in der Mitte des Atoms, der irgendwie träge von Elektronen umschwirrt wird. Wir können in dieser Mikrowelt nichts vorhersagen, und da alles mikro ist, sind es auch Uhren. Auch sie unterliegen grundsätzlich der quantenmäßigen Unbestimmtheit. Prozesse hängen nicht mehr von der Zeit als solcher ab, für die nie jemand einen Anhaltspunkt gefunden hat, und sie spielen auch in den Quantengleichungen keine Rolle. Die Zeit ist eben eine Konvention, die so nebenher läuft und nützlich sein kann. Man kann eigentlich auch ganz ohne sie auskommen, wenn sie ohnehin schon unsichtbar und unsicher ist. Da hat sich der englische Physiker Julian Barbour gedacht: Wäre eine Welt möglich, die ganz ohne Zeit auskommt?

6

BARBOURS ZEITLOSIGKEIT

Vor Barbour hatte schon sein Landsmann John McTaggart (1866–1925) die Zeit philosophisch für nichtig erklärt, und niemand konnte ihn widerlegen. Wenn ein Ereignis vor einem anderen liegt, liegt es unverrückbar so. Zeit bedeute aber Veränderung, drücke sich also in den Bestimmungen vergangen, gegenwärtig und zukünftig aus. Mein Schreiben des übernächsten Satzes ist noch ein zukünftiger Akt; dann, während ich ihn schreibe, ist es ein gegenwärtiger und zum Schluss – ein vergangener Akt. Kann dieses

128 Sachiko, Tao of Islam, S. 61/62.

Schreiben alles drei sein? Nein. Die Bestimmungen sind unvereinbar miteinander. So einfach. Die Zeit gibt es nicht.

Aber mein Schreiben ist ja nicht gleichzeitig alles drei. Es ist erst künftig, dann gegenwärtig, dann vergangen. Allerdings erkläre ich dann mein Schreiben durch ein Konzept der Zeit, die ich ja als nichtig erklärt habe. Wir hängen in unserer Zeitvorstellung fest, und eine andere Beschreibung, unabhängig von uns Beobachtern, können wir uns anscheinend nicht denken, vermutet der Philosoph Michael Dummett.[129]

Julian Barbour spricht hingegen dauernd vom „Jetzt", das unsere Weisheitslehrer hervorheben. Im Jetzt zu leben, das alle Vergangenheit und Potenzial für das Kommende in sich birgt, ist ratsam. In seinem Buch „The End of Time", 1999 veröffentlicht, hat der englische Physiker einen grandiosen Entwurf versucht, und er führt seine Leser behutsam und gründlich in seine Welt ein. Er leugnet die Zeit ab. Schrödinger habe auch eine gültige zeitlose Wellenfunktion aufgestellt, und bei der Wheeler-DeWitt-Gleichung zur Quantengravitation sei die Zeit herausgefallen. Die Argumente für ein zeitloses Quantenuniversum seien stark, meint Barbour.[130]

Die Arena, die in seinem Konzept Raum und Zeit ersetzen muss, nennt er *Platonien (Platonia)*. Das erinnert an Platons Welt der idealen Formen, von denen unsere Formen nur Erscheinungen sind, blasse Abbilder. Das Universum war immer schon da und entsteht in jedem Augenblick neu. Barbour orientiert sich an Ernst Mach, für den es eine Einheit gab, das Universum. Es ist da, und es gibt nur eine Gleichung dafür. Unser Quantensystem wird also das ganze Universum, von dem ein Augenblick in seiner Geschichte bloß einem Punkt auf Platonien entspricht, das unendlich viele Dimensionen hat und in seinem Ausmaß unfassbar ist.

Eine Schlüsselstelle findet sich in seinem Werk. Barbour spricht von seiner Katze Lucy (wieder eine Katze), die hochspringt. Wenn sie landet, ist es nicht mehr die Lucy von vorher. Schon die Zahl der Atome in einer

129 Dummett, Michael, A Defence of McTaggart's Proof of the Unreality of Time, in: Truth and Other Enigmas, S. 351-357.

130 Barbour, End of Time, S. 310.

Erbse ist unvorstellbar groß, und erst die Zahl der Atome in einem Körper! Jeden Sekundenbruchteil finden chemische Reaktionen in unserem Körper statt. Bei Barbour sind alle Millionen Versionen von uns in Platonien anwesend, und irrtümlicherweise sprechen wir von Bewegung, die uns unser Gehirn vorspie(ge)lt. Alle möglichen Versionen sind jetzt da. Der „blaue Nebel der Wahrscheinlichkeit“ verdichtet sich über einem kollektiven Jetzt, in dem ich bewusst bin und das darum verwirklicht wird. Die früheren Zustände sind in meinen Erinnerungen präsent; es gibt ja nur Erinnerungen und Aufzeichnungen, echten Zugang haben wir nicht zur Vergangenheit.

Jeder Augenblick ist eine Konfiguration des Universums, also ein festgehaltener Zustand wie das Foto einer Spielsituation im Fußball. Bei Barbour gibt es nur Position, keine Bewegung. Was war, war sozusagen in einer anderen Welt (man hat oft den Eindruck: Was, das habe ich getan? Es wirkt so fern.). Der englische Physiker geht bei seinen Überlegungen von der Quantenphysik aus, in deren Domäne die Zeit, wie wir sie kennen, nicht mehr zu verwenden ist. Hans-Peter Dürr schrieb, aus quantenmechanischer Sicht gebe es „keine zeitlich durchgängig existierende objektivierbare Welt, sondern diese Welt ereignet sich gewissermaßen in jedem Augenblick neu. Die Welt erscheint hierbei als eine Einheit, als ein einziger Zustand, der sich nicht als Summe von Teilzuständen deuten lässt. Die Welt 'jetzt' ist nicht mit der Welt im vergangenen Augenblick identisch.“ Für Dürr gibt es nur Bewegung, während für Barbour alles statisch ist, aber das ist nur ein Detail, ist Ansichtssache; das würde zumindest Heraklit sagen.[131]

Platonien ist alles, und nach dem Tod geht man vielleicht in einen anderen Ort in Platonien. Das ist natürlich auch das Problem des zeitlosen Ansatzes von Barbour: Er ist zu global. Aber er erweitert das Bewusstsein. Alles ist da, alles war immer schon da, und nichts wird wirklich verschwinden. Da leuchtet etwas auf, und ein Jetzt wird real, mit mir und allen anderen, Milliarden und Abermilliarden, und die ganze Geschichte des Universums ist da, hier aufbewahrt.

---

131 Lier, Gerda, Band 1, S. 126.

Carl Friedrich von Weizsäcker hat sein Buch „Aufbau der Physik" unter das Motiv der Zeit gestellt, versuchte aber dennoch, ihre Dreiheit aufzubrechen und auf eine Einheit zu reduzieren. Er sprach von „umfassender Gegenwart". Nur in ihr gebe es eigentliche Ereignisse (Fakten sind unwiderruflich), und in ihr gebe es „die Präsenz des schon Verklungenen und die Antizipation des Erwarteten". Ein Ereignis folge auf das nächste, und könne man „die ganze Welt in die Beschreibung einbeziehen, so erwiese sich ihre Geschichte als ein einziger individueller Prozess in einer allumfassenden Gegenwart". Wie die Zeit, sei die Wirklichkeit auch nicht in Strenge trennbar und analysierbar; der „wahre Gang der Welt" sei vermutlich weder räumlich noch zeitlich lokal, das heißt, unsere Beobachtungen von Ursache und Wirkung im Nahbereich sind „nur genähert als real zu beschreiben".[132]

Carlos Rovelli sprang 2008 ebenfalls seinem Kollegen Barbour bei. „Vergesst die Zeit!", nannte er seinen Beitrag zu einem Essay-Wettbewerb über die Natur der Zeit, den er „weit davon entfernt" nannte, „unumstritten zu sein". Rovelli behandelte die Quantengravitation. Unter diesem Namen läuft das fast unmögliche Beginnen, die Relativitätstheorien und die Quantenmechanik – diese prinzipiell völlig unterschiedlichen Theorien, eine lokal, die andere nichtlokal – zu vereinen. Dafür sei es am besten, auf den Begriff der Zeit überhaupt zu verzichten, denn beide Theorien könne man so formulieren, dass die Zeit nur eine Variable unter vielen sei und nicht unabhängig.

Der statistische Zustand eines Systems bestimme, welche Variable die Zeit sei; jedenfalls sei sie kein „Fluss", der das System in einen bestimmten Zustand bringe. „Wenn wir sagen, dass eine gewisse Variable die Zeit sei, treffen wir keine Aussage über die fundamentale mechanische Struktur der Wirklichkeit." Nein, wir sagten etwas über die statistische Verteilung der Eigenschaften des Systems. Rovelli schreibt knapp: „Zeit ist sozusagen der Ausdruck unseres Unwissenheit (*ignorance*) über den vollständigen Mikrozustand."[133]

Damit wandelte der Physiker ein berühmtes Zitat des Schriftstellers Sa-

---

132 Weizsäcker, S. 615/617.

133 Rovelli, Carlo: Forget time. - http://www.fqxi.org/data/essay-contest-files/Rovelli_Time.pdf

muel Butler (1835–1902) ab: Wissenschaft sei letzten Endes „nur der Ausdruck der Unwissenheit bezüglich unserer eigenen Unwissenheit“. Und das wiederum verweist auf den Begriff „gelehrte Unwissenheit“ von Nikolaus von Kues, der fünfhundert Jahre früher gemeint hatte, je mehr wir uns der Wahrheit näherten (dem Unendlichen), desto tiefer würde diese gelehrte Ignoranz.

VI ZEITREISEN

Zehn Jahre vor Einsteins spezieller Relativitätstheorie erschien der Roman „Die Zeitmaschine“ von H. G. Wells. Ein Hebel wird nach vorn geschoben, der Zeitreisende fliegt ins Jahr 802701. Die bösen Morlocks und die guten Eloi bekriegen sich, er lernt die junge Weena kennen, entkommt knapp und katapultiert sich weitere dreißig Millionen Jahre nach vorn. Die Sonne leuchtet fahl rot, und er trifft nur noch seltsame lebende Gewächse an. Er schafft es, zurückzukehren und seinen Freunden als Beweis eine Pflanze zu präsentieren, die er von Weena bekommen hat. Dann entschwindet der Zeitreisende endgültig.

1
REISEN IN DIE ZUKUNFT

Da eine gewisse Ordnung sein muss, nehmen wir uns erst einmal Reisen in die Zukunft vor. Carl Friedrich von Weizsäcker nennt die Zukunft „faktisch“, denn sie wird aller Wahrscheinlichkeit nach eintreten, wie die Vergangenheit eingetreten ist. Was ist dann der Unterschied zwischen Zukunft und Vergangenheit? Von der Zukunft gebe es keine Dokumente, sagt Weizsäcker.[134] Und ich könnte hinzufügen, wenn es von einer Vergangenheit keine Dokumente gibt, ist diese ebenso unklar wie die Zukunft.

Stephen Hawking fragte sich einmal, warum wir nicht von Zeitreisenden aus der Zukunft überrannt werden. Seine Antwort: Anscheinend sei in der Zukunft noch keine Zeitmaschine erfunden worden.[135] Das würde auch bedeuten, dass nie eine Zeitmaschine erfunden werden wird. Da würden jedoch alle widersprechen, die an Besuche von Außerirdischen glauben. Es gibt ja seit Ende des Zweiten Weltkriegs eine große Zahl von Zeugenberichten. Der englische Autor John Keel spekulierte, die Ufo-Besatzungen seien Zeitreisende, und seinem Kollegen Brad Steiger fiel auf, dass sie im Gespräch mit Erdlingen als Erstes immer fragten, wie spät es sei, und Steiger überlegte, ob sie vielleicht nicht die Uhrzeit, sondern das Jahr wissen wollten.

Der amerikanische Schriftsteller Paul Auster hat sich das Unmögliche doch ausgemalt: „Und wenn Leute von künftigen Generationen über die Jahre und Jahrhunderte hinweg reisen könnten, dann wären Vergangenheit wie Zukunft bald angefüllt mit Menschen, die nicht in die Zeit gehören, die sie aufsuchen. Schließlich wäre die ganze Zeit beeinträchtigt, bevölkert mit Eindringlingen und Touristen aus anderen Zeitaltern, und wenn einmal Leute aus der Zukunft damit anfingen, die Vergangenheit zu beeinflussen

134 Weizsäcker, S. 196.
135 Gott, S. 109.

und Leute aus der Vergangenheit die Zukunft, würde sich die Natur der Zeit verändern." Die Zeit, wie wir sie kennen, würde zerstört.[136]

Der britische Luftwaffen-Kommandant Victor Goddard erzählte in einem Buch, wie er 1935 bei einem Flug von Schottland nach England mit seiner Maschine aus einer Wolke kam und unter sich das Flugfeld Drem sah – alles sauber, Rasen frisch gemäht, fünf leuchtend gelbe Flugzeuge darauf und daneben Bedienungsmannschaften in blauen Baumwollanzügen. Nur wurde Drem 1935 nicht angeflogen. Alle wussten, dass der Flugplatz von Gestrüpp überwuchert war. Gelb war damals kein Flugzeug der britischen Luftwaffe, und die Anzüge der Mitarbeiter waren braun, nicht blau. Der Geschwaderkommodore, dem der spätere Sir Victor davon berichtete, riet ihm, weniger Whisky zu trinken. 1939 jedoch ging das Flugfeld Drem wieder in Betrieb, mit gelben Avro-504-Maschinen, und die Mitarbeiter trugen nun blaue Arbeitsanzüge.[137] Von Goddard ist auch bekannt, dass er im Januar 1946 mitbekam, dass ein Offizier von einem Absturz seiner Maschine geträumt hatte, bei der er, Goddard, sterben würde. Er flog trotzdem mit seiner Dakota los, Ziel war Tokio, und er nahm noch eine Frau und zwei Männer mit an Bord. Das Flugzeug vereiste, eine Notlandung wurde nötig, aber wegen Goddards Umsicht verletzte sich keiner der Passagiere.

Es gibt Menschen auf der Erde, die wie vor hundert Jahren denken, und es gibt die „hippen" Bewohner der Metropolen. Wenn wir von Berlin oder Tokio ins ländliche Bangladesch oder den Kongo reisen, können wir trotz Handys und Fernsehens einen Zeitsprung erleben, einen „Kulturschock", wie man gerne sagt. Migranten kommen mit ihren traditionellen Vorstellungen aus Dörfern in die Großstädte, „aus der Vergangenheit" sozusagen, und Touristen „aus der Zukunft" fallen in Dörfer in Hinterindien ein: Wir sind alle Zeitreisende.

Theoretisch wäre der Bau einer echten Zeitmaschine möglich. Wir müssten nur Raketen konstruieren, die den Menschen mit sehr hoher Geschwindigkeit ins All transportieren können. Dann würde die Reisenden – in die

136 Auster, Paul: Oracle Night. New York 2004, S. 104.
137 Inglis, Brian: Coincidence. London, Sydney 1990, S. 82.

Zukunft der Erde zurückkehren. 2034. Da wird es hier anders aussehen, aber nicht entscheidend, denn was sind schon zwanzig Jahre?

Alles, was wir im Weltall erblicken, sehen wir in der Vergangenheit. Ich könnte die vier Lichtjahre zu Alpha Centauri fliegen, und dann sähe ich von dort die Erde in ihrer Vergangenheit: Wie sie vor vier Jahren war. Wenn ich etwas körperlich erkunden kann, wird es immer die Vergangenheit sein. Gleite ich durch ein Schwarzes Loch und gelange in eine andere Galaxie, wäre es sinnlos, da von Vergangenheit oder Zukunft zu sprechen. Der englische Physiker Paul Davies meinte übrigens in seinem Vorwort zu „About Time" (1995): „Trotzdem könnten Sie, nachdem Sie das Buch gelesen haben, leicht noch verwirrter über die Zeit sein als zuvor. Das ist in Ordnung; ich war selber verwirrter, nachdem ich es geschrieben hatte."[138] Wie tröstlich.

Informationen aus der Zukunft sind aber ernst zu nehmen. Der Astronom Fred Hoyle – neben Wheeler und Richard Feynman der dritte echte amerikanische „Physik-Freak" des 20. Jahrhunderts mit überraschenden Einfällen – schlug vor, Informationen aus der Vergangenheit und der Zukunft könnten zusammenkommen, um Quantenereignisse konkret werden zu lassen. Man kann ja Impuls und Ort eines Elektrons nicht gleichzeitig messen. Eines der beiden ist – nach Heisenberg – immer unscharf. David Albert, Yakir Aharonov und Susan D'Amato (AAD, Physiker mögen solche Akronyme) sprangen Hoyle bei und sagten, man könne erst die Position eines Partikels messen und später dann seinen Impuls. So, aus dem Zeitstrom genommen, könnte eine konkrete Situation entstehen.[139]

Auch der amerikanische Physiker John G. Cramer holte die Zukunft mit ins Boot, um gegenwärtige Ereignisse zu erklären. Um die Wahrscheinlichkeit des Zusammenbruchs der Wellenfunktion zu berechnen, braucht man eine Variante, die laut Cramer auch die Lösung einer Gleichung ist, die Bewegung rückwärts in der Zeit zulässt. Die Wellenfunktion ist da, eine Welle kommt als Echo aus der Zukunft und überlagert sich mit ihr, und eine Transaktion entsteht, etwa wie zwischen Computer und Drucker. Jede Welle sendet Informationen in die Zukunft und in die Vergangenheit.

---

138 Davies, Paul: About Time, S. 10.

139 Wolf, S. 272/273.

Welche Zukunft wird realisiert? Vermutlich bieten sich viele Varianten an, doch nur die kommt zum Zug, die zur Vergangenheit passt.[140]

Ab Dezember 1993 stand die englische Scole-Group fünf Jahre lang bei ihren Séancen in Verbindung mit einem Geisterteam und erzielte unglaubliche Resultate. Ich habe die Gründer Robin und Sandra Foy im März 2012 in Spanien getroffen, und Robin überreichte mir dabei sein 550-Seiten-Buch „Witnessing the Impossible" über die Sitzungen in Scole. Völlig unerwartet für die Teilnehmer kam nach fünf Jahren von einem Kommunikator, der sich „Jar-had-we" nannte, die Botschaft, dass eine Interferenz vorliege, eine starke Schwingung aus ihrer Zukunft; sie zerstöre die Kommunikation mit dem Scole-Geisterteam. Die Dimensions-Tür, die durch die Arbeit geöffnet worden sei, habe Experimentatoren aus der Zukunft angezogen, und das könne nicht weitergehen. Alle Kommunikation müsse enden, Friede für alle.[141] Der schottische Parapsychologe Archie Roy (1924–2012) kommentierte das mit einem Spruch aus Glasgow, wo man sage, wenn etwas über sein Fassungsvermögen gehe: „Aye, that'll be right." Das heißt: „Wird schon stimmen."

Freilich wirkt auch im Alltag die Zukunft auf die Gegenwart. Ich plane ein Fest und bereite es vor: Was ich dafür tue, ist eine Wirkung der Zukunft auf meine gegenwärtigen Handlungen. Ich arbeite, und das tue ich an einem Projekt, das in die Zukunft gerichtet ist. Ich schreibe ein Buch. Aber ich erinnere mich nicht an die Zukunft, nur die Königin in dem Buch „Alice hinter den Spiegeln" (Alice through the Looking-Glass) von Lewis Carroll, seiner Fortsetzung von „Alice im Wunderland", kann das. „Es ist eine traurige Erinnerung, die nur nach rückwärts funktioniert", äußert sie. Alice wundert sich. Woran sie sich am besten erinnere? „Oh, an die Sachen, die in der übernächsten Woche geschahen", erwiderte die Königin mit nachlässigem Ton. Dann beginnt sie zu stöhnen. Warum? Sie werde gleich von einer Biene gestochen werden.[142]

---

140 Wolf, S. 221 ff.

141 Foy, Robin P.: Witnessing the Impossible, Norfolk 2008, S. 546-548.

142 Carroll, Lewis: Alice through the Looking-Glass. London, New York 2004, S. 47.

Martin Heidegger hat in seinem Buch „Sein und Zeit“ (1927) nicht nur das „Geworfensein“ des Menschen auf die Erde betont oder das Sein, sondern auch das „Sein zum Tode“. Das Wissen um unser Verschwinden präge unser Leben und wirke aus der Zukunft in unsere Gegenwart hinein. Manchmal scheint schon die kommende Sekunde hereinzuwirken. Anthony Peake hat in seinem Buch „The Labyrinth of Time“ darauf hingewiesen, dass er manchmal etwas vorherzuahnen meine, das in einer Sekunde passieren wird – ein lautes Geräusch etwa. Das kenne ich auch. Ein lauter Ton, und ich bin gar nicht überrascht; irgendwie hatte ich dieses Krachen erwartet.

Science-Fiction-Filme etwa sagen wenig über die Zukunft, aber viel über unsere Zeit: Wie *wir* uns die Zukunft vorstellen. Manchmal fliegt einem Autor aber etwas zu, das sich dann wirklich später erfüllt. Der Physiker Weizsäcker überlegte: „Es gibt wirklich Dokumente der Zukunft, nämlich die Phänomene der Prophetie.“ Er führte Nostradamus an, der um 1550 das Jahr 1792 als Beginn einer neuen Ära darstellte sowie den Mühlhiasl aus Bayern, der vom Auftreten des „eisernen Hundes“ am Beginn des großen Krieges sprach – und 1914 kam in sein Tal die Eisenbahn. „Wenn Prophetie dieser Art möglich ist, so muss die Zukunft faktisch wahrgenommen werden können, wenigstens in einzelnen Fetzen.“

2
BLICKE IN DIE ZUKUNFT

In der klassischen Mechanik ist Zukunft völlig klar. Physikalische Theorien sind Instrumente, „die es uns ermöglichen, auf der Basis von beobachteten Fakten die Resultate von Beobachtungen vorherzusagen“.[143] Eine Theorie muss sich auch in Australien und Taiwan bestätigen lassen, die

143 D’Espagnat, Bernard: Reality and the Physicist. 1985, S. 67.

Versuche dazu müssen wiederholbar sein und die Ergebnisse sich prophezeien lassen. Aber die Quantenmechanik liefert nur Wahrscheinlichkeiten, und in den sogenannten Humanwissenschaften lässt sich wenig weissagen, jeder Mensch ist anders.

Carl Friedrich von Weizsäcker fand die Vorhersagen von Medien interessant: „Prophezeiungen zeigen 'Fetzen' der Zukunft, die erst nach dem realen Geschehen wirklich interpretierbar sind; die Fetzen fügen sich, solange sie noch Zukunft sind, nicht wie die Wissensfragmente von Vergangenem zu einer kohärenten, erzählbaren Geschichte zusammen." Orakel seien ebenso trügerisch, aber es gebe wohl eine „zeitüberbrückende Wahrnehmbarkeit", für die man, wenn man sie ernst nehme, versucht sei, ein wissenschaftliches Modell zu entwerfen.[144] Die Parapsychologie hat das versucht und in den hundertdreißig Jahren ihres Bestehens immerhin eine imposante Sammlung von Fällen zusammengetragen, die keinen Zweifel daran lässt, dass Präkognition (Vorausschau) Tatsache ist.

a) Träume und Visionen

Ian Stevenson veröffentlichte 1961 seine Untersuchung über paranormale Erfahrungen im Zusammenhang mit dem Untergang des Luxusliners „Titanic" am 15. April 1912. Er trug über ein Dutzend Fälle zusammen, etwa diesen:

„Eine Frau in New York erwachte in der Nacht auf den 15. April (in der Nacht des Untergangs) aus einem lebhaften Traum und weckte ihren Ehemann, um ihm davon zu erzählen. 'Ich habe gerade Mutter in einem überfüllten Rettungsboot gesehen, das in der Dünung des Ozeans trieb. Das Boot war so voller Menschen, dass es aussah, als würde es jeden Augenblick vom Meer verschlungen werden.' Die Träumerin entgegnete auf die Zweifel ihres Ehemanns scharf: 'Das war nicht einfach ein Alptraum – es war … es war anders. Es war etwas so Entsetzliches, Erschreckendes; und unglaublich real.' Als die Zeitungen am nächsten Tag ihre Artikel über den Untergang der *Titanic* brachten, entdeckte die Träumerin mit Schrecken den Namen ihrer Mutter auf der Passagierliste."

144 Weizsäcker, S. 597-603.

Überzeugender noch war die Vision einer Frau. „Am 20. April befanden sich Mr. und Mrs. Jack Marshall mit ihrer Familie auf dem Dach ihres Hauses, das eine Aussicht über den Solent gegenüber der Isle of Wight gestattet. Als sie die *Titanic* auf ihrer Jungfernfahrt vorbeifahren sahen, klammerte sich Mrs. Marshall an den Arm ihres Ehemanns und rief aus: 'Dieses Schiff wird sinken, bevor es Amerika erreicht haben wird.'“[145]

Nach jedem größeren Unglück erfahren wir von mindestens einem Passagier, der nicht mitflog oder mitfuhr. Man darf sich daher fragen, warum die anderen, die Untergegangen oder Abgestürzten, nicht auch Vorahnungen hatten – oder warum nicht zehn oder zwanzig? Sie hören die Warnungen aus der Geistigen Welt vielleicht nicht, die es gegeben haben mag. Oder ist das alles Zufall? In einer berühmten Studie, die fünf Jahre vor Stevensons Arbeit in derselben Zeitschrift (der American Society for Psychical Research) erschien, stellte der US-Parapsychologe William E. Cox eine sich über Jahre erstreckende Studie vor. Er registrierte die täglichen Passagierzahlen bestimmter Eisenbahnlinien und kam darauf, dass am Tag eines Unglücks deutlich weniger Leute mitgefahren waren: Jedenfalls viel weniger als eine Woche, zwei oder drei Wochen zuvor. Und in dem vom Unfall betroffenen Waggon saßen auch weniger Passagiere als sonst.[146] In den Zwillingstürmen in New York sollen sich ja am 11. September 2001 zur Zeit des Attentats auch viel weniger Menschen aufgehalten haben als sonst.

Übrigens entdeckte ich vor Jahren bei einem Flohmarkt in Rehetobel in der Ostschweiz einen „Flugsimulator“ von Microsoft aus dem Jahr 1996 mit Disketten. Auf dem Titelbild war die Stadt New York im abendlichen Lichterglanz abgebildet, und im Visier, ganz vorne, waren die beiden Türme, die fünf Jahre später fallen sollten, und die erste Tour der „Flugabenteuer“ geht von LaGuardia rechts um die Freiheitsstatue herum und visiert die Türme an, zwischen denen man mit der virtuellen Cesna hindurchfliegt.

Der Engländer John W. Dunne schrieb seine Träume auf und meinte, es seien ganz gewöhnliche, erwartbare Träume gewesen; nur habe er sie

145 Stevenson, Ian: Die paranormalen Erlebnisse im Zusammenhang mit dem Untergang der „Titanic“, American Society for Psychical Research, 1961 (meine Übersetzung).

146 Peake, Anthony: The Labyrinth of Time, S. 187.

in den „falschen“ Nächten gehabt, also *vor* dem Ereignis. Seine Statistik spricht von fünfzig Prozent präkognitiven Träumen. In einem Fall träumte er von einem Erdbeben mit 4000 Toten, doch in Wirklichkeit waren 40000 Menschen gestorben. Sein Traum war wohl eine „Erinnerung aus der Zukunft“, da er die Schlagzeile der Zeitung falsch gelesen hatte.

Dunne sprach 1927 in seinem Buch „An Experiment with Time“ von unserer unsterblichen Seele, die in anderen Zeitdimensionen angesiedelt sei und von einem höchsten Beobachter, den man als Höheres Selbst bezeichnen könnte. Es ist der „Mastermind“, zu ihm gehören wir alle, die individuellen Beobachter. Von uns bis ganz nach „oben“ gibt es viele Dimensionen mit Beobachtern; jedes „Präsentationsfeld“ mit Zeitreise-Charakter ist in der nächsthöheren Dimension enthalten, von der aus man künftige und vergangene Ereignisse sieht, und wenn ein Beobachter in der nächsten Dimension etwas hier sieht, sehen es *alle* Beobachter dort. Das bedeutet, dass wir (die Menschheit) in höher angesiedelten Dimensionen zusammengehören, und dass wir alle wissen, was wir alle wissen.[147]

In die Zukunft weisen zuweilen auch Reinkarnations-„Erinnerungen“. Die Amerikanerin Jenny Cockell, die sich in der Vergangenheit als verstorbene irische Mutter Mary gesehen hatte (was später bestätigt wurde), gab in ihrem Buch „*Past Lives, Future Lives*“ (1996) eine Studie der Reinkarnationstherapeutin Helen Wambach wieder. Diese versuchte, Klienten sich an zukünftige Leben erinnern zu lassen. Man hatte 1100 Teilnehmer hypnotisiert und sie nach Leben in den Jahren 2100 und 2300 gefragt. Fünf Prozent sahen sich im Jahr 2100 leben, zwölf Prozent im Jahr 2300. Das könnte bedeuten, dass im Jahr 2100 die Bevölkerung um fünfundneunzig Prozent gesunken und sich 200 Jahre danach wieder erholt haben wird.

Jenny Cockell selbst ließ sich von ihrem Therapeuten Jim Alexander hypnotisieren und in die Zukunft schicken. Im Jahr 2050 war sie die achtjährige Nadia. Sie beschrieb ihr Leben, und später, als sie ans Jahr 2080 denken sollte, kam – nichts mehr. Anscheinend war Nadia nicht einmal

147 Dunne, John W.: An Experiment with Time. Charlottesville 2001, S. 95/96, S. 120ff.

vierzig Jahre alt geworden. Sie „erinnerte“ sich aus der Zukunft außerdem an ein Leben als die Naturforscherin Janice im Jahr 2228 und als die 15-jährige Kalifornierin Sheryl Vaughn im Jahr 2285[148]. Aber das können wir nicht überprüfen; es gibt ja keine Dokumente aus der Zukunft.

Träume sind das häufigste Vehikel paranormaler Erfahrungen mit der Zukunft. Der Arzt und Magier Agrippa von Nettesheim schrieb um 1500: „Vieles Zweifelhafte, vieles Unbekannte, Unvermutete und noch niemals Versuchte wird uns in den Träumen (solcher Art) offenbar. So erscheinen uns die Bilder unbekannter Orte und die Gestalten sowohl lebender als auch verstorbener Menschen; es wird uns Künftiges angezeigt, was nicht vorgekommen ist, und wir erfahren, es sei irgendwo etwas passiert, was uns noch nicht bekannt geworden.“

Bei der Amerikanerin Louisa B. Rhine waren siebzig Prozent ihrer präkognitiven Fälle Träume, und nach dem Einbezug anderer Studien kann man getrost sagen, dass zwei Drittel von Psi-Phänomenen sich im Traum ereignen. „Dass er durch bedeutende Träume von dem, was sich ereignen sollte, unterrichtet werde“, schrieb Johann Wolfgang von Goethe über seinen Großvater. Dieser sah sich einmal im Traum zum Schöffen ernannt werden – und das geschah ebenso wie seine Ernennung zum Schultheiß, die der Großvater ganz ruhig vorhergesagt hatte und mit der keinesfalls zu rechnen war. Unter seinen Papieren fand Goethe die Notizen „Heute nacht kam N. N. zu mir … Heute nacht sah ich …“[149]

Die amerikanische Tänzerin Isadora Duncan (1879–1929) hatte zwei Jahre lang andauernd Angstträume, wie sie in ihrer Autobiografie *My Life* (1927) erzählte: Ihre beiden Kinder waren unauffindbar, liefen am Strand davon, lösten sich auf … Am 19. April 1913 ertranken beide bei einem schrecklichen Unglück in ihrem Auto in der Seine, weil der Chauffeur die Handbremse nicht angezogen hatte.

Es gibt hunderte Geschichten über Präkognition, und unheimlich wird es dann, wenn jemand seinen eigenen Tod vorausahnt; aber wer könnte es

---

148 Cockell, Jenny: Past Lives, Future Lives. London 1996.

149 Goethe, Johann Wolfgang von: Dichtung und Wahrheit, Frankfurt 1975, S. 47-49.

besser spüren als man selbst? An einem wissenschaftlichen Experiment mit Medien, das Gary E. Schwartz und Linda Russek Mitte der Neunzigerjahre veranstalteten, nahm das Ehepaar Patricia und Mike Price teil. Bei dem Medium John Edwards meldete sich ein verstorbener Sohn von Mike und deutete das bevorstehende Ableben seines Vaters an, und Edwards sah wohl auch eine etwas dunkle Aura um Mike herum. Dieser hatte selbst Vorahnungen.

Viele Wochen vor seinem Tod träumte Pat von einem weißen Auto, das auf einen Baum prallte, und als sie ihren Hochzeitstag plante, sagte Mike ihr: „Bis dahin schaffe ich es nicht." Und er umarmte sie. (Auch in einem Buch über die Opfer des Twin-Tower-Attentats plante eine Frau eine Veranstaltung in der Zukunft, im Frühjahr 2002, und ihr Mann bekannte: „Ich sehe mich da nicht.") In der Nacht vor der Feier verunglückte Mike dann tödlich.[150]

b) Determiniert?

Ist die Zukunft festgelegt? Womöglich gibt es Ereignisse, denen man nicht entrinnt. Alle Versuche, die Weissagung des Orakels zu verhindern, misslingen in der griechischen Tragödie schon im Ansatz; denken wir an die Ödipus-Sage. In der Neuzeit hat dies auch der US-Parapsychologe Richard S. Broughton beobachtet: „Bemühungen, die Tragödien zu verhindern, scheitern oft aus Gründen, die jenseits unserer Kontrolle liegen."[151] Manche Unternehmungen gehen indessen schief, *weil* sie in unserer Kontrolle liegen (des Unbewussten). Es wird sowieso nicht klappen, sagt man sich, und es klappt dann auch nicht, aber diese „sich selbst erfüllenden Prophezeiungen" lassen wir hier außer Acht. Baird T. Spalding schreibt in seinen Romanen über die „Meister des Ostens", die Hindus sagten, dass ein Mann Prophezeiungen ausstoßen, ein anderer sie hingegen aufheben könne. „In unserer Erfahrung", schildert Spalding, „fanden wir keinen Fall, in dem sie ein negatives Ereignis, das prophezeit worden war, nicht verhindern hatten können."[152]

150 Schwartz, Gary E.: The Afterlife Experiments. New York 2002, S. 163-168.
151 Broughton, Richard S.: Parapsychology – The Controversial Science. Ballantine 1991, S. 21.
152 Spalding, Baird T.: Life and Teaching of the Masters of the Far East, 1964, Band IV. S. 51.

Nicht alle Tragödien werden prophezeit. Am 19. April 2013 verunglückten zwei junge Mädchen mit ihrem Auto in Oberbayern tödlich; ein Autofahrer war auf nasser Straße auf die andere Straßenseite geraten und hatte sie gerammt. Ein paar Tage später stürzte ein mehrstöckiges Haus in Bangladesch zusammen, und 1100 Frauen starben, alle Textilarbeiterinnen. Ist das alles Schicksal? Wir haben jedoch unseren freien Willen, und schreckliche Dinge passieren in dieser Welt mit ihrem Tempo und ihrer Profitgier. Man kann nur sagen: Wenn jemand zur Unzeit bei einem Unglück stirbt, ist oft ein anderer daran schuld. Ein Mann fährt bei Dunkelheit und Nässe zu schnell; zwei Textilmanager ignorieren das Verbot der Polizei, das Hochhaus zu betreten, und jagen ihre Arbeiterinnen hinein, weil sie auch an diesem Tag produzieren wollen. Wir sind alle füreinander verantwortlich.

Louisa Rhine hat zwischen *determinierten* und *nicht determinierten* Geschehnissen unterschieden, und der Philosoph Anton Neuhäusler führte 1957 *ideelle* und *materielle* Entwürfe des Zukünftigen ein. Die ersteren – die Ideen einer Zukunft, die jemand sehe – seien veränderbar, letztere nicht. Es gibt auch die Ansicht, was man sehen könne, werde geschehen, andernfalls würde man es nicht sehen können; man könne es nicht verändern.[153] Der Engländer Jon Taylor hat das exakt behandelt. Bei Präkognition haben wir es mit Gedanken über Ereignisse zu tun, nicht mit den Ereignissen selbst. Taylor formulierte sein „Intentionalitäts-Prinzip", das lautet: „Menschen können präkognitive Informationen nur über solche Ereignisse erhalten, die sie nicht zu verändern wünschen."[154] In die Vergangenheit kann man vielleicht nur reisen, wenn man bloß als Zuschauer fungiert.

Eine Frau schrieb der US-Forscherin Louisa Rhine, sie habe geträumt, bei einem Zeltlager ihr Kind aus den Augen gelassen zu haben – und es sei mit dem Gesicht nach unten im Wasser gelegen. Ein Jahr später wiederholte sich im Sommer tatsächlich die Szene; die Frau erinnerte sich und rettete ihr Kind.[155] Es war eben ein Warntraum, der nicht den Tod ihres Kindes

153 In: Bender, Hans: Zukunftsvisionen, Kriegsprophezeiungen, Sterbeerlebnisse, München 1986, S. 35-37.

154 Taylor, Jon: A New Theory for ESP, Journal of the Society for Psychical Research, London, 1998, Vol. 62, No. 851, S. 286.

155 Zit. in: Peake, Anthony: Is There Life after Death? London 2006, S. 166.

zum Thema hatte. Eine andere Frau träumte von einem Zugunglück, in das eine blaue Lokomotive mit der Nummer 47216 verwickelt war. Sie verständigte die British Rail. Zwei Jahre später ereignete sich das Unglück so, wie sie es geträumt hatte; nur trug die Lok die Nummer 47299. Bis sich dann herausstellte, dass die Bahngesellschaft, um das Unglück abzuwenden, der Lokomotive eine neue Nummer gegeben hatte. Die alte war 47216 gewesen.[156] Das war anscheinend nicht zu verhindern.

Es gibt Bilder von der Zukunft, die erst nach zwei oder zwanzig Jahren wahr werden. In einem Schweizer Film kam eine Frau zu Wort, die bei einer Nahtod-Erfahrung ihre Tochter am Boden liegen sah, tot, und die von diesem Bild verfolgt wurde, zwanzig Jahre lang, bis es schreckliche Wirklichkeit wurde. Dennoch möchte man gern der englischen Autorin Joan Forman glauben, die ihrerseits überzeugt war: „Wer immer freien Willen besitzt, hat die Macht, die Zukunft zu verändern und also das natürliche Verhalten von Materie zu ändern.“[157] Vielleicht hat man nur nicht intensiv genug gebetet, um das schlimme Ereignis zu verhindern? Aber das bezieht sich nur auf Ereignisse, die man vorhersieht.

Träume sind nicht wörtlich zu nehmen. Der US-Parapsychologe Dean Radin beschrieb seinen Traum eines Autounfalls: Ein Wagen rammte ihn von hinten. Am nächsten Tag fuhr er eine andere Strecke, ein Unfall geschah trotzdem, aber er war anders als im Traum und harmlos. Ich wollte Ende Januar vor einigen Jahren in St. Gallen mit dem Rennrad ausfahren, und plötzlich kam eine unerklärliche Traurigkeit über mich. Natürlich redete ich mir gut zu und sagte mir, die Radtour würde mir gut tun. Und dann kam eine Autofahrerin aus einer Straße heraus, übersah mich und rammte mich. Das Rennrad war kaputt, ich war kaum beschädigt. Ich hätte nicht fahren sollen, da wusste mein „Beobachter“ mehr als ich. Der Unfall wäre zu verhindern gewesen.

Wenn der Traum hartnäckig wiederkehrt und real wirkt, ist das vielleicht ein Zeichen für ein festliegendes Ereignis. Aber da gibt es keine Regeln. Es ist vielleicht besser, wenn wir die Zukunft für veränderbar halten.

---

156 Zit. in: Inglis, Brian, Coincidence. London 1990, S. 83.
157 Forman, Joan: The Mask of Time. London 1978, S. 233.

Bei Psi-Erfahrungen scheint die Zeit keine Rolle zu spielen. Nehmen wir das „Remote Viewing" oder die Fernwahrnehmung. Ein „Agent" besucht ein zufällig ausgewähltes Ziel, während ein „Empfänger" an einem anderen Ort ruhig wartet, was ihm für Eindrücke kommen, denn der Agent denkt an ihn und versucht, ihm Informationen geistig zuzusenden. Ein unabhängiger Richter vergleicht später die Ergebnisse und entscheidet, ob ein „Hit" vorlag oder ein „Miss", ein Misserfolg. Später wurde das Versuchsprotokoll sehr anspruchsvoll, und nach dreißig Kriterien musste geurteilt werden, wie nah der Empfänger dran war.[158]

In Stanford beschränkte man sich bald auf begabte Versuchspersonen, und die US-Regierung sicherte sich deren Mitarbeit, um Militärobjekte der Russen auszuspionieren. Unterdessen lotete die Leningrader Wünschelruten-Sektion 1990/1991 den Standort von russischen U-Booten aus. Die Seher arbeiteten, wie Jewgeni Bondarenko berichtete, über einer Seekarte mit der Rute und dem Pendel, und dabei empfingen sie Signale. Die klareren deuteten auf den aktuellen Standort des U-Bootes hin, die schwächeren auf einen Ort in der Vergangenheit oder auch in der Zukunft, in etwa zwei bis drei Tagen. In einem Fall hatte ein Sensitiver das Schiff „Luga" in Kaliningrad geortet, empfing aber auch (schwächere) Signale aus Danzig und Tallinn. Es ergab sich, dass die Luga eine Woche zuvor von Danzig abgefahren war und in einer Woche in Tallinn sein sollte. Zukunft und Vergangenheit waren nach dem Charakter der Signale also austauschbar.[159]

Zwanzig Jahre lang, bis Ende 1995, finanzierte die CIA die Fernwahrnehmung. Dean Radin berichtete, dass Versuchsleiter Ed May und seine Kollegen alle Psi-Experimente von 1973 bis 1988 analysiert hätten, also 154 Experimente mit 26.000 Trials. Dass die Ergebnisse auf Zufall beruhen, war höchst unwahrscheinlich, nach den Berechnungen bei eins zu 10^{10}, also zehn Milliarden Milliarden.

Robert Jahn schrieb in seinem Buch „An den Rändern des Realen", es habe keine Abnahme der Information gegeben, auch wenn mehrere Tage zwischen Aufzeichnung und Besuch lagen, und das galt für die Zukunft

---

158 Jahn, Robert, Dunne Brenda: An den Rändern des Realen, Frankfurt 1999.
159 Bondarenko, Jewgeni: Long-Distance Dowsing, in: Aura-Z, Moskau, Nr. 2, Juli 1993, S. 66 ff.

ebenso wie für die Vergangenheit. Das bedeutet: Der Empfänger setzte sich hin und fertigte eine gute Skizze des Zieles an, das er natürlich nicht kannte, obwohl der Agent erst in zwei Tagen das Ziel besuchen würde. Oder. Er fertigte eine gute Skizze an, zwei Tage nachdem der Agent das Ziel besucht hatte. Auch die Entfernung spielte keine Rolle: Es konnten mehrere tausend Meilen sein.[160] Paranormale Ereignisse stehen außerhalb von Zeit und Raum.

Stephan A. Schwartz hat als Erklärung die Nichtlokalität angeboten. „Ich glaube, dass da niemand irgendwohin geht. Was würde dorthin gehen?“ Statt dessen sei es ein Zugang zur „Unendlichkeit des nichtlokalen Bewusstseins“, so etwas wie eine riesige Datenbank der Menschheit, ein verborgenes Internet. Der Empfänger, der Agent, das Ziel, das Zielfoto und die Analyse seien allesamt miteinander verbunden. Russell Targ und Jane Katra, die die Price-Episode schilderten, meinen, das „nichtlokale Bewusstsein“ habe wohl in der vierten Dimension herumgeschaut, habe etwas aus einer anderen Epoche gesehen.[161] Das würde bedeuten, die Vergangenheit unseres Planeten sei irgendwo noch gespeichert, in einer anderen Dimension. Der Sensitive James McMoneagle betonte, es sei gewiss nicht Telepathie zwischen Sender und Empfänger, aber man „sehe“ auch nicht das aktuelle Ziel, sondern eine Annäherung der Realität, nie die Realität selbst – also etwas wie Neuhäuslers ideellen Entwurf.

3

REISEN IN DIE VERGANGENHEIT

Berühmten Forschern wurde allen Ernstes vorgeworfen, sie bezögen ihre Einfälle aus der Zukunft. Sie hätten vielleicht sogar Reisen dorthin unternommen. Leonardo da Vinci musste solche Angriffe erdulden, da seine

160 Jahn, Dunne, S. 190.

161 Targ, Russell, Katra, Jane: Miracles of Mind, 1998, S. 44.

Erfindungen futuristisch wirkten. Alles Mögliche wurde ihm später zugeschrieben, das U-Boot, das Flugzeug, das Fahrrad; aber eine Zeitmaschine war nicht darunter.

a) Ein „treno“ und drei Geisterhotels

Leonardo kommt in dem italienischen Film „Non ci resta che piangere“ vor, den Roberto Benigni und Massimo Troisi 1984 drehten, wobei sie auch die Hauptpersonen Saverio und Mario verkörperten. Die beiden sitzen an einem regnerischen Abend im Auto, müssen am Bahnübergang warten, marschieren zu Fuß los, erreichen eine Pension – und befinden sich plötzlich in der Vergangenheit, zwischen 1400 und 1500 in der Provinz Lucca. Saverio möchte in Genua Kolumbus von seiner geplanten Reise abbringen, damit seine Schwester Gabriella 1984 nicht wie geplant ihren amerikanischen Freund heiratet.

Dann lernen die beiden Helden den langbärtigen Leonardo da Vinci kennen und geben sich die größte Mühe, ihm die Verkehrsampel, die Elektrizität, die Wasserspülung der Toilette sowie den Eisenbahnzug (*il treno*) zu erklären, aber sie wissen zu wenig darüber – wie wir alle. Nach vielen Windungen und Wendungen des Films hoffen sie auf die Rückkehr in ihre Gegenwart, die Zukunft, denn sie hören einen Zug. Er nähert sich, sie laufen hinter ihm her, und Leonardo da Vinci öffnet die Tür und ruft ihnen stolz zu: „Ingenieri – treno!“

Dass jemand bei Nacht und Nebel unversehens in eine andere Zeitzone stolpert, ist nicht so unglaublich, wie man denkt. Der amerikanische Autor Brad Steiger lernte eine Radiojournalistin kennen, die er Joan nannte und deren Geschichte er im August 2007 in der US-Zeitschrift „Fate“ wiedergab. Joan sollte zu einem Bewerbungsgespräch in eine Stadt fahren und ließ sich von ihrer Freundin Elaine begleiten. Nach langer Suche entdeckten sie ein kleines Motel, und der elegante weißhaarige Nachtportier überreichte ihnen den Schlüssel zu einem sauberen, hübschen Zimmer, und sie schliefen so gut wie lange nicht. Das Gespräch am nächsten Morgen lief hervorragend, Joan hatte den Job, doch als sie noch einmal beim Motel vorbeischauen wollten, fanden sie es nicht mehr. „Wir fuhren viele Male um die Ecken, aber da gab es kein Motel mehr, nur noch ein leeres Grundstück. Wir dachten, wir werden verrückt."[162]

Am Mount Lowe bei Pasadena in Kalifornien stand der Schwede Bo Orsjo, auf halber Höhe zum Gipfel, im Jahr 1974 plötzlich vor einem wunderlichen grünen Hotel und verzehrte vor ihm sein Mittagsbrot, während eine junge Angestellte den Vorraum fegte. Später glaubte ihm das niemand, und als Orsjo mit einem Freund dorthin zurückkehrte, fanden sie nur etwas Müll. Später aber kam heraus, dass ein Millionär dort tatsächlich ein Hotel erbaut hatte, das 1937 abgebrannt war.[163]

Und da aller guten Dinge drei sind, noch eine Hotel-Geschichte, die in einem Buch von Jenny Randles steht: Die englischen Familien Simpson und Gisby fuhren aus Kent mit dem Auto über Frankreich nach Spanien. Frau Randles unterhielt sich mit drei der vier Zeugen. Auf einer kleinen Straße bei Montélimar fühlten sie sich seltsam, alles wurde still – Jenny Randles nennt das den „Oz-Faktor". Der Verkehr war verschwunden. Sie entdeckten ein kleines altertümliches Hotel, deren Bedienstete gleichfalls altertümlich gekleidet waren. Die Rechnung lautete auf einen lächerlich geringen Betrag. Alle Fotos, die sie von dem Hotel machten, zeigten hinterher eine weiße Fläche. Und schließlich gelang es ihnen bei der Rückfahrt nicht mehr, das nette Hotel zu finden.[164]

Im Sommer 1901 besuchten Annie Moberley und Elaine Jourdan, Schulleiterinnen in Oxford, Versailles. Sie wanderten zum Petit Trianon, ein Gewitter zog auf, und sie fühlten sich eigentümlich. Plötzlich waren da ein kleines Cottage mit fremdartig gekleideten Menschen, Kutschen, ein entstellter Mann und eine elegante Frau auf dem Rasen. Anscheinend befanden sie sich zur Zeit der französischen Revolution, und Marie Antoinette sollte geköpft werden. Die Lehrerinnen folgten einem Spaziergänger und stießen zu einer Hochzeitsparty, und dann waren sie wieder im Jahr 1901. Darüber schrieben sie unter Pseudonym das Buch „An Adventure".[165]

---

162 Fate, August 2007, S. 32/33.

163 Randles, Jenny: Time Storms, London 2001, S. 173/174.

164 Ebd., S. 224.

165 Peake, The Labyrinth of Time, S. 219-222.

Außergewöhnliche elektrische Phänomene (oder gewöhnliche, wie ein Gewitter) könnten die Wahrnehmung verändern und uns für die andere Dimension öffnen. Jenny Randles hat in ihrem Buch „Time Storm" viele derartige Beispiele gesammelt. Menschen, die einen „time slip" erlebten, also spontan Einblicke in die Vergangenheit bekamen, sind oft alleine unterwegs und geraten in Trance, wobei sie in eine andere Bewusstseinsebene rutschen. Bei der „Highway-Hypnose" geschieht das auch. Fahrer „sehen" plötzlich Abzweigungen und Kreuzungen, die es nicht gibt, wie sie später angegeben haben. Das führt oft zu Unfällen. Frau Randles hält die „Visionen" nicht für Halluzinationen, schließlich hätten die Leute nicht „rosa Elefanten" gesehen, sondern womöglich Straßen, die früher einmal dagewesen seien.[166]

Der Sensitive Pat Price (1918-1975) „sah" 1973 bei einer Fernwahrnehmung einen Teil des Parks La Riconada und zeichnete in seine verblüffend exakte Skizze zwei Wassertanks ein. Erst dachte man, er habe sich geirrt, denn die Tanks gab es nicht. Später stellte sich heraus, dass es sie vor fünfzig Jahren sehr wohl gegeben hatte. Irgendwann danach wurden sie abgerissen. Price hatte sich an einem Ort umgeschaut, an dem es die Behälter noch gab.

Jegliche Vergangenheit könnte eingewoben sein in den Raum, den wir bewohnen. Jede höhere Dimension bietet eine kaum zu glaubende Speicherkapazität, und sie ist von uns nicht zu sehen. Martin Rees, Präsident der englischen Royal Society, sagte 2010 in einem Interview: „Theoretisch könnte es ein vollständiges anderes Universum weniger als einen Millimeter von unserem entfernt geben, ohne dass wir es bemerken, da jener Millimeter in einer vierten räumlichen Dimension gemessen wird und wir in unseren bloßen drei gefangen sind."[167]

Aber auch die Objekte, die uns umgeben, könnten Schwingungen aus der Vergangenheit gespeichert haben, woran die Fähigkeit der „Psychometrie" erinnert, über die gute Medien verfügen. Der Pole Stefan Ossowiecki nahm Feuersteine und Werkzeuge aus längst vergangenen Epochen in die Hand, konzentrierte sich darauf und nannte dann das Alter, die Kultur,

166 Randles, Jenny: Time Storms. London 2001, S. 172.
167 Sunday Times, 13. Juni 2010.

in der sie entstanden waren, und die geographische Lage der Fundstätte. Der kanadische Archäologe Norman Emerson wies sogar bei einer Tagung darauf hin, er habe wertvolle Hinweise von einem „übersinnlich begabten Informanten" erhalten.[168]

Hinweise gibt es auch darauf, dass unsere materielle Umgebung – etwa Türen und Mauern – Szenen aufzeichnen können, die später wiedergegeben werden. Wenn der Teil einer Wand fehlt, wird auch nur ein Teil des „Films" abgespielt, und Joan Forman weist darauf hin, dass Zeugen manchmal nur den unteren Teil einer Gestalt sahen und manchmal nur ein Brustbild, als sähe man Bilder aus einem defekten Projektor. Mrs. F. Kerrington aus Towcester schrieb, sie habe Hampton Court besucht, das Schloss, das Kardinal Wolsey für Heinrich VIII. erbauen ließ. Darin soll Katherine Howard drei Monate vor ihrer Enthauptung im Jahr 1542 einen Gang entlanggerannt sein und vor der Kapelle den darin befindlichen Monarchen, dessen fünfte Frau sie war, um Gnade angefleht haben. Frau Kerrington empfand im Gang nichts, an der Tür jedoch ging sie wie durch eine Wolke aus „schrecklichem Leid", und sie spürte Kälte.

Mrs. B. McDougall aus Windsor rettete sich im Dezember 1942 in einer regnerischen Nacht mit zwei anderen Mädchen unter eine Brücke, und sie wusste plötzlich, dass es die Zeit der Wat-Tyler-Revolte im 13. Jahrhundert war. Sie trug grobe Kleider und fühlte sich inmitten von Leuten, roch den Schweiß, es war heiß und die Körper waren fast zu spüren. Ihr Herz schlug schnell, und dann, draußen, war das Gefühl verschwunden, das nur ein paar Sekunden gedauert hatte. Hier hatte anscheinend das Mauerwerk der Brücke eine ganze Szene gespeichert und als Portal in die Vergangenheit gewirkt.[169]

Der Vollständigkeit halber gehören hierher auch zwei Beispiele, die unsere Glaubensbereitschaft aufs äußerste strapazieren. Pater François Brune berichtete, er habe in den Fünfzigerjahren in Venedig Pater Pellegrino M. Ernetti getroffen, der ihm freimütig vom „Chronovisor" berichtet habe, einem Gerät, mit dem es einer Gruppe von Klerikern gelungen sein soll,

---

168 Talbot, Michael: Das holographische Universum. München 1992, S. 212/213.
169 Forman, Joan: Mask of Time, S. 118-121.

die Kreuzigung Christi auf Film aufzunehmen. Alles sei gespeichert! Das Gerät sei auf Geheiß des Papstes wieder abgebaut worden, da es leicht Unheil anrichten könnte.[170] Bei den Séancen von Gustavo Rol, dem berühmten Medium aus Turin, habe man, wie Maurizio Ternavasio schreibt, ein Jahr der Geschichte nennen und sich dazu eine Farbe vorstellen müssen, etwa Grün. Dann sei es gewesen, als habe sich ein Schleier zwischen der Vorstellung und einer Realität gehoben, und man habe Geräusche gehört, Gerüche verspürt, Kälte oder Hitze, und am Ende sei dann noch ein Objekt in den Raum gefallen aus jener Zeit, manchmal eine Münze oder ein Blatt Papier.[171]

Berichte von Reisen in die Vergangenheit stammen sonst von Menschen, die in der Lage waren, außerkörperliche Reisen zu unternehmen. Robert Monroe war ein amerikanischer Geschäftsmann, der im Alter von achtundvierzig Jahren plötzlich nachts aus seinem Körper glitt und mit dem Duplikat seines leiblichen Körpers, der auch Astralleib oder ätherischer Körper genannt wurde, Abenteuer erlebte. Oft fand er sich, wie er in seinem letzten Buch „Über die Schwelle des Irdischen hinaus" schildert, in Szenen aus vergangenen Jahrhunderten wieder. Monroe gründete ein Institut und bildete ganz normale Leute aus.

Monroe versprach seinen Lesern: „Sie können sich mit Hilfe des außerkörperlichen Zustands an jeden Ort begeben und in jede Zeit – Vergangenheit, Gegenwart und Zukunft. Sie können jeden ausgewählten Ort direkt ansteuern und beobachten, was es dort im Einzelnen gibt und was dort gerade geschieht. (…) Das einzige Problem besteht darin, dass Sie keine physischen Gegenstände greifen können – Ihre Hand greift einfach durch sie hindurch." Man ist also ein Geist auf Reisen.

Ein Teilnehmer traf in einer anderen Dimension eine 1972 im Alter von knapp fünfzig Jahren gestorbene Frau an, die ihm die Namen ihres Ehemanns und ihrer Kinder angab; und auch das Leben eines Konzertpianisten aus Prag und das einer siebenundfünfzig Jahre alten Grafikerin, die 1991 in Scottsdale (Arizona) gestorben war, konnte nach deren jenseitigen

170 Brune, Père François: Le Nouveau Mystère du Vatican. Paris 2002, S. 24 ff.

171 Ternavasio, Maurizio: Gustavo Rol. La vita, l'uomo, il mistero. Rom 2002, S. 121.

Angaben rekonstruiert werden. Wenn die außerkörperlich Reisenden diese Verstorbenen nicht gekannt hatten, wäre dies ein vorzüglicher Beleg für ein Weiterleben. Leider haben Monroes Zeitreisende keine Dokumentation darüber erstellt.[172]

Aus unserer Welt sind eine Vielzahl von Geistererscheinungen überliefert, die meist unter Spuk abgehandelt werden. Doch weder reisen die Zeugen in eine Vergangenheit noch leben diese Geister in unserer Zukunft. Sie sind einfach erdgebunden, und das vielleicht seit Jahrhunderten. Zuweilen sind mit ihnen auch Gespräche möglich, wie in dem berühmten Fall des Offiziers K. Treseder, eines Mitarbeiters der britischen Botschaft in Oslo. Er schilderte, wie er und sieben Bekannte im Frühjahr 1950 eine Skitour in einem Tal bei Oslo unternahmen. Er und seine Gattin wurden von einer älteren Dame angeherrscht, sie dürften nicht über ihr Land fahren. Die Frau in ihrer altertümlichen Kleidung war höchst aufgebracht und hatte einen schottischen Akzent. Das Paar entschuldigte sich. Plötzlich war die Frau verschwunden. Man konnte nur erfahren, dass der Urgroßvater des Besitzers des nächsten Bauernhofs eine junge Schottin geheiratet hatte.[173]

Dass man mit Geistern reden kann, ist ungewöhnlich, aber möglich. Physiker glauben natürlich nicht daran, und sie wollen auch nicht mit einem Duplikat ihres Körpers in die Vergangenheit reisen, sondern ganz, mit Haut und Haar.

b) Zeitreisen mit Einstein

Die größeren, kosmischen Lösungen für Zeitreisen gehen von abstrusen Modellen aus. Der Russe Andrej Sacharow schlug vor, das Universum könnte auf eigenartige Weise ineinander gerollt sein, wie ein Zylinder. In einer dreidimensionalen Version befände man sich wie in einer Schachtel, aus der man in einer Ecke aus- und in einer anderen wieder eintreten könnte, etwa so, wie in Gotts Beispiel mit den über 29000 Kopien von mir selbst. Licht würde dort zirkulieren wie in einem Warenhaus mit vielen

---

172 Monroe, Robert A.: Über die Schwelle des Irdischen hinaus, München 2006, S. 21/243.
173 Forman, Mask of Time, S. 36-39.

verschiedenen Abteilungen, und natürlich könnte man, wenn man den Weg wisse, dorthin gelangen, von wo man gestartet war.

Wir können vom Riesenhaften aber auch ins Kleine schauen und Mini-Zeitreisende kennenlernen – Elementarteilchen. Die Antiteilchen, die Paul Dirac 1929 auf mathematischem Weg entdeckt und sein Kollege Anderson tatsächlich mit Instrumenten gefunden hatte, sind die Gegenstücke der negativ geladenen Elektronen. Sie sind positiv geladen und erhielten den Namen Positronen. Das amerikanische Physik-Genie Richard Feynman (1918–1988) erläuterte 1949, ein Elektron gebe zuweilen ein Photon ab, laufe in der Zeit zurück, um ein neues Photon aufzunehmen, und bewege sich dann wieder vorwärts. Für Photonen gibt es keinen Unterschied, sie sehen immer gleich aus und sind ihre eigenen Antiteilchen. Es könnte also eine Gespensterwelt geben, in der Antimaterie rückwärts läuft und – wie bei Cramers Modell – unsere Vorwärts-Bewegungen ausbalanciert. Auf jede Kraft wirkt eine Gegenkraft. Feynman meinte in seinem Buch QED (für Quantenelektrodynamik; es könnte aber auch für „Quod erat demonstrandum“ stehen: Was zu beweisen war): „Und so hoffe ich, dass Sie die Natur akzeptieren können, wie sie ist – absurd.“[174]

Man könnte sich vielleicht selbst die Hand geben, wie nach der Reise durch ein Wurmloch, das nicht unbedingt in einem Schwarzen Loch sitzen muss. Der Astronom Kip Thorne dachte sich, dass es solche Löcher geben könne, mit denen man wegen des gekrümmten Raumes einen Lichtstrahl austricksen, also einen kürzeren Weg nehmen und schneller als das Licht unterwegs wäre. Man reiste in die Vergangenheit und träfe sich selbst. Der geniale Mathematiker Kurt Gödel kam 1949 in Princeton als Kollege von Einstein auf einen Einfall, der ebenfalls Reisen in die Vergangenheit möglich macht. Sein Universum dehnt sich weder aus noch zieht es sich zusammen, sondern rotiert. Ein Beobachter würde die Planeten rotieren sehen, und die weit entfernten Galaxien würden sich sogar schneller als das Licht bewegen. Ein Lichtstrahl oder ein Reisender mit fast Lichtgeschwindigkeit würde eine bumerangartige Bewegung vollziehen und könnte so ebenfalls, wie Gödels Rechnungen zeigten, vor sich selbst wieder zurück sein.[175]

---

174 Feynman, Richard: QED. München 1984, S. 20.
175 Gott, Time Travel, S. 80/82/93.

Die allgemeine Relativitätstheorie, die Gödel hier nur etwas ausbaute, erlaubt durch die Raumkrümmung derartige Abkürzungen durch die Raumzeit, den Sieg über das lichtschnelle Licht und die Reise zurück in die Vergangenheit, zu mir selbst. Der Physiker Mark Hadley schrieb sogar Elementarteilchen eine Krümmung zu: Sie könnten auf sich selbst zurückgebogen sein, so dass sie eine geschlossene, zeitartige Kurve bildeten, eine Zeitschleife also. Sie wären demnach kleine Zeitmaschinen, obwohl sie mit der Zeit nichts zu schaffen hätten. Sagte Wheeler nicht ungefähr: „Frage ein Elektron, was es von der Zeit hält, und es würde grinsen." Sie „wissen", wie sich ihr weit entfernter Partner dreht, und ahnen, was der menschliche Beobachter messen will, auch wenn wir dabei das Elektron vermenschlichen.[176] Deshalb führte Stephen Hawking eine weitere fiktive Gestalt ein – den „kosmischen Zensor". Er würde verhindern, dass derart unmögliche Konstellationen einträten, wie auch immer. Es würde nicht geschehen.

Das „Großvaterparadox" meint, ich könnte meinen Großvater töten. Dann könnte ich nicht zur Welt kommen. Viele Science-Fiction-Autoren und Physiker haben sich darüber den Kopf zerbrochen. (Wollte ich meine Geburt verhindern, würde es reichen, die Lehrzeit meines Vaters bei Schweyer in Landsberg am Lech zu verhindern, weshalb er meine Mutter nicht treffen würde; aber vielleicht fände das Universum einen anderen Weg, sie zusammenzubringen.) Ein Ausweg wäre, dass ich dann in der Welt, in der mein Großvater früh durch meine Hand starb (aber das würde ich nie tun!), nicht existieren würde, aber in einer anderen sehr wohl, wenn wir die Viele-Welten-Theorie heranziehen. Viele Physiker meinen jedoch, eine Instanz würde verhindern, dass ich meinen Großvater töte, denn die Kausalität könne nicht verändert werden.

Der Zusammenhalt zwischen Vergangenheit und Zukunft muss gewahrt bleiben, meint auch der russische Professor Igor Novikov mit seinem Prinzip der „Selbst-Konsistenz". Parallel-Universen wären schon eine Lösung. Doch da ein Universum nur drei Raumdimensionen und eine Zeitdimension hat, bräuchten wir mehr Platz. „Warum nicht mehr Dimensionen: fünf, sechs, sieben – oder achtundvierzig?" fragt sich Barry Chapman in seinem

---

176 Chown, Marcus: All the World's a Time Machine, New Scientist, 7. März 1998, S. 38-41.

Buch „Reverse Time Travel“. Die kosmische Superstring-Theorie geht tatsächlich schon von zehn Dimensionen aus. Mehr Dimensionen könnten mit Leichtigkeit (das sagt sich leicht) alle möglichen Versionen des Universums fassen mit allen Zeitepochen, und jedes unterschiede sich vielleicht nur um Winzigkeiten von dem anderen.[177]

Ein anderer Physiker, Robert Neill Boyd, spekulierte, dass sich die vielen dreidimensionalen Universen in den Hyperdimensionen überlagern könnten, wenn auch vielleicht nur auf beschränktem Raum und kurze Zeit. Das könnte kurzzeitige „Wanderungen“ in die Vergangenheit erklären. Das wäre dann durch einen „Dimension doorway“ möglich, durch eine Tür in eine andere Dimension. Die meisten sind womöglich nur den Bruchteil einer Sekunde offen, andere einmal im Jahr zur selben Zeit. Man könnte zwar zurück, aber sicher sei das nicht. Es könnte auch eine Reise ohne Wiederkehr sein. Nicht wenige Menschen verschwinden ja spurlos – man weiß nicht immer, wohin.[178] Der englische Ufologe John Keel meinte, viele seien „von der Zeit verschluckt“ worden.

4

WIRKUNGEN IN DIE VERGANGENHEIT

Als Vorbereitung auf das nächste Kapitel schauen wir uns einmal an, was die Philosophie von Wirkungen auf oder in die Vergangenheit hält. Der englische Philosoph Michael Dummett (1925–2011) nannte 1954 einen Essay „Kann eine Wirkung ihrer Ursache vorausgehen?“, und zehn Jahre später überlegte er sich, wie wir die Vergangenheit zustande bringen („Bringing about the Past“). Es bleibt ein nicht geringes Problem, warum wir von früher zu später voranschreiten; aber das ist eben so, im Alltag

177 Chapman, Barry: Reverse Time Travel. London 1996, S. 139/140.

178 Boyd, Robert Neill: Dimension Doors – Natural Portals to other Physical Universes and Dimensions, in: TWM (http://homepages.ihug.co.nz/~sai/dimdoors.htm)

erleben wir diese „Asymmetrie". Die Zukunft folgt aus der Vergangenheit. Unserem Zeitdenken liegt das vorher/nachher zugrunde sowie die Erfahrung, dass etwas Anderes sie „bewirkt".

Dabei ist es mit Ursache und Wirkung nicht so einfach. Der große schottische Philosoph David Hume schrieb schon im 18. Jahrhundert, die Ursache sei nur eine „notwendige Bedingung". Wir beobachten, dass B auf A folgt, also vermuten wir, A habe B verursacht. Doch wir können uns auch irren. Aber so haben wir es gelernt. Späteres folgt auf Früheres; wäre es manchmal umgekehrt, müssten wir unser Denken noch einmal überdenken.

Ursachen bewirken Wirkungen. Wann erfolgt die Wirkung? Gleichzeitig? Dann sind beide schwer auseinanderzuhalten. Später? Dann hat sich vielleicht eine andere Wirkung dazwischengedrängt. Es gibt jedenfalls sofortige Wirkungen und entferntere Wirkungen, und die Ursache liegt zeitlich vor ihnen. Wenn ich etwas tue, damit etwas Früheres geschehe, klingt das absurd. Dummett versucht das an einigen Beispielen zu erklären. Schlimmes Beispiel: Sein Sohn ist auf einer Schiffsreise, das Schiff ist untergegangen, und nun betet er, dieser möge davongekommen sein. Wenn er bereits ertrunken ist, wäre sein Gebet sinnlos; wenn er überlebt hat, wäre es überflüssig.

Oder: Ein Medizinmann tanzt, damit junge Leute im Dschungel bei einer Mutprobe tapfer sind, und er tanzt noch am Tag danach. Jemand meldet, die jungen Leute seien nicht tapfer gewesen; der Medizinmann tanzt weiter, denn wie kann er wissen, ob die Meldung der Wahrheit entspricht? Erst wenn die Jungs zurückkommen, weiß er alles.[179]

Auch Dummett behauptet: „Die Vergangenheit kann man nicht verändern; wenn etwas geschehen ist, ist es geschehen." Wirkungen in die Vergangenheit sind unmöglich. Fakten sind Fakten. Darum halten orthodoxe Juden ein Gebet, das etwas Geschehenes rückgängig machen soll, für blasphemisch, schreibt der Philosoph, denn damit fordere man von Gott etwas logisch Unmögliches.

179 Dummett, Michael: Truth and other Enigmas. London 1978, S. 319 ff.

Aber wenn ich noch nicht weiß, was geschehen ist, wäre doch noch alles möglich! Denken wir an die Quantenphysik und halten wir an ihrer Unbestimmtheit fest. Ein überlagerter Zustand liegt vor, der sich womöglich zum Guten wenden lässt. Wir wissen es nicht; darum ist es besser, zu beten, was allerdings wieder berechnend wirkt. Nein, wir glauben unbedingt, dass unser Gebet hilft!

Im Alltag könnte man sich auch darauf einigen, dass etwas nicht geschehen sei, dass man etwas nicht gesagt hat. „Come non detto", lautet ein italienischer Ausdruck – wie nicht gesagt. Wir einigen uns einfach darauf, dass du das nicht gesagt hast. Die „menschliche Fähigkeit zu verzeihen" sei ein Heilmittel gegen die Unwiderruflichkeit, meinte die Philosophin Hannah Arendt.[180] Schon ist die Vergangenheit eine andere. Ein Ereignis findet statt, wenn Dinge wechselwirken. In der Quantenphysik beeinflusst alles, was möglich wäre, das, was dann geschieht. Der Bewusstseinsvorgang, dass etwas geschehen ist, könnte prinzipiell auch rückgängig gemacht werden, meint Weizsäcker, auch wenn das nicht sehr wahrscheinlich sei. Das Bewusstsein „ist ein unbewusster Akt", hat William James einmal gesagt. Es kann sich selbst nicht lückenlos beschreiben. Ich weiß, dass ich weiß, aber ich weiß vielleicht nicht, was ich weiß. Das Bewusstsein ist sein eigener Inhalt; Wissen ist ein Inhalt. Um wie Sokrates sagen zu können „Ich weiß, dass ich nichts weiß", muss ich wissen, was ich wissen könnte.[181]

Natürlich kann man auch seine Meinung zur Vergangenheit verändern. Die Fakten liegen fest, aber ich kann sie neu sehen, und so gestalten wir die Vergangenheit jeden Tag neu. Gibt es überhaupt objektive Fakten und nicht vielmehr nur Meinungen über Fakten? John Stewart Bell hat einmal Everett vorgeworfen, mit seiner Viele-Welten-Theorie ersetze er die Vergangenheit durch die Erinnerung, es sei eine egozentrische Operation, in der sich alles nur um mich drehe. Aber ist nicht meine Welt radikal meine Welt? Ich könnte mir eine neue Vergangenheit zurechtlegen, und niemand könnte mich daran hindern; und überhaupt sind ja vielleicht wirklich blasse Kopien von mir unterwegs in anderen Welten.

---

180 Arendt, Hannah: Vita activa. München 1998, S. 301.

181 Weizsäcker, S. 610.

Auch etwas nicht getan zu haben, wäre eine Tat gewesen. David Bohm und Basil Hiley erklärten: „Keine Messung ist auch eine Messung." Was geschehen ist oder wird, sehe ich nur (oder bestimme ich) durch meine Messung. Ich kann sie aber aufschieben und bewusst im Zustand der Empfänglichkeit und des Nichtwissens verbleiben, denn dann ahne ich alles, was geschehen könnte. Das System verbleibt in seiner Potenzialität, und ich bin halb erleuchtet, geblendet von den vielen tausend Möglichkeiten und dem Zusammenhalt und dem Aufeinanderbezogensein der Teile.

VII ZURÜCK IN DER ZEIT

Wo es um Absurdes und Paradoxien geht, ist John Archibald Wheeler nicht weit. Zwei Jahre vor seinem Tod fasste er seine Ansichten über die Einwirkung des Menschen auf die Welt so zusammen: „Wir sind daran beteiligt, nicht nur das Nahe und Jetzige ins Leben zu rufen, sondern auch das, was weit weg ist und lang her.“ Wir haben die fernste Vergangenheit zu verantworten. Oder?

1
WO DAS TEILCHEN FLOG

In Wheelers Gedankenexperiment der „verzögerten Wahl" soll man sich ein Photon vorstellen, ein Lichtteilchen, das zu Beginn der Welt losspurtete und eine Galaxie umkurven musste, um zu uns zu gelangen. Unbeobachtet nimmt es viele Wege, ist als Welle unterwegs und fliegt gleichzeitig rechts und links an der Galaxie vorbei; den genauen Weg wissen wir nicht, da ja noch nicht gemessen wurde. Wenn wir nun hinschauen und messen, wissen wir, wie das Photon geflogen ist, das immerhin seit Milliarden Jahren unterwegs ist und losflog, als es noch gar keine Menschen gab.

Bei einem Versuch von Marlan Scully von der Universität Berkeley wurde ein Teilchenstrom auf einen Kristall geschickt. Wenn zwei Partikel gleichzeitig auf eine halbtransparente Platte auftreffen, sind sie „vermählt". Dann trennen sie sich, kommen wieder zusammen und legen den Rest des Weges gemeinsam zurück. Wenn man nun ein kleines Gerät einbaut, das eine 90-Grad-Drehung bewirkt, kann man das untere Photon identifizieren. Dann hat man das Paar getrennt, und jedes Teilchen agiert für sich. Dann verhält sich das Licht nicht mehr wie eine Welle, sondern wie Partikel.

Wenn man indessen Filter einbaut, die unser Vorhaben verschleiern, kommt wieder das Wellenmuster zum Vorschein – und das geschieht, *nachdem* die Teilchen bereits durch das optische System gegangen sind! Sie reagieren hinterher auf unsere Art der Messung, und wir haben entschieden, welche Vergangenheit geschehen war.[182] Es ist, als sähen wir bei einem Fußballspiel den Ball im Tornetz zappeln, und erst unsere Entscheidung für Kamera A oder Kamera B, die unterschiedlich postiert sind, legte fest, ob Stürmer A bei einem Alleingang oder Mittelfeldspieler B bei einem Freistoß das Tor erzielte. So ist Fußball in der blauen Welt.

182 Davies, About Time, S. 168/169.

John Stewart Bell sprach ja von etwas, das schneller als das Licht fliegen könnte, was „zurück in der Zeit“ bedeuten müsste. Dafür erdachte man Teilchen, die es nur in der Theorie gibt – „Tachyonen“. Wenn sie existieren, könnten sie niemanden transportieren, nur sich selbst. Wir könnten Informationen in die Vergangenheit senden. Paul Davies hat dafür schöne Rechenbeispiele.

Der amerikanische Boeing-Ingenieur Helmut Schmidt hatte in Seattle eine Idee, um Psychokinese auszuprobieren. Er setzte einen Random Number Generator (RNG) ein, der unaufhörlich Zufallszahlen produzierte. Seine Maschine beruhte auf dem radioaktiven Zerfall, der zufällig ist. Welche Teilchen zerfallen, weiß man nicht. Der Zufallsgenerator erzeugte je Sekunde ein Ereignis, und das drückte sich im Aufleuchten einer Lampe aus – rot oder grün. In den Versuchen 1970 und 1971 sollte sich die Versuchsperson auf eine Lampe konzentrieren und die rote dazu bewegen, häufiger aufzuleuchten als die andere. Ein Ergebnis von 52,4%, verglichen mit dem Zufallswert von 50%, das Schmidt einmal erzielte, war schon sensationell.

Ein positives Ergebnis gab es auch beim Versuch mit einer Katze. Ein Zufallsgenerator war mit einer Wärmelampe gekoppelt, die öfter ansprang, wenn die Katze anwesend war, als ohne einen Beobachter. Katzen wollen es warm haben, und um das zu erreichen, haben sie anscheinend Quantenereignisse verändert, und Walter von Lucadou meinte, man müsste ihnen eigentlich Bewusstsein zusprechen.[183] Robert Jahn, der an der Universität Princeton wirkte, hielt das Bewusstsein für fähig, Systeme zu beeinflussen, die der Wahrscheinlichkeit unterworfen sind. So könne es den „Spielraum seiner Realität“ erweitern.[184]

Bei dem Menschen-Versuch muss sich jemand eine festgelegte Zeitspanne auf das Lämpchen konzentrieren, denn man will vergleichen können, inwiefern sich Beobachtung und Nicht-Beobachtung unterscheiden. Es ergab sich bei Versuchsreihen, dass schon Ergebnisse verändert waren, die *vor* dem Beeinflussungszeitraum lagen. Es handelt sich um eine Wirkung zurück in der Zeit, die niemand erklären kann. Vor der Beeinflussungspe-

183 Lucadou, Walter von: Psyche und Chaos. Frankfurt 1995, S. 99.
184 Jahn, Robert, Dunne, Brenda: Margins of Reality, 1987, S. 9.

riode hätte der Experimentator eigentlich nur das übliche Zufalls-Muster sehen sollen.[185]

1988 experimentierte Schmidt zusammen mit Marilyn Schlitz. Sie verschickten Kassetten, die durcheinander gemischt fünfzig harmonische und fünfzig unharmonische Töne enthielten, an Versuchspersonen. Diese sollten versuchen, beim Anhören die angenehmen Töne durch intensives Wünschen zu verlängern, und die zurückgeschickten Kassetten wiesen tatsächlich längere schöne Töne auf.[186] Nun könnte man sagen, die Töne seien ja zuvor noch nicht angehört worden, und die Versuchspersonen hätten durch das Hinhören eine Beobachtung vorgenommen. Sie hätten die Töne also in ihrer Folge erst erzeugt, was erstaunlich genug wäre. Hätten die Experimentatoren die Bänder, die sie wegschickten, *zuvor* abgehört, hätten sie eine Erst-Beobachtung vorgenommen und einen Einfluss unmöglich gemacht. Das gilt auch für die Lämpchen. Beeinflussung der Vergangenheit ist gestattet, wenn überlagerte, unklare Zustände vorliegen. Fakten sind jedoch Fakten und können nicht verändert werden. Nach der Quantentheorie ist das ganz normal.

Freilich kann man diese Versuche auch automatisch ablaufen lassen, damit kein Mensch stört. Doch irgendwann, und wenn es nach Jahren ist, schaut sich ein Mensch die Datenblätter an, und dann hat er das Ergebnis. Und er entscheidet darüber, welches Ergebnis er haben will.

---

185 Schmidt, Helmut: Fortschritte und Probleme der Psychokinese-Forschung, in: Zeitschrift für Parapsychologie und Grenzgebiete der Psychologie (1993) 1/2, S. 28-40.

186 Talbot, Michael: Das holographische Universum, S. 240/241.

2
HEILUNG UND TRAUMA

Die Beeinflussung von Tönen und Lampen ist Psychokinese. So nennt man die Beeinflussung der Materie durch den Geist. Wir wissen aber, dass wir nicht sagen können, dass etwas das andere „verursacht" hat, und noch dazu in der rätselhaften Mikrowelt. Darum können wir nur von „nichtlokalen" Wirkungen sprechen und von der Veränderung von Zufallsprozessen.

Der amerikanische Forscher William Braud beschäftigt sich seit Jahrzehnten mit den Wirkungen geistiger Heilung und kennt solche in die Vergangenheit, und er nennt das selbst eine „unglaubliche Hypothese" (*an outrageous hypothesis*).

In einem Beitrag in der Zeitschrift „Alternative Therapies" (2000) führt Braud neunzehn Studien in zwanzig Jahren zum „rückwirkenden geistigen Einfluss auf lebende Systeme" auf. Die statistischen Effekte dabei sind zwischen gering und mittel anzusiedeln, jedoch sei, schreibt Braud, der Gesamteffekt aller Studien zehnmal größer als der Effekt mancher medizinischer Studie, die als Durchbruch gefeiert worden sei. Braud ist sich sicher, dass Menschen direkt Einfluss auf die Vergangenheit nehmen können. Beeinflusst wurden Bakterien und Hefekolonien, Algen, Larven, Mäuse und Ratten. Aber auch Blut- und Krebszellen, die Leitfähigkeit der Haut sowie die Enzymaktivität beim Menschen konnten leicht verändert werden.

Die zeitverschoben beeinflussten Ereignisse waren „labil", schreibt der Autor, und vorher waren die Daten darüber – ähnlich wie bei den Schmidt-Versuchen – nicht betrachtet worden. William Braud betont, dass Einflüsse durch Psychokinese (PK) die Vergangenheit nicht verändern können, dass sie jedoch beeinflussen, was geschehen *hätte können*. Wunder werden nicht versprochen. Ein Tumor ist da; aber mehr weiß man meist nicht. Gebete oder Konzentration könnten einen Zustand verändern, der in der Folge darüber entscheidet, ob der Tumor wächst oder zurückgeht.

„Die gegenwärtigen oder zukünftigen Intentionen scheinen auf die anfänglichen Wahrscheinlichkeiten des Eintretens von Ereignissen zu wirken und Einfluss bei der Entscheidung zu nehmen, welche Ereignisse anfänglich entstehen (das heißt, welche potenziellen Ereignisse realisiert werden)“, schreibt Braud. Der Prozess scheine positiv auf die zentralen Momente beim Entstehen einer Krankheit einzuwirken, auf die „Keim-Momente“ (*seed moments*). Diese Phasen seien empfänglich für die Heilwirkung durch geistige Prozesse. Wenn man ein Verfahren dazu entwickeln könne, würde die Wirkung in die Vergangenheit – auf die Keim-Momente – die gegenwärtige Therapie unterstützen helfen.

Da gibt es Parallelen zu den Beispielen von Michael Dummett. Der Medizinmann tanzt weiter, obgleich jemand aufgetaucht ist und meldet, die jungen Leute seien nicht tapfer gewesen. Entspricht die Meldung der Wahrheit? Wir glauben an unsere Medizin, aber William Braud weist darauf hin, dass eine Diagnose auch falsch sein könnte und manchmal erst eine Störung bewirkt, die vorher nicht vorgelegen habe.[187] Solange man noch lebt, ist Hoffnung.

Auf einer Reise fand ich im Schweriner Dom das Buch „Die Metamorphische Methode“ von Gaston Saint-Pierre und Debbie Boater. Das ist eine weiterentwickelte Fußreflexzonenmassage, die ausdrücklich rückwärts in der Zeit wirken will – auf die vorgeburtliche Phase. Dabei, und das hat mir gefallen, will der Behandler nicht eingreifen. Er stellt sich der Lebenskraft des Patienten oder der Patientin zur Verfügung, massiert die Füße und lässt die Selbstheilungskräfte arbeiten, ohne direkt ein Symptom anzugreifen.

„Da also die Intra-Uterin-Phase der Vergangenheit angehört, folgt daraus, dass die Arbeit der Metamorphischen Methode sich auf jene Zeit bezieht. Zeit ist aber nicht linear, die Ereignisse der Vergangenheit sind immer noch in uns. Durch Lockern des Zeitgefüges kann die Lebenskraft des

187 Braud, William: Wellness Implications of Retroactive Intentional Influence: Exploring an Outrageous Hypothesis, in: Alternative Therapies, Januar 2000, 6/1, S. 37-47.

Patienten die Eigenschaften verändern und freisetzen, die sich in der Vergangenheit niedergeschlagen oder geprägt haben (und noch immer in uns wirken), wodurch sie eine größere innere Freiheit schafft. Auf diese Weise ist die Fähigkeit des Patienten, sich selbst zu heilen, wahrhaft am Werk."[188]

Die Gegenwart weist immer auf die Zukunft, und diese weist zurück. Immer muss erst ein Kontext entstehen, bis in einer Wirkung zurück in der Zeit gewisse Einzelereignisse ihre Bedeutung erhalten. Das ist wie bei einem Film, den man erst rückwirkend versteht – denken wir etwa an „Rosebud" von Orson Welles. Dieses Wort, das der reiche Mann immer wieder ausspricht, wird erst durch ein Erlebnis am Schluss des Films verständlich.

Manchmal entsteht rückwirkend auch ein Trauma, wie es Sigmund Freud mit seiner Patientin Emma Eckstein erlebt hat. Freud berichtet im „Entwurf einer Psychologie", dass Emma unter dem Zwang litt, nicht alleine ein Geschäft betreten zu können. In der Analyse erinnerte sie sich an eine Szene, die sie im Alter von zwölf Jahren erlebt hatte. Sie ging in ein Geschäft, sah die beiden Angestellten lachen und rannte erschrocken wieder hinaus. Diese Szene erklärt sich aus einer weiteren Erinnerung, die während der Analyse zutage trat. Mit acht Jahren war sie alleine in einen Krämerladen gegangen, um Süßigkeiten zu kaufen. Dort griff ihr der Besitzer grinsend zwischen die Beine. Trotzdem ging sie wenig später noch ein zweites Mal hin. Sie hatte hinterher zwar ein schlechtes Gewissen, aber keine Angst. Freud erläuterte, das Lachen der beiden Angestellten habe in Emma unbewusst die Erinnerung an das Grinsen des Krämers in der Ursprungs-Szene wachgerufen.[189]

Der sexuelle Impuls der ersten Szene war also die rückwirkende Ursache dafür geworden, dass das frühere Ereignis – das Erlebnis mit dem Krämer – im nachhinein zum Trauma wurde. Das ist mit der traditionellen Vorstellung von Kausalität nicht zu vereinbaren. Nicolas Lang schrieb, wir würden die Zeit in Einheiten zerteilen und sie räumlich anordnen, dass alle Elemente gleichzeitig in unserer Erinnerung da seien. „Nun ist es möglich, ihr

188 Saint-Pierre, Gaston, Boater, Debbie: Die Metamorphische Methode. Berlin 1983, S. 34/35.
189 Lang, Nicolas, S. 189.

serielles Arrangement aufzubrechen, die Aufeinanderfolge der Momente zu ändern und sogar die Elemente selbst zu manipulieren oder auszutauschen."

Wenn wir eine gefährliche Situation auf der Straße erlebt und einen Unfall knapp verhindert haben, kann es vorkommen, dass wir ganz gelassen an den Straßenrand fahren; aber dann dringt in unser Bewusstsein, wie knapp es war, was hätte geschehen können. Schweiß bricht aus, und wir zittern. Ein Mensch hat einen leichten Auffahrunfall und danach Zeit zum Grübeln. Und nun wird manchmal die ganze Vergangenheit umgeschrieben, und der Unfall wird zum Umschlagspunkt: Vor dem Unfall hatte es gut ausgesehen, lautet die eigene Bewertung; erst danach wendete sich das Schicksal zum schlechteren, man heiratete den falschen Partner, hatte mit den Kindern Probleme, verlor dauernd den Job, und schuld seien mysteriöse unsichtbare Verletzungen bei einem mysteriösen Unfall. Die eigene Vergangenheit wird durch das Ereignis neu erzählt, umgebaut und verändert.

Aber man kann alles aufarbeiten und auch rückwirkend entstandene Traumata wieder auflösen. Denn da ist ja nichts Unveränderliches geschehen. Es ist unsere Erinnerung, die uns beherrscht, und wir können lernen, sie unsererseits zu beherrschen.

3

NACH RÜCKWÄRTS SCHREIBEN

Es ist offensichtlich, dass wir selber unsere Vergangenheit – die einzige Weltlinie, die wir richtig gut kennen – laufend verändern. Wie wir uns an ein Ereignis erinnern, so war es vermutlich nicht. Auch Filmaufnahmen des Ereignisses wären nicht hilfreich, denn wir können ja den Zusammenhang von damals nicht mehr verstehen. Wir können auch manche unserer Reaktionen nicht mehr nachvollziehen, als hätte da ein anderer Mensch gehandelt, dessen Motivation uns heute fremd ist.

a) Blooms kabbalistisches Treiben

So erschaffen wir uns täglich eine neue Vergangenheit. Die Literatur bezieht ihren Zauber aus ihrem Kampf mit der Vergänglichkeit, ihrer Neuerschaffung von Welten und Vergangenheiten. Was der amerikanische Literaturkritiker Harold Bloom in seinem Buch „Kabbala“[190] über das Gedicht sagt, könnte auch für den Roman und den Film gelten: „Seine Gegenwart ist ein Versprechen, Teil der Substanz der erhofften Dinge, der Beweis für ungesehene Dinge. Seine Einheit liegt im Wohlwollen des Lesers.“

Bloom argumentiert, Gedichte (und Werke) stünden in einem Zusammenhang mit anderen Gedichten. Sie seien „Fehl-Deutungen“ oder Abwandlungen früherer Werke, auf die sie reagieren. Die Leser wiederum erschaffen ihre eigene Version des Films oder des Romans. Sie sind die Nachfahren, und die Vorfahren sind die früheren Werke. Jeder Autor reagiert auf seine Vorläufer. Er will besser sein oder anders, und nur was sich als erfolgreich erwiesen hat, greift er auf.

Erst später und durch spätere Werke wird offenbar, wie wichtig und großartig manche Vorläufer waren. Es wurde etwa offenbar, wie wegweisend der Gedichtband „Die Blumen des Bösen“ von Baudelaire war, die Erzählungen und Romane Kafkas, die Romane Hemingways. So, rückwirkend, entsteht Literaturgeschichte. Die großen Werke sind irgendwie unsichtbar im Nachfolgewerk anwesend, das auf jene zurückwirkt. Ernest Hemingway sagte 1935, als noch junger Autor: „Die einzigen Leute, mit denen ein Schriftsteller konkurrieren kann, sind die toten Schriftsteller, von denen man weiß, dass sie gut sind. Es ist wie beim Langstreckenlauf, nur dass der Läufer nicht einen Gegner schlagen will – er kämpft gegen die Uhr. Wenn es ihm nicht um die Zeit geht, wird er nie erfahren, was er erreichen kann.“[191]

Bloom sagt, dass jede Dichtung „Abwehr“ sei. Der Drehbuchautor des neuen „Tatort“-Krimis lehnt den letzten „Tatort“ ab. Er (oder die Autorin)

190 Bloom, Harold: Kabbala. Poesie und Kritik. Basel, Frankfurt 1997.

191 Hemingway, Ernest: Monolog, an den Maestro gerichtet, in: 49 Depeschen, Ges. Werke Band 10, Reinbek 1986, S. 132-139; S. 137.

will ein anders Motiv bieten als dieser, will es anders machen, besser, packender, aber freilich stets innerhalb der Möglichkeiten, die ihm das Format bereitstellt. So sind alle „Tatort"-Filme ein System, deren Elemente aufeinander wirken. Es liegt ein Prozess vor. Wer einen Film kritisiert, beteiligt sich aktiv an diesem Prozess.

Der Literaturkritiker Bloom unterfütterte seine Gedanken mit einem ausgedehnten Verweis auf die jüdische Kabbala, die im 13. Jahrhundert in Südspanien entstand. Gott als En-soph (Das Unendliche) erschuf Alles aus Nichts, und diese Paradoxie setzt sich fort. Die zehn „Namen Gottes", die Sefiroth, sind wie Gefäße, die zueinander überleiten – von Kether zu Malkuth – und einen geschlossenen Kreis bilden. Jede Sefira trägt die folgende schon in sich; die folgende wirkt auf die vorhergehende durch Kanäle zurück. Ursache und Wirkung sind in der Kabbala immer umkehrbar. Sobald wir einen Zyklus vor uns haben, ist es nicht mehr klar, was auf was wirkt: Alles wirkt auf alles. Der englische Schriftsteller Graham Greene hat seinen Roman „The End of the Affair" (Das Ende einer Affäre) mit dem Satz begonnen: „Eine Geschichte hat weder einen Anfang noch ein Ende: Willkürlich wählt man jenen Moment einer Erfahrung aus, von dem man zurückblickt oder von dem man nach vorne blickt."[192]

Ist die Vergangenheit so festgelegt, wie es die Zukunft vielleicht ist? Oder so wenig wie diese? Die Literatur ist frei, sie kann diese und jede Aussage leugnen.

b) Zurück im Labyrinth

Jeder würde gerne eine Szene oder mehrere Szenen aus dem Roman seines Lebens streichen – oder wenigstens umschreiben. Kürzlich habe ich auf einem amerikanischen Fernsehsender gehört: „Nutzlos, den Rewind-Knopf zu betätigen: Der Schaden ist angerichtet." Zurückspulen, geht das? Das Szenario der Viele-Welten-Theorie, nach dem alle möglichen Variationen einer Entscheidung als Blaupausen in einer anderen Dimension anwesend sind, ist nur ein schwacher Trost, denn wir sind mit unserem Bewusstsein

192 Greene, Graham: The End of an Affair. London 1962, S. 7 (meine Übersetzung).

in *dieser* Ausgabe der Welt. Es ist, als hätte man mir fünf Hauptrollen in Filmen angeboten, und ich habe mich für diesen Film entschieden. Meine Traumrolle indessen spielt vielleicht ein anderer. Ich weiß es nicht. Man könnte sich freilich eine neue Vergangenheit als Roman schreiben, und wenn man unbedingt daran glauben könnte, hätte man ein neues Leben. Es wäre eine poetische Existenz.

Im Leben haben wir unsere Rituale, die so etwas wie geistige Waschungen versprechen und einen Neuanfang: Die Vorsätze zum ersten Januar, die neue Diät, das Selbstfindungs-Energiearbeit-Seminar, Sitzungen bei einem Psychotherapeuten oder einer Therapeutin, Geburtstage und Ernennungen – und die Katholiken hatten die Ohrenbeichte. Wir schlagen uns immer mit unserer Vergangenheit herum, die in uns herumspukt, und manchmal möchten wir sie totschlagen wie die Zeit.

In der Literatur dieser Welt ist schier alles ausprobiert worden, und für jedes Buch, das man erwähnt, wird es hundert andere mit einem verwandten Motiv geben. „Es ist wie ein Sturz durch den Spiegel, mehr weiß einer nicht, wenn er wieder erwacht, ein Sturz wie durch alle Spiegel, und nachher, kurz darauf, setzt die Welt sich wieder zusammen, als wäre nichts geschehen. Es ist auch nichts geschehen.“ Das steht in dem Roman „Mein Name sei Gantenbein“ von Max Frisch aus dem Jahr 1964 mit dem Motto „Ich probiere Geschichten an wie Kleider“.

Der Mexikaner Julio Cortázar hat seinen Roman „Rayuela. Himmel und Hölle“ als zwei alternative Romane angelegt. Im „Wegweiser“ zum Buch meint der Autor, man könne „Rayuela“ chronologisch lesen, wie man jedes Buch liest; man könne aber auch einer anderen Reihenfolge nachgehen, beginnend mit dem Kapitel 73, dann 1, 2, 116 und alle folgenden. Am Ende des ersten Kapitels (73) wird denn auch das folgende zu lesende Kapitel genannt: (1). Ich glaube nicht, dass ich es ausprobiert habe, aber der Einfall ist gut.[193] Schöner wäre eine Verzweigung, deren beide folgenden Verzweigungen zu weiteren Verzweigungen führen könnte, was mit dem Computer machbar wäre, den Autor jedoch bald in den Wahnsinn treiben müsste oder

193 Cortázar, Julio: Rayuela. Himmel und Hölle. Frankfurt 1987.

zumindest seine ganze Lebenszeit verschlingen würde. Es könnten noch 16 Stränge folgen, aber 64 Varianten auf 132 zu erweitern und noch den Überblick zu behalten, wäre übermenschlich. Der Leser könnte mit einem Zufallsgenerator auswählen, wie es weiterginge. Doch auch er könnte dem Wahnsinn anheimfallen.

Einer meiner Lieblingsromane ist „Alle Namen" (Todos os Nomes, 1997) des portugiesischen Nobelpreisträgers José Saramago (1918–2010). Dabei geht es um eine Reise in die Biografie eines anderen Menschen und letztlich um die Überwindung des Todes.[194] Um von diesem Buch zu sprechen, muss ich große Teile der Handlung verraten. Bücher, die in die Vergangenheit greifen, haben am Ende oft eine Pointe. So etwa auch „Die Zeit, die Zeit" von Martin Suter (2012), in dem ein Mann den Tod seiner Frau aufklären und rückgängig machen möchte, wie das auch ein alter Nachbar will, dessen Frau schon vor zwanzig Jahren gestorben ist. Man wird das Ende nicht verraten. Wer also „Alle Namen" lesen will, sollte gleich zum Abschnitt „Später wird vorher" übergehen.

Senhor José ist fünfzig Jahre alt und arbeitet, seit er denken kann, im ehrwürdigen Personenstandsregister der großen Stadt Lissabon, in dem die Karteikarten der Lebenden und, weiter hinten im Saal, hinter einer Mauer, diejenigen der Toten aufbewahrt werden. Er holt sich für ein persönliches Projekt fünf Karteikarten von Prominenten, doch eine sechste Karte hat sich daran geheftet – die einer 36-jährigen Frau. Das wird sein Leben verändern. Eine Besessenheit ergreift ihn, die man auch Verliebtsein eines Einsamen in eine Unbekannte nennen könnte. José spürt dem Leben der Frau nach, sucht den Ort auf, wo sie geboren wurde, wo sie zur Schule ging und später auch als Lehrerin tätig war.

Bald danach muss er eine Karte vor der seiner Auserkorenen einsortieren – und ihre Karteikarte fehlt. „Unvermeidlich blitzte sofort in Sr. Josés Kopf auf, Sie ist gestorben. … Den ganzen Tag über ging kein Kollege an den Karteikasten, keine verirrte Karteikarte fand den Weg zurück, die Frau war tot." José nimmt nach Jahrzehnten wieder einen Tag frei, besucht

194 Saramago, José: Alle Namen. Reinbek 2001.

die Eltern der Frau, sitzt in der Wohnung der Toten, die wohl auch eine Einsame war, und geht auf den Friedhof. Da, wo ihr durch eine Zahlentafel gekennzeichnetes Grab zu vermuten wäre, treibt sich ein Schäfer herum, der alle Tafeln vertauscht hat. Lebt die Frau oder ist sie tot? Es ist wie mit Schrödingers Katze; und es ist wie im Fall des Mannes, der hofft, dass sein Sohn noch lebt, und der deshalb betet.

Freilich gibt es hier Dokumente; aber es gibt nur Dokumente, keine Fakten. Es herrscht das Wort, der *logos*, und am Ende taucht plötzlich der fast allmächtige Chef des Personenstandsregisters, der in dieser genialen Parabel wie ein Weltenschöpfer wirkt, in Josés Wohnung auf und deutet eine Revolution an: Das Archiv der Lebenden soll mit dem der Toten zusammengelegt werden. Für Josés Anliegen gebe es eine logische Lösung, sagt er: „Für diese Frau eine neue Karteikarte anzulegen wie die alte, mit allen korrekten Daten, aber ohne das Todesdatum. Und dann, Und dann stecken Sie sie in den Karteikasten der Lebenden, als sei sie nicht gestorben."

c) Später wird vorher

Ich bin hier. Wie bin ich hierher gekommen? Das ist eine ebenso berechtigte Frage wie jene, wie es denn nun weitergeht. 1999 drehte George Lucas die Episode I von Star Wars, „Die dunkle Bedrohung", und das war ein „Prequel" zu dem erfolgreichen Star-Wars-Film von 1977. Ein Prequel ist etwas, das vorher kommt, denn die lateinische Vorsilbe „pre" heißt vorher. Statt der Fortsetzung also ein Prequel – warum nicht?

Die Zeitstruktur aufzulösen, ist eine Zeit lang im Kino eine Mode gewesen. Man zerschlug die Einzelteile des Films und montierte sie aneinander, und irgendwann bekam der chaotische Anfang seinen Sinn, etwa in „21 Gramm" von Alejandro Amenabar (mit Sean Penn und Naomi Watts). Rückblicke gehörten schon immer zum Repertoire der Kinoerzählungen: Die Stimme aus dem Off – etwa Humphrey Bogart, der durchnässt im Trenchcoat vor einem frischen Grab steht und dann zurückschaut, wie es anfing mit Maria Vargas (Ava Gardner), der barfüßigen Gräfin in dem gleichnamigen Film von Joseph Mankiewicz von 1954. Eine exquisite Abwandlung war es, in „American Beauty" (1999) einen Mann (Kevin

Spacey) berichten zu lassen, der schon ein Jahr tot ist. Das erfahren wir erst am Ende, da der Film uns zeigt, wie es zum Ableben des Erzählers kam.

„Memento“ von Christopher Nolan hat die Zeitrichtung umgekehrt. Die Erzählung schreitet in Schwarz-Weiß chronologisch fort, aber eine Reihe in Farbe geht Schritt für Schritt zurück, dorthin, wo alles anfing und eine Überraschung die Zuschauer erwartet. Die Zerteilung der Zeit hat im Film begonnen, als das Tempo zunahm und die Kommunikation sich zunehmend im „real life“ vollzog. Plötzlich waren Zukunft und Vergangenheit austauschbar. Der US-Philosoph und Filmtheoretiker Steven Shapiro schrieb: „Im digitalen Film gibt es keine Kontinuität von Raum und Bewegung mehr, sondern nur Montage und Kombination.“

Noch radikaler als in „Memento“ hat F. Scott Fitzgerald 1925 die Zeit umgekehrt, und seine Erzählung „Der seltsame Fall des Benjamin Button“ ist auch verfilmt worden.[195] Der Titelheld wird als 70-jähriger geboren und verjüngt sich zusehends, bis er am Ende in den Kindergarten kommt. „Dann war alles dunkel, und das weiße Bettchen und die matten Gesichter, die sich über ihm bewegten, und das warme süße Aroma der Milch verloren sich gänzlich aus seinem Geist.“ Es ist ein kurioser Einfall, mehr nicht, den Fitzgerald routiniert durchspielt. Die Regression des uralten Menschen in den Zustand eines Kleinkinds ist ja nicht zu leugnen. Wir spielen mit unserem Leben einen Zyklus durch, der womöglich der Zyklus des Universums ist, vom Beginn über den Höhepunkt bis zum Ausglühen, der zum Neuanfang werden könnte.

195 In: Fitzgerald, F. Scott: Ein Diamant so groß wie das Ritz, Zürich 1980, S. 109-147.

4
RÜCKWÄRTSTRÄUME

Victor Hugo (1802–1885), französischer Autor des Romans „Die Elenden", fasste auf eineinhalb Seiten einen Traum zusammen und nannte das „Ein Traum". „Also: ich träumte. Ich trat in einen düsteren Durchgang. Männer gingen an mir vorbei und streiften mich im Dunkeln. (...) Eine Frau kam dicht an mir vorbei. Sie war gänzlich abgerissen und trug ein Kind auf dem Rücken. Sie lief nicht. Sie ging langsam ihres Weges. Sie war jung, bleich, kalt, schrecklich. Als sie an mir vorbeikam, sagte sie zu mir: ‘Es ist doch wirklich furchtbar! Das Brot kostet schon vierunddreißig Sous, und die Bäcker betrügen noch am Gewicht!’ Ich sah, wie das Licht am Ende des Platzes einen Blitz auslöste und hörte den Schuss einer Kanone. Ich erwachte. Irgendjemand hatte die Hoftüre laut zugeschlagen."[196]

Alfred Maury (1817–1892) war ein französischer Arzt, der zur Zeit Hugos lebte. Seine eigenen Träume waren oft durch die Französische Revolution inspiriert, die damals nicht so lange zurücklag, und sie inspirierten ihn wiederum, sich ganz den Träumen zuzuwenden. Ein Beispiel ist besonders drastisch:

„Ich träume vom Terror. (...) Ich werde zum Tod verurteilt, auf einen Karren geschoben und durch eine immense Menschenmenge zum Platz der Revolution gefahren. Ich besteige das Schafott; der Scharfrichter bindet mich an das fatale Brett, er schiebt es, die Klinge fällt; ich spüre, wie mein Kopf vom Körper getrennt wird; ich wache auf, völlig terrorisiert, und ich spüre auf meinem Hals eine Stange meines Betts, die sich gelöst hatte und herabgefallen war, wie es die Klinge der Guilloutine getan hätte. Das spielte sich in einer Sekunde ab, wie mir meine Mutter bestätigte ..."[197]

196 Moderne französische Erzählungen, dtv zweisprachig, München 1984, S. 6/7.
197 Peake, Labyrinth of Time, S. 182/183.

Wir wissen immer noch zu wenig über unsere Träume. Uns ist bekannt, dass das Gehirn vieles in kürzester Zeit verarbeiten kann; es stehen immerhin zehn Milliarden Neuronen zur Verfügung. Wäre es denkbar, dass der Traum in dem Sekundenbruchteil zwischen dem Auftreffen der Stange (dem Zufallen der Hoftür bei Hugo) und dem Hochschrecken und Erwachen fabriziert wurde? Ähnlich fantastisch wäre die zweite Erklärung, die davon ausgeht, der Traum könnte von seinem Anlass ausgegangen sein, den der Träumer aus der Zukunft „wusste", und dann wäre eine Geschichte konstruiert worden, die kreativ den Außenreiz einarbeitete, als Knalleffekt gewissermaßen.

„Träume waren", schrieb C.G. Jung, „der ursprüngliche Führer des Menschen durch die große Dunkelheit." Sie „bereiten auf Situationen vor, kündigen sie an oder warnen vor ihnen, lange bevor sie Wirklichkeit werden." In den Träumen bewegt man sich in einem zeitlosen Reich, in dem andere Gesetze gelten. Schon im Wachen arrangiert der Mensch manchmal sein Leben unbewusst so, dass die Krise, die sich angedeutet hat, zum Ausbruch kommen muss; und um wie viel kreativer ist er im Schlaf! Doch der Traum hat seine eigene Sprache, die entschlüsselt werden will. Im Traum weiß man mehr, und warum sollte man nicht wissen, dass in zehn Minuten eine Hoftür laut zufallen wird? Unser Traum-Regisseur oder unsere Traum-Regisseurin verfasst also schnell ein „Prequel" und führt es auf.

Manche Autoren arbeiten so: Sie haben eine bestimmte Szene vor Augen, mit der ihr Buch enden soll, und führen ihre Geschichte darauf hin. Der amerikanische Schriftsteller John Irving kannte bei vielen seiner Romane die Schluss-Szene und ließ seine Geschichte auf sie zulaufen. Zahlreiche Varianten sind denkbar, und der Autor entscheidet sich für eine. Im Krimi wird ja auch die „Entstehungsgeschichte" eines Mordes oder mehrerer Morde rekonstruiert. Wie kam es dazu? Am Ende sollte alles erklärt sein und so schlüssig wirken, als hätte es so geschehen müssen, und das ist im Grunde wie klassische Physik.

5 LEBENSRÜCKBLICK

Auch Biografien von berühmten Männern und Frauen sind nur Versionen von deren Leben. Es sind Entwürfe der Vergangenheit, durchgespielt von ihren Biografen.

a) Frühe Verfahren

Der griechische Philosoph Platon erzählt in seinem Buch „Der Staat“ von dem Soldaten Er, dem Sohn des Armenios, der irrtümlich bestattet wurde, dann aber heimkam. In diesem ersten veröffentlichten Nahtod-Erlebnis berichtet Er von Richtern, die sogleich die Gestorbenen aburteilen. Die Guten bekommen vorn ein Schildchen umgehängt und gehen nach rechts, in Richtung Paradies; die Bösen tragen das Schildchen auf dem Rücken und müssen nach links, in die Unterwelt. Die Wanderung hindurch dauert tausend Jahre und jede Strafe hundert Jahre, die Dauer des menschlichen Lebens, und der Qualen seien viele, obschon die Griechen keine feste Vorstellung von einem Endgericht hatten.

Auch in Dantes „Göttlicher Komödie“, 1300 geschrieben, leiden die Fehlbaren in der Hölle schrecklich. Sie wurden gerichtet und müssen dann, am Letzten Tag, noch einmal Rede und Antwort stehen für ihre Taten. Christus sagt zwar im Johannes-Evangelium (12,47): „Wer meine Worte nur hört und sie nicht befolgt, den richte ich nicht, denn ich bin nicht gekommen, um die Welt zu richten, sondern sie zu retten.“ Aber dann fährt er fort: „Wer mich verachtet und mein Wort nicht annimmt, der hat schon seinen Richter: Das Wort, das ich gesprochen habe, wird ihn richten am Letzten Tag.“ Die Taten sprechen für sich.

Der Gedanke, dass Rechenschaft abzulegen sei über ein Leben, hat viele Kulturen beherrscht. Im „Ägyptischen Totenbuch“, das in der Form, die wir kennen, aus dem siebten vorchristlichen Jahrhundert stammt, muss der Verstorbene vor den Göttern der Unterwelt erscheinen: „Ich kenne euch wohl und weiß eure Namen., / Überlasset mich nicht / Der Henkersknechte geschäftigen Messern! / Meine Sünden zählet nicht auf, noch erwähnt sie / Vor dem Gott, der euer Herr ist!“[198] Der Verstorbene muss zwei negative Glaubensbekenntnisse ablegen und sagen, dass er nichts Böses getan hat. Seine Seele wird danach von Thoth gewogen.

Davor steht der Lebensrückblick, verhüllt ausgedrückt in dem Vers: „Lasset auch meine Seele den Weg gehen, den ihren, / Zum östlichen Himmel, vom Heute zum Gestern.“ Hier kommentiert der Herausgeber: „Buchstäblich: 'Fortschreiten vom Ort, wo sie gestern gewesen ist.' Der Übergang von der Gegenwart zur Vergangenheit charakterisiert – der esoterischen Überlieferung gemäß – die geistige Erfahrung des Verstorbenen im Jenseits: die Seele erlebt das irdische Leben noch einmal, aber nach rückwärts.“[199]

Wir können davon nichts wissen, uns fehlen die Zeugnisse. Aber vielleicht ist ein Rückblick auf das Abgeschlossene ein natürlicher Mechanismus gegen Ende des Lebens, und neuere Erfahrungen sind eben frischer. Der Schweizer Geologe Albert Heim, der 1882 vor der SAC-Sektion Uto über den „Tod durch Absturz“ sprach, erzählte von einem eigenen Sturz vom Säntis im Jahr 1871: „Während dem Fall stellte sich die erwähnte Gedankenflut ein. ... Alle Gedanken und Vorstellungen waren zusammenhängend und sehr klar, keineswegs traumhaft verwischt. ... Ich sah mich selbst als die spielende Hauptperson. Alles war schön und ohne Schmerz, ohne Angst, ohne Pein. Auch die Erinnerung an sehr traurige Erlebnisse war klar, aber dennoch nicht traurig. Kein Kampf und Streit, auch der Kampf war Liebe geworden. Erhabene und versöhnende Gedanken beherrschten und verbanden die Einzelbilder, und eine göttliche Ruhe zog wie herrliche Musik durch meine Seele.“[200]

---

198 Ägyptisches Totenbuch, Hg. Grégoire Kolpaktchy, München 1954, S. 194.
199 Totenbuch, S. 309, Anmerkung 117.
200 Poser, Halluzinationen, S. 71.

b) Nahtod-Erlebnisse

Aus den vergangenen fast vierzig Jahren, seit der junge Arzt Raymond Moody 1975 sein berühmt gewordenes Buch „Life after Life" veröffentlichte und auf die Nahtod-Erfahrung (Near-Death-Experience – NDE) hinwies, kennen wir Hunderte detaillierte Berichte von Menschen, die dem Tod entrissen wurden und schilderten, was sie erlebten. Forscher beschäftigten sich mit dem Phänomen und legten die Stadien einer typischen Nahtod-Erfahrung fest: Die Reise durch den Tunnel, das Gespräch mit einem Lichtwesen, dessen Bekräftigung, es sei noch nicht an der Zeit und sie müssten zurück; und das Weiterleben. Der Lebensrückblick gehörte dazu.

Doch stellten Experten wie Bruce Greyson und Kenneth Ring fest, der Lebensrückblick trete nur in etwa einem Drittel der Nahtod-Erfahrungen auf, und zwar meist bei Unfällen. Sehr häufig sei der ziemlich genaue Rückblick bei Menschen, die beinahe ertrunken wären, und dabei gebe es ihn in Farbe und in Panorama, nach hinten in Richtung Geburt oder umgekehrt, von der Kindheit in Richtung des Ereignisses. In anderen Fällen sei der Lebensrückblick erstaunlich selten. Menschen, die im Krankenhaus liegen oder nach einer Operation den Tod streifen, haben ihr Leben vielleicht schon durchdacht.

Auf einer amerikanischen Internet-Seite findet sich ein ausführlicher Überblick über den Lebensrückblick. Der Tenor lautet, passend zu einer Zeit eher distanzierter Religiosität, dass sich jeder selber beurteile. Kimberly Clark Sharp betont, dass scheinbar unbedeutende Episoden, wo jemand etwa Liebe einem Blütenblatt zuteil werden ließ, im Rückblick entscheidende Funktion zukomme. Das kennen wir aus Märchen und dem Mythos. Jemand hat viele böse Dinge getan und steht am Himmelstor, und Petrus lässt ihn ein. Vielleicht erinnere er oder sie sich, einmal einem Bettler ein Glas Wasser gereicht zu haben, vor vielen, vielen Jahren? Was einer „dem Geringsten meiner Brüder" getan habe, das habe er „mir getan", heißt es von Christus im Evangelium, der an anderer Stelle, bei Lukas (12,2), sagt: „Nichts ist verhüllt, was nicht enthüllt wird, und nichts ist verborgen, was nicht bekannt wird."

Lebensrückblicke sind geschildert worden, als sähe man einen Film des eigenen gesamten Lebens oder eines Teils des Lebens, als sähe man einen Panorama-Rückblick, als sähe man auf Hunderten von Bildschirmen Hunderte einzelner Abschnitte seines Lebens oder dieses in einem dreidimensionalen Hologramm mit Klang, Gerüchen und Farbe. Manchmal geschieht das mit enormer Geschwindigkeit, und manchmal – je nach Glauben – überwacht alles ein Lichtwesen, eine Versammlung von Alten oder eine Versammlung von Lichtwesen in einem Amphitheater.

Dannion Brinkley, der 1994 mit dem Buch „Saved by the Light" über seine beiden „Tode" bekannt wurde, erzählte: „Wenn du einen Panorama-Lebensrückblick hast, erlebst du im wahrsten Sinne dein Leben wieder, im 360 Grad Panorama. Du kriegst alles mit, was jemals passiert ist. Du siehst sogar, wie viele Blätter an dem Baum waren, unter dem du gespielt hast, als du sechs Jahre alt warst, da im Hof vor dem Haus im Dreck. Du erlebst es von neuem, wirklich. Als Nächstes bekommst du dein Leben aus dem Blickwinkel eines anderen zu sehen. … Danach wirst du zu jedem Menschen, dem du je begegnet bist. Du spürst, wie es ist, jener Mensch zu sein, und du fühlst die direkten Folgen der Interaktion zwischen dir und ihm. Kennst du die Geschichte vom Jüngsten Gericht? Stelle dir vor: Du bist der Richter, und glaube mir, du bist der härteste Richter, den du dir vorstellen kannst."[201]

Das Lichtwesen befragt einen über die Liebe, die man aufbrachte. Es gibt auch Rückblicke in frühere Leben und manchmal Blicke in die Zukunft. Was ist davon zu halten? Es sind sicher archetypische Geschehnisse in einem Innenraum, die von einer ursprünglichen Religiosität getragen sind. Ein abgeschlossenes Geschehen – ein Leben, ein Roman – wird einer abschließenden Prüfung unterzogen; die Bewertungskriterien folgen dem christlichen Muster, das aber, wer will das sagen, womöglich einem Muster der Welt entspricht, wie sie sein sollte. Wer bewusst lebt und viel über sich nachdenkt, hat sich vielleicht bereits in diesem Leben ausreichend beurteilt und wird vom Rückblick verschont.

201 http://www.near-death.com/experiences/research24.html

6
DIE ERINNERUNG

Die einfachste Reise zurück in die Zeit besteht darin, sich zu erinnern: „Zum östlichen Himmel, vom Heute zum Gestern", wie es im Ägyptischen Totenbuch heißt. In der ägyptischen Mythologie wird Osiris von seinem Bruder Seth getötet und zerstückelt, und Osiris' Schwester Isis – die beiden sind ein Paar – fügt seine Glieder wieder zusammen, und so entsteht das Jenseits, und die beiden zeugen Horus, den Sonnengott.

In der englischen Sprache heißt sich erinnern „to remember", und „member" ist ein menschliches Glied. Alan Watts erläuterte, als Isis den zerteilten Körper von Osis wieder zusammengesetzt habe, „she literally remembered him". Sie re-membered, sie setzte die Glieder zusammen. „Erinnern ist keine mechanische Handlung … Es ist ein restaurativer und kreativer Akt. So schaffen wir eine neue Existenz, wenn wir uns an jemanden erinnern." Es gibt wohl keine objektive Erinnerung. Wir wissen nicht, wie es wirklich gewesen ist. Der italienische Regisseur Federico Fellini (1920–1993), der in Rimini an der Adria aufwuchs und die Stadt in seinen Filmen immer wieder heraufbeschwörte, meinte einmal: „Es gelingt mir nicht, Rimini als objektives Faktum anzuerkennen. Es ist eher und nur eine Dimension der Erinnerung."[202]

Der französische Autor Marcel Proust (1871–1922) hat sich so intensiv wie kein anderer auf die Vergangenheit eingelassen und sie mit betörender Prosa heraufbeschworen. Wenn er nachts aufgewacht sei und nicht gewusst habe, wo und wer er sei, „kam mir die Erinnerung … gleichsam von oben her zu Hilfe, um mich aus dem Nichts zu ziehen, aus dem ich mir selbst nicht hätte heraushelfen können; in einer Sekunde durchlief ich Jahrhunderte der Zivilisation, und aus vagen Bildern von Petroleumlampen und

202 Morosini, Marco: Rimini. Comune di Rimini, 2008, S. 42.

Hemden mit offenen Kragen setzte sich allmählich mein Ich in seinen originalen Zügen wieder von neuem zusammen.“[203]

Die Erinnerung macht den Menschen aus, könnte man sagen. Ohne das Wissen um die Vergangenheit wäre er ein Tier, das von Eindruck zu Eindruck lebt, nur begierig, seine Bedürfnisse zu stillen. Wir erleben heute bei den vielen Fällen von Demenz, dass der Mensch ohne seine Geschichte ein Schattenwesen ist. Er hat seine Seele verloren – und der Anthroposoph Rudolf Steiner (1861–1925) stellte das Gedächtnis der Seele gleich, als Bindeglied zwischen Körper und Gehirn oder Geist. „Mein Gedächtnis verbindet mein logisches Handeln von heute mit meinem logischen Handeln von gestern. Wenn es bloß auf die Logik ankäme, dann könnten wir in der Tat jeden Morgen ein neues Leben beginnen. Aber im Gedächtnis bleibt aufbewahrt, was uns an unser Schicksal bindet.“[204]

Wenn ich an das menschliche Gehirn denke, diese komplexeste materielle Struktur im Universum mit seinen Milliarden Neuronen und seiner ungeheuren Speicherkapazität, geht es mir wie dem Kirchenlehrer Augustinus. Es „steigt ein großes Verwundern in mir auf, Staunen ergreift mich“. Das ungarische Genie John von Neumann, das die Quantentheorie mathematisch begründete, konnte jeden Artikel, den es gelesen hatte, aus dem Gedächtnis zitieren, auch Jahre danach noch. Herman Goldstine fragte ihn einmal nach dem Beginn eines Romans von Charles Dickens, und von Neumann rezitierte das erste Kapitel und fuhr fünfzehn Minuten fort. Es gibt viele Berichte von Menschen, die das „fotografische Gedächtnis“ hatten oder zu unglaublichen Rechenleistungen fähig waren, wie Professor A. C. Aitken aus Edinburgh, der gebeten wurde, 4 durch 47 zu teilen, nach vier Sekunden anfing und 26 Stellen hinter dem Komma nannte und dann noch einmal 24 und schließlich erklärte, das wiederhole sich nun bei 085 und gehe weitere 46 Stellen fort.[205] Der Kanadier Simon Plouffe merkte sich von der Kreiszahl π (pi) 4096 Stellen hinter dem Komma.

---

203 Lektüre zwischen den Jahren, Frankfurt 1984, S. 20.

204 Steiner, Rudolf: Wiederverkörperung und Karma. Dornach 1960, S. 37/38.

205 Eurekas and Euphorias, S. 132/21.

Augustinus schrieb auch ergriffen: „Groß ist die Macht des Gedächtnisses, gewaltig groß, mein Gott, ein Tempel, weit und unermesslich." Die Theosophie, eine über hundertjährige esoterische Lehre, kennt die „Akasha-Chronik", und *akasha*, im Sanskrit eine alles durchdringende ätherische Substanz, soll alle Handlungen, Gedanken und Emotionen in Farbe und Klang aufbewahrt haben. Es heißt sogar, jede menschliche Existenz sei in diesem „Buch des Lebens" aufgezeichnet, bis zu ihrem Ende. Der amerikanische Seher Edgar Cayce nannte das Buch „das universale Gedächtnis der Natur" und will es konsultiert haben. Er erreichte bei einer Reise im Geist angeblich einen Hügel mit einem großen Tempel, in dem sich ein riesiger Raum wie eine Bibliothek befand, und er musste nur das Buch des Klienten, der ihn interessierte, herunterholen. So könnte man, meinte Cayce, auch vergangene Leben inspizieren und herausfinden, was für gegenwärtige Probleme verantwortlich sei.

Die Griechen der Antike personifizierten die Erinnerung als Mnemosyne. Sie war die Tochter des Uranos (Himmel) und seiner Mutter Gaia, der Erde, wie Chronos. Mnemosyne wurde zur Mutter der neun Musen. Bei den Germanen heißt sie Mimir, die aus der zweiten Quelle unter den drei Wurzeln des Weltenbaums Yggdrasil trinkt und alle Geheimnisse der Urzeit kennt.

Aristoteles überlegte: „Bei den Menschen entsteht aus Erinnerung Erfahrung. Denn eine Vielheit von Erinnerungen an eine und dieselbe Sache erhält schließlich das Gewicht einer bestimmten Erfahrung."[206] Tausend Jahre später denkt der Kirchenlehrer Augustinus schon in Paradoxien und nähert sich der Bewusstseinsforschung: „Wenn ich mich nun des Gedächtnisses erinnere, so ist das Gedächtnis selbst gegenwärtig." Das Bewusstsein ist sein eigener Inhalt. Dann wundert er sich darüber (Augustinus hält vieles für ein Wunder), wie man das Vergessen denken könne, das ja gerade das Fehlen von Erinnerung sei.

Unser Gehirn kann eine nicht fassbare Anzahl von Zuständen einnehmen. Und jedes Gehirn der sieben Milliarden menschlichen Wesen ist an-

---

206 Ebd., S. 13.

ders. Wo aber nun alles gespeichert ist, wissen wir nur in Ansätzen, und nach welchen Regeln sich spontanes Erinnern vollzieht, wüsste man auch gerne. Sicher werden visuelle Erinnerungen vorherrschen, aber etwa der Geruchssinn, der auch im Schlaf noch rege ist, führt zu unglaublich starken Erinnerungen. Alles, was wir je bewusst oder unbewusst wahrgenommen haben, ist gespeichert, aber nur ein Bruchteil dringt ins Bewusstsein, ist abrufbar. Einen Hinweis geben uns die Modalitäten in Träumen. Bei einer kleinen US-Versuchsreihe mit Collegestudenten, im Jahr 1981, ergaben sich 100% visuelle Eindrücke, 64% akustische, 8% motorische, 4% Temperaturempfindungen, und nur 1% der Eindrücke bezogen sich auf Geruch und Geschmack.

Vielleicht ist das Vergessen die wichtigere Funktion des Gedächtnisses, nicht das Erinnern, denn sonst würde man von Einzelheiten überschwemmt werden und ertrinken. Friedrich Nietzsche hat sich das auch gedacht: „Zu allem Handeln gehört Vergessen: wie zum Leben alles Organischen nicht nur Licht, sondern auch Dunkel gehört. Der Mensch, der durch und durch nur historisch empfinden wollte, wäre dem ähnlich, der sich des Schlafes zu enthalten gezwungen würde, oder dem Tiere, das nur vom Wiederkäuen und immer wiederholten Wiederkäuen leben sollte."

Der kanadische Neurologe Wilder Penfield legte bei Hunderten Patienten den Temporallappen frei und stimulierte ihn. Acht Prozent der Patienten hatten lebhafte Rückerinnerungen von Szenen aus der Vergangenheit, sogenannte Flashbacks. Das war sensationell. Da waren also konkrete Gedächtnisreste gespeichert. Penfield beschrieb seine Ergebnisse 1975 in dem Buch „The Mystery of the Mind", also „Das Geheimnis des Bewusstseins" und nicht „Das Geheimnis des Gehirns". Das Gehirn ist eine glanzvolle Maschine, aber steuert es sich selbst? Die Stimulation des Temporallappens war jedenfalls eine eher simple Reaktion; wenn der Stift ihn nicht mehr berührte, hörte die Erinnerung auf. Wenn er wieder den Lappen berührte, kam die Szene zurück, in der uns vertrauten Zeitrichtung, und so konnte man eine Szene beliebig oft wiederholen lassen. Eine beängstigende Vorstellung.

Das Gehirn ist eine gigantischer Speicherraum (eine „Festplatte"), aber, so dachte Penfield zunächst, mehr sei es nicht. Seine Versuche führten den

Neurologen indessen zu dem Schluss, dass diese reflexartigen Erinnerungen nur eine Seite der Medaille seien; überwacht und gesteuert würde der Prozess immer vom Bewusstsein oder Geist (*mind*, dafür gibt es keine klare Übersetzung), das/der jedoch nicht über ein eigenes Gedächtnis verfüge. (In den Überlieferungen werden Erinnerungen und Gemütsbewegungen der Seele zugeschrieben.) *Mind* habe eine eigene Energie, die sich von der der neuronalen Pfade unterscheide; das Bewusstsein sei etwas anderes als das Gehirn.

Bei den erwachten Patienten von Oliver Sacks, die jahrzehntelang vor sich hingedämmert hatten, wurde freilich das Gehirn mit dem Medikament L-DOPA stimuliert. Doch das ist nicht die ganze Geschichte. Die Geschichte von Menschen mit Demenz muss irgendwo aufbewahrt sein, vielleicht in dem Feld, in dem Penfield Bewusstsein und/oder Geist vermutete. Es gibt ja auch das Phänomen der „terminalen Geistesklarheit“: Patienten, die Jahre nicht ansprechbar waren, legen plötzlich in der Nähe des Todes ein Wissen an den Tag, als ob sie ein völlig normales Leben geführt hätten. Es ist ein kurzfristiges Erwachen vor dem endgültigen Einschlafen, und Michael Nahm hat in seinem Buch „Wenn die Dunkelheit ein Ende findet“ derartige Fälle geschildert.[207]

---

207 Nahm, Michael: Wenn die Dunkelheit ein Ende findet. Amerang 2012.

VIII ZEITSCHLEIFEN

Igor Novikov stellte sich vor, mit einer Reihe von Menschen auf einer Linie zu marschieren. Man könne zwar angeben, wer vor einem sei und wer hinter einem, aber wenn die Bewegung im Kreis verlaufe, könne man nicht sagen, wer vorn und wer hinten sei. Die ersten werden die letzten sein; aber genau weiß man es nicht. Ein Historiker schilderte den neapolitanischen Philosophen Giambattista Vico als einen „Rückständigen", der „zurück schaute und seinen Weg ging" und sich plötzlich „als letzter an vorderster Front" befunden habe. Vico, der an einen Fortschritt der Zivilisation glaubte mit zyklischen Rückfällen in die Barbarei, sei ein „Moderner" gewesen, der sich antik geglaubt habe, und indem er dem neuen Geist widerstanden hätte, habe er ihn erst recht verkörpert.[208]

Ereignisse im Loop, in der Schleife also, reagieren auf Informationen aus der Vergangenheit und der Zukunft gleichermaßen, denn eine Schleife drückt aus, dass sich etwas wiederholt. Was Zukunft ist, ist auch Vergangenheit. Die Uhr, so sie keine Datumsanzeige hat, spielt Zeitschleife. Viele Tage sind diesem vorangegangen, und viele werden ihm folgen; aber wenn ich im Flughafen-Zeitkorridor stehe und „Zurich 13:09" lese und immer wieder zur selben Zeit vorbeikomme, fühle ich mich wie in einer Zeitschleife.

Ein langes Papierband ist zusammengeklebt nur ein Ring aus Papier und banal; wenn man jedoch vor dem Zusammenkleben eine Ecke um 180

208 Francesco de Sanctis (1870) in: Vico, Giambattista: La Scienza Nuova. Mailand 1984, S. 64.

Grad verdreht, entsteht eine Möbiusschleife (nach dem Physiker August Ferdinand Möbius), bei der sich, wenn man durchfährt, Rechts und Links vertauschen. Das ist ein Loop, der unserer Zeitschleife schon recht nahe kommt.

1
TAG FÜR TAG

Viele kennen den Film „Und täglich grüßt das Murmeltier“ (Groundhog Day) mit Bill Murray. Gedreht hat ihn 1993 Harold Ramis, der zuvor mit Murray schon „Ghostbusters“ und die Fortsetzung dazu gemacht hatte. Der zynische und eingebildete Wetter-Fernsehjournalist Phil Connors (Murray) reist mit Produzentin Rita (Andie MacDowell) und Kameramann Larry (Chris Elliott) nach Punxsutawney im Bundesstaat Pennsylvania, wo am 2. Februar, dem Groundhog Day, das Murmeltier (groundhog) aus seiner Höhle genommen wird, um anzuzeigen, ob der Winter bald vorüber sein wird oder länger andauert. Phil spricht seinen Part routiniert in die Kamera, aber es ist nicht vorbei: Ein Wirbelsturm schneidet die Stadt von der Außenwelt ab, alle müssen bleiben.

Am nächsten Tag klappt das Blatt seines Elektrowecker um, 06:00, und der Song „I Got You Babe“ der „Pretenders“ erklingt. Phil steht auf. Er wird noch öfter aufstehen, der Song wird jeden Morgen um 06:00 erklingen, und nichts kann etwas daran ändern. Phil Connors trifft immer dieselben Leute, die dieselben Dinge sagen, er tritt in eine Pfütze, macht seinen „Aufsager“, trifft Rita, geht zu Bett – und wacht wieder auf: I Got You Babe. Der Journalist versucht alles, er zertrümmert den Wecker, begeht alle denkbaren Verbrechen, versucht es mit Selbstmord – um wieder um 06:00 zu erwachen. Da gibt es eine lustige Szene in einer Bar, in dem Connors Larry und einem anderen sein Leid klagt. „Was würdest du tun“, sagt er, „wenn du an einem Ort herumhängen müsstest, und jeder Tag wäre exakt wie der andere, und nichts, was du tust, hätte irgendeinen Sinn?“ Und Larry antwortet im Südstaaten-Dialekt: „That sums it up for me-ee.“ Das heißt: Klingt ganz nach meinem Leben.

Rita bringt ihn auf die Idee, doch das Beste aus der Zeitschleife (*time loop*) zu machen: ein guter Mensch zu werden. So freundet sich Phil mit allen am Ort an, kehrt die besten Seiten seiner Persönlichkeit heraus und wird übermütig, aber erst als ein Obdachloser stirbt, um den er sich gekümmert hat, verwandelt er sich zu einem irdischen Engel. Das klingt nach der gerafften Fassung eines Lebens mit einem Wandlungsprozess nach vielen, vielen Inkarnationen, und jeder Tag entspräche einem Leben. Es ist darüber spekuliert worden, wie lange Phil in der Zeitschleife hängt. Regisseur Ramis soll dem Schauspieler Stephen Tobolowsky gesagt haben, zwar seien im Film nur neun Tage dargestellt (Drehbuchautor Danny Rubin meinte: Dreiundzwanzig Tage), aber in Wirklichkeit sei Connors zehntausend Jahre in Punxsutawney. Das war sicher ein Scherz; früher hatte er von zehn Jahren und auch von vierzig Jahren gesprochen.[209] Der Held liest allerdings pro Tag eine Seite und arbeitet sich durch die gesamte Bücherei des Ortes, was eher für die 10.000-Jahre-Version spricht.

Phil mag tun, was er will: Er wacht immer wieder um 06:00 Uhr mit „I Got You Babe" auf, bis der Bann gebrochen ist und er mit Rita aufwacht: Nach 10.000 Jahren oder früher. Aber auch unser Leben vollzieht sich Tag für Tag ähnlich. Wieder erwachen wir, zur selben Zeit wie am Vortag, und der nächste Tag mag dem vorhergehenden gleichen; aber doch nicht ganz. Unser Leben ist um sich wiederholende Vorgänge aufgebaut, aber kleine Quantensprünge gibt es, alles wird von Tag zu Tag besser. Wir lernen.

Es ist eigentlich wie in geschlossenen „iterativen" Systemen, die die Chaostheorie kennt, und das jeweilige Ergebnis eines Tages wird in die Gleichung eingegeben, wodurch das Ergebnis des nächsten Tages um ein Weniges anders lautet, und irgendwann – übermorgen, in zehn Wochen, in drei Jahren – springt das System um und ist in einem anderen Zustand, ist weiter. Was heißt weiter? Dafür gibt es keine objektiven Kriterien, das muss das System selbst bestimmen.

209 http://en.wikipedia.org/wiki/Groundhog_Day_(film)

2
LEBEN FÜR LEBEN

Wie wäre es, wenn wir dieses Leben schon viele Male gelebt hätten, vielleicht zehntausend Male? Das ganze Universum mag sich schon zehntausend Male ausgedehnt haben und dann zusammengestürzt sein, um von neuem zur jetzigen Größe heranzuwachsen, und wir meinen vielleicht irrtümlich, wir seien zum ersten Mal hier. Diesen verrückten Einfall hat der Engländer Anthony Peake 2006 in seinem Buch „Is There Life after Death?“ durchgespielt und überzeugend vertreten. Unter dem Label „Cheating the Ferryman“ (CTF) fanden sich weltweit Enthusiasten, die darüber diskutierten. „Cheating the Ferryman“ bedeutet: Den Fährmann betrügen. Mit dem Fährmann ist Charon gemeint, der in antiken Sagen die Toten über den Fluss Styx rudert. Gratis macht er das nicht: Die Toten zahlen den „Obolus“, eine Münze, die ihnen unter die Zunge gelegt wird. Peake meint, wir stürben nicht, wir erlebten zumindest unseren Tod nicht, sondern rutschten in eine Endlosschleife und durchlebten dieses Leben erneut.

a) Déjà vécu

Sein Ausgangspunkt ist das Déjà-vu-Phänomen, das das häufigste sogenannte paranormale Phänomen darstellt. Ich nenne es in diesem Abschnitt „Déjà vécu“, weil es die Sache besser trifft. Das heißt auf Französisch „bereits erlebt“, während „Déjà vu“ nur „bereits gesehen“ bedeutet. Wer das Phänomen kennt, und es sind nach Studien zwei Drittel der Bevölkerung, hat ein paar Sekunden lang das Gefühl, diese Szene bereits durchlebt zu haben. Zumeist bei Interaktionen mit anderen, streicht etwas wie ein Hauch über die Szene, und alles ist verwandelt; das kennt man, und es dauert bei mir längstens fünf Sekunden. So lange dauert auch etwa die Szene im Film „Matrix“ der Gebrüder Wachowsky (1999), als Neo (Keanu Reeves) zwei Mal hintereinander eine Cheshire-Katze vorüberlaufen sieht (wieder eine Katze). Das Matrix-Programm hatte einen Fehler gemacht, es war ein „Reload“.

Dass man etwas wiedererlebt, was man schon kennt, wird einem im Leben oft begegnen: Es ist ein Thema dieses Buches. Menschen reagieren spontan und manchmal automatenhaft. Ich fahre an einer Straße vorbei, mir fällt etwas ein, ich sage es, und dann erfahre ich von meiner Begleiterin, dass ich das an dieser Stelle *immer* sage. Ein Thema kommt auf, und jemand berichtet eine Szene, die er immer berichtet, wenn die Sprache auf das Thema kommt: déjà raconté (bereits erzählt). Das ganze Leben ist ein „Déjà vécu“, ein „Déjà senti“ (bereits gehört). In der Literatur kann man das als Stilmittel verwenden. Der italienische Autor Andrea Camilleri lässt in seinem Buch „Una Lama di Luce“ seinen Kommissar Montalbano am Beginn etwas träumen, und dann erzählt er seine Geschichte, und am Ende liest man dann etwas, das einem bekannt vorkommt: der Traum! Das wäre ein neuartiges Phänomen, auch nicht unbekannt: „Déjà lu“ (bereits gelesen).

Der Schweizer Arthur Funkhouser plädierte schon 1995 dafür, den alten Begriff zu streichen. Er nannte die drei Arten Déjà vécu – unsere bekannte Spielart –, Déjà senti (bereits gehört oder auch gefühlt), das meist vor epileptischen Anfällen als Reminiszenz auftaucht, wobei dem Erlebenden sein Erlebnis schon abnormal vorkommt. Déjà visité meint das Gefühl, Orte oder Landstriche, die man besucht, bereits zu kennen, jede Wegbiegung, jedes Haus[210] … Das wird dann manchmal früheren Leben zugeschrieben, ist aber verschieden von und viel deutlicher und länger anhaltend als unser Déjà vécu. Der medial begabte Schweizer Psychologe C.G. Jung hatte solch ein Erlebnis in Südafrika.

Die Déjà-vécu-Szenen sind meist banale Schlaglichter ohne emotionale Bedeutung, was eher dafür spricht, dass es sich um zufällige Geschehnisse handelt – eine Laune der Natur. Es wäre ja ein Wunder, wenn sich bei diesen Millionen Operationen im Gehirn, die wir für selbstverständlich halten, nicht da und dort ein kleiner Riss im Gewebe zeigte. Aber was gibt es für Erklärungen?

---

210 Funkhouser, Arthur: Three types of Déjà Vu, in: Network, Spring 1995, Nr. 57, S. 20-22.

Die gängige lautet, die linke Gehirnhälfte habe die Szene den Bruchteil einer Sekunde früher wahrgenommen und registriert, bei der Weitergabe aber versagt, und wenn die rechte Hälfte sie erneut wahrnehme, komme es zu dem Gefühl des Wiedererinnerns. Dieser Gedanke war schon 1817 von Al Wigan geäußert und später von Robert Efron ausgebaut worden. Der englische Parapsychologe Frederick W. H. Myers meinte, statt linker und rechter Gehirnhälfte seien die Partner das Unterbewusstsein und das Bewusstsein. Die Erklärung der „Fehlverarbeitung" hört man jedenfalls noch heute.

Der südafrikanische Psychologe Vernon Neppe hat sich auf unser Phänomen spezialisiert und ist der Ansicht, es sei das Wiedererinnern eines undefinierten Moments der Vergangenheit. Man habe das Gefühl, die Situation sei einem vorhergesagt worden. Ich habe auch den Eindruck, es könnte sich bei Déjà vécu darum handeln, dass man etwas bereits vorherwusste, ohne es bewusst zu wissen, und diese verschüttete Vorahnung hätte sich als wahr realisiert. Weil ich es erlebte, weiß ich, dass ich es wusste.

Jenny Randles hat zwei rätselhafte Beispiele von Zeitschleifen in Träumen erwähnt. Simon aus London träumte, eine lange weiße Narbe sei auf seinem Arm erschienen. Er erzählte den Traum seinem Arzt, und dieser rollte seinen Ärmel hoch und zeigte ihm genau diese Narbe, die Simon auf seinem eigenen Arm gesehen hatte. Hätte er von dem Traum nicht erzählt, hätte ihm der Arzt seine Narbe nicht gezeigt: Da ist die Schleife. Mrs. Woodhead aus Yorkshire träumte, einen Freund getroffen zu haben, zu dem sie den Kontakt lange verloren hatte. Sie erzählte den Traum in einem Krankenhaus weiter, und durch eine Reihe von „Zufällen" traf sie den lang vermissten Freund dort an.[211]

In den beiden Fällen wies der Traum auf sich selbst zurück. Er konnte nur wahr werden, konnte wohl überhaupt nur geträumt werden, weil er berichtet werden würde. Das gehörte anscheinend zum „Design" und war vorherbestimmt. Ursache und Wirkung fließen hier ineinander, es ist wie die Schlange, die sich in den Schwanz beißt, ein zirkuläres Geschehen.

211 Randles, Jenny, Time Storms, S. 165/166.

Man könne nur sehen, was eintreten werde, heißt es; und man sehe nicht reale Ereignisse, sondern wie man persönlich mit ihnen umgehe. Auch bei Orakeln sehe ich meist meinen eigenen Zustand, nicht künftige Entwicklungen. Wir sind in unser eigenes Universum verstrickt, und wie sehr, ahnen wir kaum. Oder nur manchmal.

b) Synchronizitäten

Ein verwandtes Phänomen ist die Synchronizität. „Synchron" heißt ja gleichzeitig, aber gemeint ist kein Geschehen in der Zeit, sondern eins auf verschiedenen Ebenen. Meine Gedanken bekommen materielle Form, ich sehe sie dort draußen in der Welt. Ich muss nur den Fernseher einschalten oder ein Buch lesen. Oft materialisieren sich Gedanken, die von starken Emotionen begleitet sind. Wer das erlebt, reißt die Augen auf und wundert sich: „Wow!" Ja, es ist wie ein Wunder, zeigt aber nur, dass Gedanken Dinge sind und wir über unsere eigene Welt verfügen. Synchronizitäten sind bedeutsame Zufälle, und für Zufälle benützen wir manchmal auch den Begriff Koinzidenzen: Ereignisse, die zusammenfallen. Die Leute sagen dann: „Wie klein doch die Welt ist!" Wenn es passiert, denkt man darüber nach, wie die englische Forscherin Alice Johnson darüber nachgedacht hat und drei Spielarten präsentierte: Koinzidenzen, die „bewirkt" scheinen, solche, die auf einen geheimen Plan hindeuten und die echt zufälligen Koinzidenzen.

Synchronizitäten haben eine andere Qualität. C.G. Jung vertrat die Auffassung: „Es scheint, als ob Raum und Zeit in einem Zusammenhang mit psychischen Bedingungen stünden, oder als ob sie an und für sich gar nicht existierten und nur durch das Bewusstsein 'gesetzt' wären."[212] Jenny Randles meint, dass wir 99% aller Synchronizitäten unseres Lebens gar nicht bemerken. Wir ahnen die geheimnisvolle Ordnung des Universums nur; und wenn wir darüber nachdenken, wie es dazu hatte kommen können, wird es kompliziert. Wir sollten gar nicht damit anfangen, sie zu analysieren. Es wäre, als wollten wir die Quantenwelt klassisch behandeln. Hier ist Geist zu Körper geworden und beides zu einer Einheit.

212 Jung, Carl Gustav: Synchronizität als ein Prinzip akausaler Zusammenhänge. Zürich 1952.

Die englische Forscherin Randles hatte ihr erstaunlichstes Erlebnis im Mai 1983. Sie wollte für einen Radiosender einen Beitrag über Synchronizitäten machen. Ihr Produzent Wally Scott bemängelte den seltsamen Ausdruck und meinte, die Hörerinnen und Hörer seien junge Leute, die höchstens einmal eine Schallplatte kauften. Sie würden ihn nicht verstehen. Danach las sie im Bus, dass ein Rock-Album demnächst veröffentlicht werden sollte. Der Titel war „Synchronicity", die Band hieß „The Police". Einige Tage später kannten alle im Lande das Wort Synchronizität. Sie hatte vorher über einen Meteoriten geschrieben, ein Anruf kam, die Polizei meldete sich … Und in dem Titel, der dem Album seinen Namen gab, sang Sänger Sting: „A star fall, a phone call, it joins all – synchronicity". (Ein Stern fällt, ein Anruf, alles kommt zusammen – Synchronizität.)[213]

Ein Bild kommt ins Bewusstsein, und dann zeigt es sich mir draußen in der Welt. Es ist, laut Jung, ein Angeordnetsein ohne Ursache. Dass die Welt materiell meine Gedanken „wiederholt" und ausdrückt, steht im Gegensatz zur Naturwissenschaft. Er spricht auch von „psychophysischem Parallelismus", dass also Geist und Welt sich ergänzen – mein Geist und meine Welt. Synchronizitäten ähneln dem Déjà vécu, indem sie zu einer Wiedererkennung führen, die von Staunen begleitet ist. Es ist fast ein religiöses Gefühl.

Ich kenne Dutzende solcher Episoden. Meine Gedanken zeigen sich dort draußen, wenn ich ein Buch aufschlage, fernsehe oder etwas im Internet suche. Vor nicht allzu langer Zeit saß ich in einer Arztpraxis, um ein Medikament abzuholen, und las einen Artikel über den grausamen ugandischen „Warlord" Joseph Kony (das bewegte mich, da Uganda in meinem ersten Roman eine Rolle spielt) – und eine Minute später öffnete sich die Tür, und eine junge Dame sagte zu meiner Nachbarin: „Frau Koni, bitte!"

Wenn man das oft erlebt hat, wundert man sich nicht mehr so stark. Die Welt dort draußen, das bin ich. Sie ist ein Spiegel.

---

213 Randles, S. 149/150.

3
ZURÜCK AUF LOS

Zurück zu Anthony Peake: Den Fährmann betrügen, damit er mit leerem Boot abfahren muss, weil du gar nicht gestorben bist. Für Peake ist Déjà vécu eine Lücke im System, ein zufälliges Eindringen einer Szene aus dem Gedächtnisspeicher des Dämon, der nicht-dominanten Hirnhemisphäre. Für Peake regiert der „Dämon" als eine Art Beobachter über die Hälfte des Gehirns (die linke), die nicht sprechen kann und eher dem Unbewussten zugeordnet ist. Der Dämon ist unser Höheres Selbst, das alles im Griff hat.

Dann nähert sich der entscheidende Augenblick – der Moment des Todes. Wenn jemand zurückgeschickt werden muss, also eine Nahtod-Erfahrung erlebt, handelt es sich laut Peake um einen Irrtum des Dämons. Diese Erfahrungen häufen sich seit einigen Jahren, und P. H. Atwater, eine amerikanische Forscherin, die seit einem eigenen Erlebnis vor dreißig Jahren die NDEs (Near-Death Experiences) untersucht, meint, dies sei der Versuch, das Bewusstsein der Menschheit zu erweitern. Im Sterben überfluten Chemikalien das Gehirn. Die Zeit beginnt sich für den Sterbenden zu verlangsamen. Die Zeit dehnt sich unendlich.

Nun spekuliert Anthony Peake, die Zeit dehne sich so sehr, dass der Sterbende den Moment des „Ausgeknipstseins" nie erlebe. Er springe in ein anderes Universum hinüber und sterbe nur für seine Angehörigen. Was nun? Der Eidolon oder bewusste Geist erlebt einen Neuanfang. Er erinnert sich an nichts mehr. Hier müssen wir an den griechischen Philosophen Platon denken, der davon sprach, die Wiedergeborenen müssten zuvor Wasser aus dem Fluß Lethe trinken und alles vergessen.

Danach beginnt allerdings, wie Peake meint, ein neues Leben mit den alten Erinnerungen. Bei Peake scheint das nächste Leben eher eine virtuelle Projektion zu sein – können wir das bestätigen? Kommt uns dieses Leben nicht sehr real vor, obgleich Jorge Luis Borges, der argentische Schriftsteller, immer betont hat, dieses Leben sei ein Traum (wie überhaupt schon Lao-Tse 700 vor Christus glaubte: Ich träume von einem Schmetterling; bin ich der Traum eines Schmetterlings?) Doch jedes Leben bringt auch bei Peake kleine Veränderungen mit sich, für die der Dämon sorgt. Man will sich ja verbessern. Es ist keine ewige Wiederkunft, sondern eine Iteration, die sich vielleicht im 20. oder 407. Leben auswirkt.

Bei Friedrich Nietzsche hingegen haben wir keine Chance – immer dasselbe. Seine „Ewige Wiederkehr" ist ein Gedanke, den er sich bei seinem Vorläufer Arthur Schopenhauer holte, dem großen Pessimisten. Das Lebensrad. In der Kulturgeschichte der Menschheit finden wir zwar die Seelenwanderung bei den Indern und die Wiedergeburt bei den Buddhisten, doch nur versprengte Aussagen zur ewigen Wiederkehr von allem, einer seltsamen Ausgeburt der Fantasie. 1870 hatte freilich Ludwig Boltzmann mit seiner Thermodynamik die Unumkehrbarkeit der Prozesse belegt, und 1890 argumentierte der Mathematiker Henri Poincaré, die Rückkehr zu einem früheren Zustand sei sehr wohl möglich, durch eine fast unendliche Neukombination der Elemente, was irgendwann geschehen müsse, und sollte es auch länger dauern, als das All Bestand hätte. Der Spiritismus blühte, Zöllner experimentierte mit der vierten Dimension, und die „Wiederkehr" mag in der Luft gelegen haben.

In Band 3 von „Also sprach Zarathustra" bekommt dieser gesagt: „Denn deine Tiere wissen es wohl, o Zarathustra, wer du bist und werden musst: siehe, du bist der Lehrer der ewigen Wiederkunft … Siehe, wir wissen, was du lehrst: dass alle Dinge ewig wiederkehren und wir selber mit, und dass wir schon ewige Male dagewesen sind, und alle Dinge mit uns. Du lehrst, dass es ein großes Jahr des Werdens gibt, ein Ungeheuer von großem Jahre: das muss sich, einer Sanduhr gleich, immer wieder von neuem umdrehn, damit es von neuem ablaufe und auslaufe …"[214]

Wir wissen ja nichts davon. Wir freuen uns über jeden Tag, lesen eine E-Mail, ohne zu ahnen, dass wir sie schon zweihundertsechsundvierzig Mal

214 Nietzsche, Friedrich: Also sprach Zarathustra. Stuttgart 1960, S. 244/45.

gelesen haben. Anthony Peake spricht von einer Periode zwischen dem letzten Durchgang und dem nächsten, und der amerikanische Psychologe Michael Newton hat unter Hypnose seine Patienten gefragt, ob sie sich an die Zeit zwischen den Leben erinnern könnten, und darüber hat er Bücher geschrieben, etwa „Journey of Souls". Ein zeitloser Raum, Unterricht, die vergangene Existenz sich vergegenwärtigen, und Jenny Cockell erinnerte sich daran, wie in einer Blase neben vielen anderen dahingeschwebt zu sein. Es könnte sein, hieß es in einem Buch, dass die Phase zwischen zwei Leben die entscheidende sei. In ihr würden die Weichen gestellt. Aber wir kneifen uns, nicken und sagen uns: Wir sind noch hier.

4
REINKARNATION

Sind wir vielleicht gleichzeitig woanders? Da es um die „Ewige Wiederkehr" ging und die Wiederholung in unserem Leben, muss die Reinkarnation auch zur Sprache kommen. In der Bhagavad-Gita ist das ganz einfach. Vasudeva sagt lächelnd zum Krieger Arjuna: „So, wie der Mensch seine alten Kleider ablegt und neue anlegt, so verlässt die Seele den alten Körper und nimmt einen neuen an. Nichts ist dem Menschen gewisser als der Tod; nichts aber auch als immer wieder neue Geburt. … Zahllos sind die Geburten, durch die wir gegangen sind, zahllos sind die Geburten, durch die wir gehen werden; wir nehmen nur für die kurze Spanne unserer Lebenszeit Gestalt an."[215]

Der Neuplatoniker Plotin, der so viel Erhellendes zur Zeit sagte, bekräftigte tausend Jahre später: „Die Seelen aber wechseln ihre Leiber und gehen in immer neue Gestalten ein." Plotin ging das Problem griechisch-logisch an und bekannte sich zur Willensfreiheit. Wer tötet, tut dies aus freiem

215 Roy, Biren (Übs.): Mahabharata. Köln 1986, S. 218.

Willen, und wen es trifft, der war durch eine seiner freien Entscheidungen in einem früheren Leben zum Opfer ausersehen. Über allem waltet, nach Plotin, die „Ordnung des Alls“, an die wir nicht recht glauben können, aber Gegenbeweise haben wir auch nicht.[216]

Reinkarnation dürfen wir ruhig etwas weiter fassen. Die wahre Übersetzung etwa, schrieb der Philologe Ulrich von Wilamowitz-Moellendorf, sei Metempsychose, also Seelenwanderung: Der Text tritt in einer anderen Sprache auf, in einem anderen Körper, aber sein Geist bleibt derselbe. Früher erzählte man sich von Menschen, die in Pflanzen oder Tiere verwandelt wurden (in Ovids *Metamorphosen*).

In der Aufklärung, Mitte des 18. Jahrhunderts, glaubten große Geister, denen man das nicht zutrauen würde, schon einmal an weitere Leben. Voltaire meinte, ein zweites Mal auf die Welt zu kommen, sei nicht abenteuerlicher als ein Mal, und Gotthold Ephraim Lessing schrieb: „Warum sollte ich nicht so oft wiederkommen, als ich neue Kenntnisse, neue Fertigkeiten zu erlangen geschickt bin? Bringe ich auf einmal so viel weg, dass es der Mühe wiederzukommen etwa nicht lohnt?“

Uns liegen glaubwürdige und zahlreiche Indizien vor durch verlässliche Forscher vor wie Ian Stevenson, Erlendur Haraldsson und Brian Weiss. Als Illustration hier nur eine Geschichte, der überzeugendste Fall der amerikanischen Jenseitsforscher-Gruppe AECES aus ihren Akten: Der 1998 geborene zweijährige James, Sohn von Bruce Leininger, tobte oft nachts und schrie: „Flugzeugabsturz! Flugzeug brennt! Der kleine Mann kann nicht raus!“ Man schenkte ihm ein Flugzeug, und James wusste viele Details über Maschinen, die von Flugzeugträgern starten. Doch wer war der kleine Mann? „Ich“, sagte James, und das Flugzeug sei eine Corsair gewesen, gestartet von einem Schiff namens „Natoma“. Sein Vater recherchierte und befragte seinen Sohn eingehend, und alle Antworten ließen sich bestätigen und deuteten auf James M. Houston Jr. hin, der am 3. März 1945 bei der Schlacht um Iwo Jima in Japan abgeschossen wurde. Drei Männer starben mit ihm – Billy, Joe und Leon –, deren Namen der kleine James seinen

216 Michel, P., Wagner, A.: Reinkarnation. Wien 2000, S. 25-27.

Spielzeugsoldaten gab; sie habe er „im Himmel“ wiedergetroffen, gab er an.[217]

Ich selbst erinnere mich nicht an frühere Leben, aber ich habe viele Filme gesehen sowie entsprechende Berichte gelesen, und Freunde und Verwandte haben mir aus ihrem Leben erzählt. Kenne ich nicht die Geschichten aller Menschen? *Yechida* oder Einheit ist im Judentum eine der fünf Ebenen der Göttlichen Seele im Menschen und ein Punkt, der alle Seelen mit einschließt. Dieser Konzentrationspunkt heißt, laut Adin Steinsaltz, auch *Knesset Yisrael* oder *Schechina*, die Erscheinung Gottes auf der Erde, das Zusammenkommen aller Dinge.[218]

Das schottische Medium Gordon Smith hat in einem kurzen Video dargelegt, man könne gleichzeitig viele Leben leben, die untereinander verbunden seien; aber wir wüssten es nicht. Hier, in dieser Existenz, ist vielleicht nur ein Teil meines vielschichtigen Wesens verkörpert. Es gibt Kommunikatoren, die von „Gruppenseelen“ sprechen. Unser Aufenthalt hier sei nur wie eine Facette eines Diamanten, zu dem zwanzig oder zweihundert oder mehr Seelen gehören, und alle, mit denen wir engen Umgang pflegen, gehören zu dieser Seelen-Community. Auch wenn wir Reinkarnation nicht annehmen wollen, sind doch manche Gedanken nicht abenteuerlicher als die Quantenphysik. Eine Seele verwirklicht sich in vielen zusammenhängenden Leben und hängt mit vielen anderen Seelen zusammen. Ich empfinde die Einheit meiner Existenz, aber sie steht in einer ungeheuren Vielheit, die wiederum auf das Eine zurückweist, aus dem alles kommt.

Im November 2012 interviewte Michael Tymn die Autorin Julia Assante, die das Buch „The Last Frontier“ geschrieben hat, und sie erklärte: „Reinkarnationen geschehen außerhalb der Zeit, da sie in der Nicht-Raumzeit innerer Dimensionen beheimatet sind. Unsere Inkarnationen brechen alle sofort aus, zur selben Zeit, und entfernen sich in voneinander unterschiedenen Linien, die wir als unterschiedliche Zeitzonen interpretieren. … Die Vorstellung einer Abfolge von Leben, wobei eines das andere ersetzt, ist

217 http://www.aeces.info/Top40/Cases_51-75/case65_one-more-mission.pdf
218 Steinsaltz, In the Beginning, 1992, S. 115.

nicht wahr. … Individuelle Reinkarnationen leben nebeneinander im Jenseits. Und sie können auch in diesem Leben existieren. Ich kenne eine Frau, die meine Reinkarnation ist. Wir haben beide dieselben Lebenserinnerungen und wissen um unsere Zukunft. Sie und ich haben uns einfach in zwei Körper aufgespalten."[219]

Zwei Kopien. Viele Kopien. Ging es nicht in der Quantenphysik immer um Kopien von uns? Der Physiker Hans-Peter Dürr erzählte in einem Gespräch mit Peter Michel von einem Freund, der Pianist werden wollte, den Plan aber aufgab. Er sei von einem Freund eingeladen worden zu einem Konzert in Salzburg, und Dürr sagte: „Und während er lauschte, kam ihm die Idee, vielleicht vollziehe sich Reinkarnation gleichzeitig. Unser Zeitverständnis ist vielleicht nicht korrekt. Er hatte das Gefühl, er spiele selber. Es war ein Gefühl des Einswerdens, verbunden mit einer Empfindung von Glückseligkeit."[220]

Auf dem „Claudius-Portal" äußert sich Claudius, eine Wesenheit aus der anderen Welt, über ein Halbtrance-Medium[221] und erklärt: „Du bist mit all Deinen Inkarnationen in Verbindung. … Während Ihr hier sitzt in Eurer physischen Welt, durchdringt Ihr – oder auch umgekehrt – andere Welten, Parallelwelten, Vergangenheit und Zukunft, ohne dies wachbewusst wahrzunehmen. Es ist Euch hin und wieder – allerdings nicht jedem Menschen – möglich, in eine dieser Welten einzutauchen in einem veränderten Bewusstseinszustand. In Eurem Wachbewusstsein ist es Euch nicht möglich."

Claudius fährt fort: „Ihr habt mich gefragt, ob man in die Vergangenheit das Wissen der heutigen Zeit mit einbringen kann. Dies ist möglich, aber nicht, indem Ihr zurückgeht – sondern diese Inkarnation hier findet gleichzeitig mit der Inkarnation im 16. Jahrhundert statt." Hier merken wir, wie uns unser zeitliches Denken blockiert. Jedoch können wir an Minkowskis Raumzeit denken, in der alles gleichzeitig anwesend ist, Vergangenheit,

219 http://whitecrowbooks.com/michaeltymn/entry/the_last_frontier_an_interview_with_author_julia_assante_ph.d/

220 Es gibt keine Materie!, S. 89.

221 http://www.claudius-portal.de/Claudius_Portal_Themen_Frame2.html

Gegenwart und potenzielle Zukunft, und wir sind am Ausgangspunkt unseres Zeittrichters und wissen nicht, dass außerhalb alles – geistig – anwesend ist.

Um diese Blockade zu lösen, denken wir an das Konzept der Geistigen Welt, in der, wie es heißt, diejenigen sich nahe sind, die sich lieben und ähnlich denken. Hier sind sich Wesen im Raum nahe, die eben zusammen leben. In einer geistigen Welt herrscht eine andere Ordnung: Da wären (oder sind) die entfernten Freunde und die, die mich mögen, mir nahe, wie mir heute meine Nachbarn nahe sind.

Oder schauen wir aus dem Fenster: Wir sehen wenig. Aber wir müssen davon ausgehen, dass es Melbourne gibt, Taschkent, Tokio und Perugia, den Stillen Ozean und das Sargasso-Meer. Wir denken uns, dass Millionen Menschen gerade woanders aus dem Fenster sehen und davon ausgehen müssen, dass es München gibt und Dortmund. Die unsichtbaren Welten haben die Spiritualisten und die Quantenphysiker gemeinsam, und nur unsere schwach entwickelte Fantasie und unser fehlender Draht zu anderen Dimensionen lässt uns glauben, dass es nur gibt, was wir vor Augen haben.

4

ÜBER SCHLEIFEN

Eine Schleife ist, aus Taft und gut gebunden, etwas absolut Geschlossenes. In der Schleife kann man sich geborgen, aber auch gefangen fühlen. In der Musik ist eine Schleife eine Verzierung, die nicht viel bedeutet, die wieder zurückführt zum Motiv. Ich will am Ende des Kapitels schleifenartig wieder zur Zeitschleife zurückfinden, zu der Stunde, als ich auf der Terrasse auf dem Stühlchen saß und mich vielleicht ferne Erinnerungen an zwei Leben in der Schweiz (als Uhrmacher und Radprofi) anflogen. Wir sind nicht mehr dieselben wie zu Beginn des Kapitels; unser Gehirn hat gearbeitet, wir haben etwas gelernt. Das heißt in der Chaostheorie „Iteration“: Rückkopplung durch stetige Wiederaufnahme und Wiedereinbeziehung von allem, was vorher war. Das Ergebnis eines früheren Durchgangs fließt wieder in die Gleichung ein, die ein Ergebnis erhält, das um ein Winziges anders sein wird.

Was wir Wiederholung nennen, ist nicht streng gemeint, sondern nur metaphorisch. Ein Muster wiederholt sich, aber nichts in den Abläufen unseres Lebens verläuft völlig identisch. (Wobei nun jemand ein Gegenbeispiel finden könnte, zugegeben, aber Sprache verallgemeinert immer. Wenn ich mich nach allen Seiten absichern wollte, käme ich nicht vom Fleck.) Diese kleinen Veränderungen mögen unscheinbar wirken, und so dachte sich das auch der Meteorologe Edward Lorenz, als er 1961 in Massachusetts einen der damaligen Computer auf der Basis von zwölf Gleichungen langfristige Wettervorhersagen in Zahlenform berechnen ließ. Er gab einen Anfangswert ein, wurde gestört, gab einen neuen Wert ein und ging einen Kaffee trinken. Hinterher schaute er sich die Ausdrucke genauer an, und die Ergebnisse waren dramatisch anders. Bald kam Lorenz darauf, woran es lag: Er hatte nicht 0.506127 eingegeben, sondern nur 0.506. Die winzige Differenz machte den Unterschied. Die kleinen Änderungen wuchsen sich zu kolossalen Sprüngen aus. Im Tai Chi heißt ein Sprichwort: „Die kleinste Abweichung führt dich meilenweit in die Irre.“

Dies war der Anfang der Chaostheorie, und so entstand der Spruch von den Schmetterlingsflügeln, die woanders einen Tornado auslösen könnten (wieder ein Schmetterling). Kleine Ursache, große Wirkung. Unsere unbedeutenden Handlungen sind vielleicht doch wichtig. Jede unserer Handlungen ist wichtig. Wir sind wichtig.

Die „Iterationen“ können also irgendwann zur Befreiung führen, zum Ausbruch aus der Schleife; wie bei dem Fernseh-Meteorologen Connors im Murmeltier-Film, der plötzlich neben seiner Kollegin im Bett liegt – und der Wecker bleibt stumm. Freilich gibt es auch ein „Aufschaukeln“, das in die Katastrophe führt, doch das sind dann Verstärkungen von innen heraus und ohne Berührung mit der Realität. Jemand hat Angst, die immer größer wird und zu einer Panikattacke führt; jemand ist verliebt und malt sich den Partner zu einer Sagengestalt aus und stellt sich eine wunderbare Beziehung vor, was bei der ersten Begegnung mit der Realität zusammenbricht. Bewegung gibt es immer, nichts wiederholt sich.

Völlig identische Wiederholungen widersprechen ohnehin dem Geist der Natur. Das Herz schlägt nicht völlig gleichmäßig. Wenn Herzschlag und Atmung völlig regulär verlaufen, droht ein Infarkt durch Stauung; aber zu sehr auseinanderlaufende Rhythmen sind auch gefährlich. Das Herz pendelt gekonnt zwischen Ordnung und Chaos hin und her. Auch das Gehirn kennt kein Gleichmaß. Zu viel Ordnung ist verheerend. Architekten haben nie völlig gleichartige Bauelemente nebeneinandergesetzt, weil ihnen klar war, dass dann das Auge revoltiert. Bertolt Brecht sagte dem englischen Schauspieler Charles Laughton, er müsse als Galileo Galilei in seinem Stück nicht immer hinken; es reiche, das von Zeit zu Zeit zu zeigen. Ein völlig regelmäßiges Stakkato führt in die Trance und zu Halluzinationen.

Unser Leben besteht aus sich ähnelnden Abläufen, die wir Wiederholungen nennen. Es ist wie Schlafen und Aufwachen. Rudolf Steiner hat mit diesem Bild die Wirkung von Reinkarnation und Karma näher erläutert: In der Nacht ist unsere Tätigkeit unterbrochen, doch am Morgen sind wir wieder „voll da". „Meine Taten von gestern sind mein Schicksal von heute."[222] Freilich können wir uns an vergangene Leben, falls es sie gab, nicht erinnern (die vielen Erinnerungen würden uns überfordern); der Schlaf wäre der Tod, der neue Morgen das neue Leben … Wir müssten das Gleichnis aber etwas abwandeln und uns vorstellen, wir seien ein Schauspieler und müssten jeden Abend in einer anderen Stadt eine andere Rolle spielen. Dennoch wäre es unser Ich, das weiter hinzulernt und mit jedem Zubettgehen mit einer Phase abschließt.

Unser Leben ist auch wie ein andauerndes Ein- und Ausatmen, und der Historiker Leopold von Ranke hat einmal die Völkerwanderungen, die Kreuzzüge und die Entdeckungen der Gebiete in Übersee drei große

222 Steiner, Rudolf: Wiederverkörperung und Karma. Dornach 1960, S. 34/35.

„Atemzüge" der Menschheit genannt, aber wir müssen nicht an die Weltgeschichte denken. Wir atmen ein und atmen aus, es wird Tag und dann wieder Nacht, und so ist jeder Tag, jedes Leben mit seinem Tod, wie Ein- und Ausatmen, und manche Atemzüge dauern fünfhundert Jahre und enden mit dem Untergang einer Zivilisation, und ein langes Ausatmen führt vielleicht zum Ende des Universums, das neue Einatmen zu Anspannung und Neugeburt der Materie.

Der Gelehrte Isaak Luria (1534–1572) fügte der jüdischen Kabbala das Konzept des „Zimzum" hinzu, der Selbstbeschränkung des Unendlichen Lichtes En Soph, das erst einen kreisförmigen Schöpfungsraum eröffnete, in dem sich das „Tohuwabohu" breitmachte, die formlose Masse. Erst indem der Schöpfer von sich zurücktrat und das Nichts zuließ, wurde Schöpfung, und diese Welt ist manchmal so unbarmherzig, wie sie es ist, weil En Soph seine Strenge (Din) hineingab. Auch im Islam ist Allah gleichzeitig die mächtige Majestät (*jalâl*) und wunderbare Güte (*jamâl*), und beides zusammen ergibt die Perfektion (*kamâl*).[223]

Durch uns entsteht das Universum in jeder Sekunde neu, wir bringen alle unsere Erfahrung mit ein, und eine Schleife leitet uns unmerklich in eine neue. Unerschütterliches Gleichmaß ist unmenschlich, ist Erstarrung und Tod. Auch unsere Gesichtszüge sind nicht ebenmäßig, also nicht völlig symmetrisch; da gibt es eine kleine Abweichung. Die Physik spricht von Symmetriebrechung, die zur Zeitrichtung und überhaupt zur Entstehung von Materie geführt habe, denn es gibt fraglos mehr Materie als Antimaterie. Anscheinend erhielten die Elementarteilchen ihre Masse durch intensiven Kontakt mit den kondensierten Higgs-Feldern, die nicht-symmetrisch sind. (Nur das Photon blieb masselos; Licht ist etwas Eigenes.) Dieser Vorgang war lange eine Vermutung, die im Juli 2012 zur Gewissheit wurde, als in Genf ein Higgs-Teilchen nachgewiesen wurde.

Körperlich gesehen, leben wir in einer Schleife, denn wir wachen mit unserem Körper immer wieder auf, meist am selben Platz. Geistig gesehen, muss es eine Spirale sein, denn wir kommen immer ein Stück weiter. Wir

---

223 Murata, Sachiko, Tao of Islam, VIII (Vorwort).

freuen uns über diese Erkenntnisse, atmen trotzdem ruhig und vergessen, dass wir atmen, und morgen ist ein neuer Tag. Wohin wird er uns führen?

IX ZEITLUPE UND ZEITLÜCKEN

In einer Sitzung oder bei einer Prüfung werden wir spontan etwas gefragt, sind unvorbereitet, suchen in unserem Geist verzweifelt nach einer Antwort und treiben unser Gehirn auf Hochtouren. Trotzdem kann man das Gefühl haben, die Welt komme nicht richtig vom Fleck. Alle warten und schauen sich an wie in Zeitlupe.

Die Zeitlupe kennt jeder aus dem Fußball. Da dient sie der Rekonstruktion. Wir sehen hinterher in gemessenen, fast tänzerischen Bewegungen, wie sich aus dem Spielverlauf heraus das Tor entwickelte. Wir nehmen durch die Zeitlupe auch wahr, was uns im üblichen Lebenstempo verschlossen bleibt: Wie etwa Menschen automatisch aufeinander reagieren, wie Mann und Frau bei einem entscheidenden Treffen ihre Körperhaltung spiegeln oder sich einander synchron nähern wie bei einem Tanz. Zeitlupe ist Poesie.

Zeitraffer wird seltener verwendet, aber gern, wenn ein Tag in einer großen Stadt in einigen Sekunden abgespult werden soll, aber irgendwie gehören die beiden Effekte zusammen. Die Fliege sieht die menschliche Hand wie in Zeitlupe sich nähern und fliegt davon; der Elefant wundert sich über die hektischen Bewegungen des Menschleins. Sie leben in anderen Zeitsystemen.

1
ZEITLUPE

In Grenzsituationen, wenn es um das Überleben geht, denkt der Mensch schneller als gewöhnlich. Wenn er handeln muss und dem Tod ins Auge schaut, schießen ihm tausend Gedanken durch sein Gehirn. Wenn er als Bergsteiger abstürzt, erfährt er bisweilen den Panorama-Rückblick. Unser Phänomen – das der Zeitdilatation (die subjektive Zeitausdehnung) – zeigt sich häufig in Risikosportarten wie dem Bergsteigen, der Fliegerei oder dem Automobil-Rennsport.

Der kanadische Anthropologe Edward T. Hall erwähnte als Beispiel den Fall von Major Russ Stromberg, einem Testpiloten der Marine. „Stromberg war gerade vom Deck des Flugzeugträgers Tarawa katapultiert worden, als er bemerkte, dass sein Flugzeug keinen Schub bekam. Dieses Acht-Sekunden-Szenario mit dem Inhalt, wie er mit der Situation klarkam und überlebte, nahm in der Darstellung fünfundvierzig Minuten ein. (…) Stromberg schoss sich heraus und verfehlte den Schauplatz des Absturzes glücklich um einige Fuß. Diese knappe Beschreibung kann unmöglich alle möglichen Alternativen zu jeder Entscheidung abdecken, die Stromberg schließlich zu treffen hatte – zur rechten Zeit, in der richtigen Reihenfolge und ohne Panik. Hätte er das im normalen zeitlichen Rahmen getan, hätte er nichts davon geschafft. Wäre diese Fähigkeit, die Zeit auszudehnen – in diesem Beispiel auf etwa dreihundert Prozent der gewöhnlichen Zeit – nicht in die menschliche Spezies eingebaut: Es ist fraglich, ob die menschliche Rasse überlebt hätte.“[224]

Wenn die innere Uhr nur zehn Prozent schneller läuft, wird man das kaum bemerken; wenn sie allerdings rennt, haben wir das Gefühl, alles um uns her bewege sich in Zeitlupe. Clay Regazzoni, der Schweizer Formel-1-

224 Hall, Edward T.: Dance of Life, S. 125.

Pilot, schrieb: „Ich erinnere mich an den Unfall auf der Targa Florio mit einem Alfa Romeo, als ich von der Straße abkam und eine etwa zwanzig Meter tiefe Böschung hinunterfuhr. Ich habe alles in Zeitlupe gesehen. Ein Schlag, dann eine seltsame Stille, ein weiterer Schlag, dann nochmals Stille. Inzwischen dachte ich: 'Irgendwo musst du dir doch wehgetan haben!' Zwischen Schlägen und Stille, alles wiederholte sich etwa drei- oder viermal, während das Auto bei jedem Aufschlag zusammengestaucht wurde. Schließlich lag ich unter dem Wagen, unverletzt."[225]

Es geht um den Tod, und wenn nur noch wenige Minuten bis zu seinem Eintreten fehlen, dehnt sich die innere Zeit auch. Fürst Myschkin, der „Idiot" in Dostojewskis gleichnamigem Roman, spricht über einen Freund, der mit sieben anderen erschossen werden sollte: „Etwa fünf Minuten hatten sie noch zu leben, nicht mehr. Und er erzählte, diese fünf Minuten seien ihnen wie eine Unendlichkeit vorgekommen, er habe sich für ungeheuer reich gehalten; er habe geglaubt, er könne in diesen fünf Minuten noch so viele Leben durchleben, dass er jetzt noch gar nicht an den letzten Augenblick zu denken brauche; er teilte sich die Zeit genau ein: erst wollte er von den Genossen Abschied nehmen; dafür setzte er zwei Minuten an, die folgenden zwei Minuten wollte er dazu verwenden, ein letztesmal still nachzudenken; in der letzten Minute wollte er dann noch einmal rings um sich schauen."[226]

Der Fürst sagt über einen anderen zum Tode Verurteilten: „„...endlich fährt man ihn durch die Stadt zum Schafott ... Ich glaube, auf dieser Fahrt muss er denken, dass er noch unendlich lange zu leben hat. Mir scheint, er hat unterwegs gedacht: Es dauert noch lange, noch drei ganze Straßen lang kann ich leben; erst kommt diese, dann noch jene und endlich die, wo sich rechts der Bäckerladen befindet ... wer weiß, wann wir erst beim Bäcker sind!"[227]

Ein Mensch unter Hypnose kann dazu gebracht werden, die Zeit anders wahrzunehmen. Der Therapeut Linn Cooper sagte einer Versuchsperson, das tickende Metronom werde sich für sie verlangsamen. Es werde

225 In: Poser, Halluzinationen, S. 78.
226 Dostojewski, Fjodor: Der Idiot. München 1976, S. 81.
227 Ebd., S. 86.

nur noch alle fünf Sekunden ticken, alle zehn Sekunden, schließlich nach einer Minute. So wurde für die junge Frau eine Sekunde zu einer Minute. Einige Minuten des Metronoms wurden von ihr als mehrere Stunden wahrgenommen. Man maß ihre Hirnströme und hielt einen drei Sekunden lang dauernden Traum fest, der für die Träumerin, deren Gehirn sich an die Vorgaben gehalten hatte, achtzig Minuten gedauert hatte. Sie erzählte, sie habe im Traum Schäfchen gezählt, 862 Stück, was in drei Sekunden schlicht unmöglich ist.[228]

Noch verrückter ist es, was der berühmte Hypnotiseur und Psychiater Milton Erickson, Coopers Kompagnon, mit einem Studenten erlebte. Der 26-jährige war zwei Stunden in Trance und berichtete hinterher aufgelöst, er habe blauen Himmel gesehen, alles total real, und er habe sich selbst zugesehen, als er sechs Jahre alt gewesen sei. Als sein eigener unsichtbarer Beobachter will der junge Mann sich selbst begleitet haben, ohne die Zukunft zu kennen, und das all die Jahre bis zum Eintritt ins College, Minute für Minute. Achtzehn Jahre in zwei Stunden! Aber warum sollte es nicht möglich sein, die Zeitdehnung ins Extreme zu führen? Der junge Mann war plötzlich sein eigener „innerer Beobachter", ohne jedoch eingreifen zu können. Er erlebte nur alles noch einmal mit, es war sozusagen ein „Replay" der Jahre von sechs bis vierundzwanzig.[229]

Der amerikanische Autor Brad Steiger erzählt in seinem Buch über „Mysterien von Zeit und Raum" (*time and space*; wir sagen es ja immer andersherum: Raum und Zeit. Das klingt für uns besser.) von „Männern und Frauen, die unter Narkose während einer Operation in andere Länder 'gereist' seien und mehrere Tage, Monate oder Jahre während der vielleicht vierzig Minuten ihrer Operation gelebt hätten. Ein ernst zu nehmender Berichterstatter sagte, er habe in diesen wenigen Minuten eine Frau getroffen, um sie geworben und sie geheiratet, und dass er dann auch noch nochmals in jenes fremde Land gereist sei und seine Braut in Empfang genommen habe, die geduldig auf seine Rückkehr gewartet hatte.[230] Der französische Lyriker Charles Baudelaire schrieb über seine Erfahrungen mit Opium:

---

228 Labyrinth of Time, S. 136/137.

229 Ebd., S. 139-142.

230 Steiger, Brad: Mysteries of Time and Space, S. 176.

„Man lebt – könnte man sagen – mehrere Menschenleben innerhalb einer Stunde.“[231]

Müsste ich diese Phänomene nicht eher Zeitraffer nennen? Die Gegensätze gehören zusammen, wie Heraklit und Giordano Bruno behaupteten. Man könnte sagen, dass die Spielfilmlänge so gedehnt wurde, dass in sie Jahre passten; man könnte aber auch sagen, die Jahre seien in die kurze Zeit „hineingerafft“ worden. Und doch verlief für Zeugen die subjektive Zeit anscheinend wie sonst. Wir halten beide Erfahrungsmodi für nicht vereinbar und behelfen uns mit Zeitlupe und Zeitraffer, aber das Bewusstsein erschafft seine eigene Zeit. Das Leben scheint ewig zu dauern; wenn dann das Ende naht, wirkt es wie ein Traum, wie ein Spuk. Was, schon Dienstschluss?

In Märchen und Sagen verschwinden Menschen ganz und gar für kurze Zeit und kehren erst Jahre später zurück. Die Geschichte „Rip van Winkle“ von Washington Irving, veröffentlicht 1820, ist bekannt geworden. Rip lebt mit Frau, Familie und Hund in den Catskill Mountains im Bundesstaat New York. Er ist gutmütig, hält aber nicht viel von der Erwerbsarbeit, was regelmäßig zu Auseinandersetzungen mit seiner Frau führt. Eines Herbsttags geht Rip van Winkle mit seinem Hund in die Berge, trifft einen kleinen Gesellen, der ihn in ein Tal führt, in dem melancholisch wirkende Herren in flämisch aussehenden Gewändern Kegel spielen. Rip schläft bald ein. Wieder erwacht, trottet er zurück – doch in seinem Dorf ist nichts mehr wie zuvor, sein Haus ist verfallen.

Die Frau ist tot, doch eine Tochter, deren Sohn auch Rip heißt, schließt den Heimkehrer in die Arme, der meint, nur eine Nacht weg gewesen zu sein. In seinem Dorf sind seither zwanzig Jahre vergangen. Rip van Winkle bleibt dort, als geachteter Patriarch und verstörter Überlebender. Ähnlich mögen sich die Patienten in Oliver Sacks Dokumentation gefühlt haben, über die er schrieb, als sie, erwacht aus ihrer Schlafkrankheit, zusammensaßen: „Fünfzehn Rip van Winkles sind versammelt, fünfzehn ausgeprägte Egos, jedes völlig absorbiert von dem Erstaunen und den Problemen ihres … ‘Erwachens’.“[232]

231 Baudelaire, Charles: Die künstlichen Paradiese. Reinbek 1964, S. 27.
232 Sacks, S. 443.

Der Schweizer Schriftsteller Max Frisch hat die Geschichte Rip van Winkles in seinem Roman „Stiller" auf sechs Seiten nacherzählt.[233] Derartige Anekdoten gab es auch in Irland. Die „guten Leute" (Daoine Maithe) und die Feen (Sidheóga) sind klein und leben in Erdlöchern. Sie sind bekannt dafür, manchmal Sterbliche zu entführen. Der Dichter William Butler Yeats kannte eine alte Frau am Heart Lake, die sieben Jahre im Feenland gelebt hatte. Sie kam zurück, aber hatte keine Zehen mehr; sie hatte sie sich weggetanzt.

W. Y. Evans-Wentz hat über die alten Sagen ein Buch geschrieben, das 1911 erschien. Er sprach mit vielen alten Iren. John Dunbar aus Invereen sagte ihm: „Leute können zwanzig Jahre im Feenland sein, und ihnen kommt es nicht länger vor als eine Nacht." Ein Priester schilderte, jemandem könne es vorkommen, er sei nur eine Stunde fortgewesen, aber es seien sieben, vierzehn oder einundzwanzig Jahre gewesen. Der Rückkehrer erinnere sich an nichts mehr; oder er wisse etwas, doch es sei ihm verboten, darüber zu sprechen.[234]

2 ZEITLÜCKEN

Die englische Sprache kennt schöne Begriffe für Zeit-Anomalien. Der „time warp" ist wörtlich eine „Zeitverwerfung", der „time loop" eine Zeitschleife, der „time slip" eine Zeitverzerrung, etwas wie das Schlüpfen in eine Zeitfalte. Es ist natürlich schwer, unsere Episoden voneinander abzugrenzen. Wenn jemand sich nicht erinnert, hat er eine Zeitlücke, einen „time lapse".

Zeitlücken seien für Ufo-Forscher ein gefundenes Fressen, meint Jenny Randles. Diese würden gern annehmen, die Zeugen hätten in dem Zeitraum, an den sie sich nicht erinnern, ein Unidentifiziertes Flugobjekt

233 Frisch, Max: Stiller. In: Gesammelte Werke Band 3, Frankfurt 1986, S. 423-428.
234 Evans-Wentz, W. Y.: The Fairy Faith in Celtic Countries. Atlantic Highlands 1977, S. 99/39.

(UFO) gesehen oder seien von dessen Besatzung entführt worden. Oft würden die Zeugen in Hypnose versetzt, jedoch führe hypnotische Rückführung sehr oft zu Fantasien, was sie wertlos für die Untersuchung eines Phänomens mache. Im alten Irland war die Sache klar: Die Feen hatten damit zu tun. Im USA der 1960er oder 1970er Jahre mussten es Ufos gewesen sein.[235] Frau Randles war selbst zwanzig Jahre in der Ufo-Forschung tätig und weiß, wovon sie spricht.

Es gibt aber auch Fälle ohne Ufos. Am 24. April 1977 wurde eine Gruppe chilenischer Soldaten auf eine unwirtliche Hochebene oberhalb der Stadt Putre in der Provinz Arica geschickt. Die Rekruten schliefen auf 4000 Metern Höhe, als die Wache gegen 4 Uhr morgens zwei violette Lichter wahrnahm, die sich nach oben bewegten, auf sie zu; das Tal unten glomm unheimlich. Ihr Anführer, Korporal Armando Valdes, schritt mutig auf das Licht zu und verschwand ebenso wie das Glühen im Tal. Eine Viertelstunde später kam er wieder, schwankend und wie in Trance. Valdes trug einen Mehr-Tage-Bart, und seine Uhr zeigte den 30. April an. Er sagte immer wieder, an diese fünfzehn Minuten (oder fünf Tage) könne er sich nicht erinnern.[236]

Jenny Randles meint, dafür sei vermutlich ein „Zeitsturm" verantwortlich. Dies sei ein atmosphärisches Phänomen, eine oft rötlich oder gelblich leuchtende Wolke oder eine Nebelbank, in deren Nähe Lebewesen ohnmächtig werden und ihr Gedächtnis verlieren. Elektrische Systeme setzen aus. Manchmal werden Tiere oder Fahrzeuge von dem Nebel umhüllt und mehrere Kilometer weit transportiert. Der Zeitsturm bringt starke elektromagnetische Felder mit sich, darum berichten Zeugen auch von einem Prickeln, Gleichgewichtsstörungen und verbrannter Haut. Der normale Bewusstseinszustand wird verändert: Geschildert wird, dass für den Zeugen alles still wird (Jenny Randles' „Oz-Faktor") und die Zeit für ihn schneller vergeht.[237]

In dem Buch „Missing Time", von dem amerikanischen Künstler Budd Hopkins 1980 geschrieben, geht es um Zeitlücken. Ein Mann namens Ste-

235 Randles, Jenny, S. 186.
236 Ebd., S. 26-29.
237 Ebd., S. 30-34.

ven Kilburn sagt: „Nun, ich kann es nicht sicher sagen, aber ich glaube, ich war etwas verwirrt mit der Zeit, mit dem Verlust an Zeit bei dieser Erfahrung, die ich hatte." Hopkins schreibt: „Die eigenartigen Begleitumstände – wie etwa ein durch nichts erklärter Zeitverlust – einer derartigen Ufo-Sichtung lassen die Untersucher an die Möglichkeit einer Entführung denken."[238]

Bei der Psychiaterin Aphrodite Clamar ruft Kilburn aus: „Was mache ich mit der Zeit … Sie … sie … fehlt." Dann konzentriert er sich darauf und sieht zwei dunkle Gestalten, ruft aus „Sie kommen!" und fühlt sich wie gelähmt. Dann der Fall von Virginia, die eine unerklärte Narbe an ihrem Bein aufweist, die von einer Untersuchung von Außerirdischen herstammen könnte. „Noch wichtiger", schreibt Hopkins, „war, dass wir in jenem Augenblick bemerkten, dass Virginia wie Steven Kilburn sich bewusst nicht an eine Ufo-Sichtung erinnern konnte." Man wisse nicht, wie viele Fälle unerklärter Entführungen durch Außerirdische es gäbe!

In den Achtzigerjahren gab es auch eine Welle von Enthüllungen sexuellen Missbrauchs in der Kindheit, oft unter Hypnose. Auch da wurden Zeitlücken und fehlende Erinnerungen mit einem vorfabrizierten Erklärungsmuster gefüllt: Missbrauch! Es genügte, dass die Patientin (oft waren es Frauen) unglücklich war, ohne es sich erklären zu können. Das war nicht Absicht von Seiten der Behandler; sie schufen mit ihrer Patientin eine Geschichte, die ihre Trauer erklärte. Natürlich gibt es sexuellen Missbrauch in der Kindheit, aber in einer Menge Fälle wurden Vertrauenspersonen aus der Kindheit fälschlich beschuldigt.

Dr. Aphrodite Clamar blieb in ihren fünfseitigen Bericht am Ende von „Missing Time" zurückhaltend: „Ich kann nicht sagen, ob die Erfahrung 'wirklich' war oder nicht; das heißt, ich weiß nicht – und die Hypnose konnte das auch nicht verifizieren –, ob die Ufo-Erfahrung tatsächlich 'passierte'."[239]

Geschichten über Amnesien, also Gedächtnisausfälle, sind zahlreich. Wenn wir neurologische Probleme wie Alzheimer ausschließen, kann ein

238 Hopkins, S. 55/73.
239 Ebd., S. 245.

Grund eine Persönlichkeitsspaltung sein: Der Patient wechselt in eine andere Rolle, und in den Achtzigerjahren wurde auch oft von einer Multiplen Persönlichkeitsstörung (MPD, Multiple Personality Disorder) berichtet, die Frauen befiel, die sexuell missbraucht wurden. In großer Gefahr kann der Mensch sich vorstellen, das geschehe einem anderen, er „dissoziiert", blendet sich aus, und manchmal entstehen so mehrere Personen, die auch Namen bekommen. Es gibt eine Führungspersönlichkeit, aber wenn eine andere Persönlichkeit das Steuer übernimmt, weiß die „Chefin" nicht mehr, was sie getan hat.

Der berühmteste Fall war der des Amerikaners Ansel Bourne, der im Januar 1887 in den US-Bundesstaat Pennsylvania reiste, dort unter dem Namen A. J. Brown einen Kleiderladen eröffnete und zwei Monate später, im März, erwachte und sich an die vergangenen zwei Monate nicht erinnern konnte. Unter Leitung des großen Psychologen William James wurde Bourne hypnotisiert, und es zeigte sich, dass Bourne nichts von Brown wusste und Brown nichts von Bourne.

Zeitlücken seien bemerkenswert häufig, schreibt Jenny Randles. Eine der hübschesten Geschichten trug sich wenige Tage vor Weihnachten 1999 in Glassboro in New Jersey zu, und Randles interviewte Evelyn und ihren Ehemann, die gemeinsam das Einkaufszentrum „Shoprite" aufsuchten, das rund um die Uhr geöffnet ist. Es war 17.30 Uhr. Sie kauften Gemüse und am Schluss Eiscreme, damit sie nicht schmelzen würde, was vor Weihnachten allerdings unwahrscheinlich war.

Aber im Einkaufszentrum war es warm, das Eis lief aus der Packung, das Paar holte eine neue und fuhr rasch nach Hause, da es draußen kalt war. Dort angekommen, sahen sie zu ihrer Verblüffung, dass es 23 Uhr war. Sie meinten, eine Stunde unterwegs gewesen zu sein, und nun: fünf Stunden! Evelyn und ihr Mann recherchierten den Tag nach, kontrollierten sogar die Videobänder des Zentrums, aber es blieb dabei: Sie waren um 17.30 Uhr gekommen und hatten das Gelände gegen 23 Uhr verlassen.[240] Eine Erklärung gab es nicht.

---

240 Randles, S. 185/186.

Zu den anomalen Zeitphänomenen gehören auch die bereits erwähnten Ausflüge in die Vergangenheit. Joan Forman berichtete von Mrs. Turrall-Clarke, die mit dem Rad unterwegs war und plötzlich den Eindruck hatte, sie trage die Kleider einer Nonne und müsse etwas Dringendes erledigen, und auch Mrs. Maddison, die im Bus nach Watford fuhr, fühlte sich mit einem Mal „eigenartig" und meinte, sie trüge eine Haube, einen Umhang und ein langes Kleid. Der Bus holperte plötzlich, als sei er eine Kutsche … und dann befand sie sich wieder in der Gegenwart; wie auch Mrs. Barton, die sich gefühlt hatte, als „ginge ein Rolladen nieder", als sie sich im August 1949 auf dem Schlachtfeld von Culloden in Schottland dem „Brunnen der Toten" näherte. Erst war es sonnig gewesen; plötzlich war der Himmel schwer und grau, und Wind kam auf. Mrs. Barton sah in den Bäumen weiße Bänder, die sie für blutgetränkte Bandagen hielt. Dann ging der symbolische Rolladen hoch, und sie befand sich wieder im sonnigen August 1949. War sie zeitweise 1746 in Culloden gewesen, wo zweihundert Jahre zuvor die Truppen des Herzogs von Cumberland die aufständischen Highlander niedergemetzelt hatten?[241]

Joan Forman versuchte, die Gemeinsamkeiten des Rutschens in die Zeitfalte herauszustreichen. Ein silbriges Licht tritt auf, ungeachtet des Wetters, eine ungewöhnliche Stille ist zu bemerken. Außengeräusche scheinen während der Phasenverschiebung leiser oder ausgeblendet zu sein. Der Zeuge oder die Zeugin nimmt die Ebenen in der Szene verzerrt wahr. Meist führt ein Auslöser zu der Erfahrung, ein „Schwellenfaktor". Wenn es nicht Randles' berühmter Zeitsturm ist, kann dies der Widerschein eines Glitzerdings in der Sonne sein oder ein fremdartiges Geräusch. Der Mensch fühlt sich unwohl oder übel und ahnt den Beginn einer seltsamen Erfahrung, während der alle Klänge und auch die Sprache gedehnt oder verzerrt erscheinen. Und: Die Erfahrung setzt schlagartig ein und hört schlagartig wieder auf.[242]

Das wird uns bei den Erleuchtungen und ekstatischen Erfahrungen im nächsten Kapitel wiederbegegnen, und dazu gleich einen Vorgeschmack aus Friedrich Hölderlins Buch „Hyperion". Hyperion eilt seiner Geliebten

---

241 Forman, The Mask of Time, S. 124.
242 Ebd., S. 239.

Diotima entgegen, und sein Geist ist schon bei ihr. „Ach! mein Hyperion! rief mir jetzt eine Stimme entgegen; ich stürzt hinzu; ‘meine Diotima! o meine Diotima!’ weiter hatt ich keine Wort und kein Othem, kein Bewusstsein. Schwinde, schwinde, sterbliches Leben, dürftig Geschäft, wo der einsame Geist die Pfennige, die er gesammelt, hin und her betrachtet und zählt! wir sind zur Freude der Gottheit alle berufen! Es ist hier eine Lücke in meinem Dasein. Ich starb, und wie ich erwachte, lag ich am Herzen des himmlischen Mädchens.“[243]

3

WO BIN ICH, WO WAR ICH?

Meine Schilderung der Physik der Zeit lief chronologisch ab, aber Erfindungen folgten aufeinander, jeder Physiker baute auf die Ergebnisse seiner Vorläufer auf, und so wuchs die Erkenntnis, denn die Wissenschaft gehört allen. Zeitraffer schön und gut; aber was Menschen erlebten, kam ihnen ganz normal vor. Wir sahen als Zeitraffer, was sie während unserer Zeit erlebten, und für sie war es Zeitlupe, was sie in unserer Zeit erlebten. Unsere Orientierung an einer Normalzeit macht alles paradox.

Wer viel über die Zeit nachdenkt, verwirrt sich mit Bewegungen nach vorne und nach hinten. „Was hinter uns liegt, liegt vor uns“ heißt der Titel des Erinnerungsbuchs eines 94-jährigen Autors, Horst Mönnich, und richtig, mit all dem Gepäck aus der Vergangenheit reisen wir dahin, in eine Zukunft, die bald ebenso Vergangenheit gewesen sein wird. Ohne Zeit wäre alles einfacher, schrieb Julian Barbour, und: Der Kaiser habe keine Kleider. Man muss ihm recht geben.

243 Hölderlin, Friedrich: Hyperion. Frankfurt 1980, S. 91.

Auch die Paradoxien der Quantenmechanik entstehen durch unseren Blick. Wir betrachten Mikrosysteme mit dem klassischen Auge, unter dem Gesichtspunkt der Zeit. Aber für das Elektron gibt es keine Zeit. Unser Problem ist das Messen, das auch ein Vergleichen ist. Oft ging es um das Messen auf diesen Seiten. Was heißt messen? Wir legen eine Messlatte an, einen Massstab, ein Metermaß und lesen einen Wert ab. Immerzu messen wir.

Ein Weltrekord: Der Mai war schlechter als viele andere Mai-Monate davor. Du bekommst mehr Geld als letztes Jahr, sie ist älter als er, du hast doch letzte Woche gesagt, dass … und der bekommt mehr, obwohl er kürzer in der Firma ist. Durch das Messen und Vergleichen, durch Daten und Fakten gliedern wir unsere Welt und verstehen sie. Aber wir machen uns auch das Leben schwer. Jedes Phänomen wird gleich in Haft genommen und behandelt, und dann sieht es aus, wie wir es erwartet hatten. Wir sind wie Leute im Gefängnis, die die ganze Welt durch ein Gitter sehen, durch ein Raster aus Sprache und Gedanken. Ich möchte meinem Gesprächspartner manchmal zurufen: „Bleib hier! Reden wir über dieses konkrete Problem, lass uns nicht abdriften ins All mit Vergleichen und eigenen Erlebnissen und grundsätzlichen Erwägungen!“ Wenn es ums Denken geht, verheddern sich Leute sofort in ihren persönlichen Gedanken-Schleifen.

Jede Erscheinung ist einzigartig, steckt aber auch in einem Zusammenhang. Wenn wir sie aus dem Zusammenhang reißen, tun wir ihr unrecht; wenn wir sie mit etwas ihr Fremden vergleichen, verfälschen wir sie. Mit einer Messung, das wissen wir mittlerweile aus der Quantenphysik, legen wir unsere Welt fest. Wir messen ja immerzu, weil wir etwas suchen. Wenn wir nicht mehr messen und vergleichen, meint Krishnamurti, hört das Suchen auf, und erst dann kann der Geist das finden, was außerhalb von ihm selbst liegt (wenn er das will).

Wir sollten weniger besessen messen. Jedes Menschenleben ist einzigartig, ist sein eigenes Maß. Das lernen wir vielleicht aus unser Beschäftigung mit der Zeit: Dass alles so ist, wie es ist, nichts falsch und nichts langsamer oder schneller oder besser oder schlechter als anderes; das ist es nur gemessen an anderen Leben. Manche messen alles an einem Idealzustand. Wie viele

Schwarzseher gibt es doch, die stets ein Haar in der Suppe finden! Ihre Negativität trübt die Atmosphäre ein, zieht einen Vorhang vor das Licht. In der Natur ist alles da, jedes Geschöpf hat seinen Zweck, und erst der Mensch schaffte es, Dinge schlechtzumachen oder wegdenken zu wollen.

Ich irre mich und fahre eine halbe Stunde länger als erhofft – und ärgere mich, weil ich es am Idealweg messe, der geraden Linie oder „Direttissima“. Wir lesen über eine paradiesische Welt, wie sie der Engländer Jonathan Swift 1726 in seinem Buch „Reise in das Land der Houyhnhms“ beschrieben hat – und nehmen dies als Folie, an der wir die Schilderung mit unserer Welt vergleichen. Was fehlt uns zum Paradies?

Jeder hat seine Zeit und sein Leben. Jeder macht seinen nächsten Schritt zu seiner Zeit, und wofür ein Mensch einen Tag braucht, kann der andere zwanzig Jahre benötigen. Alles ist relativ. Oder ist alles absolut? Oder beides zusammen? Das hängt vom Blickwinkel ab. Wenn ein Mensch etwas erlebt, ist es da und für ihn absolut. Sogleich vergleicht er sein Erlebnis mit anderen Erlebnissen, und es wird relativ. Ein Erlebnis führt vielleicht zu einer Erkenntnis, die aber nur verankert wird, wenn ein Gefühl sie trägt. Emotionen sind vielleicht das einzig Wahre, das einzig Objektive; sie sind wie das Licht im All. Es gibt keine Regeln und kein für alle gültiges Maß. Niemand hat die Wahrheit für sich gepachtet!

Bei Brugh Joy las ich die Geschichte einer Frau, die am Strand von Santa Monica spazierte, als plötzlich von ihren Füßen und dem Sand ein irisierendes Licht ausging, das alles einhüllte. Die Frau verlor jegliches Zeitgefühl und geriet in einen Zustand der Seligkeit. Dann hörte sie eine Stimme, die ihr drei Ratschläge gab: „Ziehe keine Vergleiche. Fälle keine Urteile. Gib es auf, alles verstehen zu wollen.“[244] Das sind schon drei gute Formeln. „Kein Maß kennt die Liebe“, diesen Satz der Seligen Ulrike von Henge fand ich in einer Kirche in Betberg drei Kilometer von meiner Wohnung, aber auch die Aussage: „Jesus Christus ist der Maßstab der Liebe.“ Und das Licht ist der absolute Maßstab im Kosmos.

244 Brugh Joy, William: Weg der Erfüllung. Interlaken 1985, S. 72.

Ein absolutes „Richtig" gibt es nicht! Es gibt viele Standpunkte. Wir können auch sagen, dass *jeder* Standpunkt richtig ist. Doch auch „Richtig gibt es nicht" ist nicht richtig, ich widerspreche mir selber und habe ein Paradoxon erzeugt. Wenn die Weisen sagen, im Leben sollte es kein „es sollte" geben, man müsse immer seinem Herzen folgen, so ist es ja wiederum ein „es sollte". Es ist ein Paradox wie in der Parabel, in der ein Mann einen Besucher Kretas warnt: „Alle Kreter lügen." Wenn er Kreter ist und auch lügt …? Dieses Dilemma führt einen Computer ins Chaos, den Menschen aber manchmal zur Einsicht oder zur Erleuchtung. In dieser Welt gibt es unaufhebbare Widersprüche, sie ist chaotisch und nicht bis ins Letzte erforschbar.

Die Zeit ist eine Übereinkunft. Unser ganzes Gesellschaftsleben ist eine Übereinkunft. Arm oder reich, gescheitert oder erfolgreich sind Kategorien der Gesellschaft, die ich auch ablehnen kann. Ich muss mich nicht dem Urteil der Welt unterwerfen; ich beurteile mich selbst.

In den vergangenen zehn Jahren ist das Arbeitstempo in den westlichen Gesellschaften dramatisch schneller geworden. Alle leiden darunter. Fast mit Rührung denkt man an den Romantitel „Die Entdeckung der Langsamkeit", der 1983 erschien. Sten Nadolny war der Autor. Winston Churchill mahnte einmal seinen Fahrer, er möge langsam fahren, denn er habe es eilig. Er wollte nicht durch unsinnige Eile verunglücken. 2002 schrieb die Germanistin Avital Ronell über „unser Zeitalter der technologischen Beherrschung, das jederzeit im Programm Fast-forward läuft – eine Geschwindigkeit, die sich in Wirklichkeit als eine nach rückwärts erweist. Während der Architekt 'Weniger ist mehr' sagt, müssen wir zum Lexikon der Paradoxien 'Schnell ist langsam' hinzufügen."[245]

Hier strafft man die Arbeitsabläufe und spart durch „Synergien" drei Minuten am Tag ein, die die Mitarbeiter bei einer Plauderei dann wieder lässig verbummeln. Der „Kleine Prinz" vom Asteroiden B 612 aus dem zauberhaften Büchlein des Antoine de Saint-Exupéry wusste es ja schon. Ein Kaufmann sprach von einer Zeitersparnis-Pille, die ihn vom Durst be-

245 Ronell, Avital: Stupidity. Urbana 2002, S. 70.

freien würde. 53 Minuten in der Woche könnte er sich so ersparen. Was man damit anfangen könne, fragt der kleine Prinz. Was man wolle! „Ich würde", sagte der kleine Prinz, „wenn ich 53 Minuten auszugeben hätte, ganz ruhig zu cinem Brunnen gehen ..."[246]

Hier rasen die jungen Männer vom Paketdienst mit ihren Lieferwagen durch die Gegend, damit mehr Sendungen schneller abgeliefert werden können – und dort rasen zwei Autos, die zu schnell waren, ineinander, und drei Menschenleben gehen verloren, wie viel Lebenszeit und Glück. Doch was können die armen gehetzten Auslieferer dafür? Auch ich habe einen unzulässigen Vergleich bemüht. Auch mein Weg ist noch weit zur Maß- und Messlosigkeit, zur Zeitlosigkeit.

246 Saint-Exupéry, Antoine de: Le petit prince. Paderborn (o. J.), S. 61.

X ZEITLOSE ZUSTÄNDE

„Da gingen ihnen die Augen auf, und sie erkannten ihn; dann sahen sie ihn nicht mehr“, heißt es im Lukas-Evangelium über die zwei Jünger Jesu, die ihn nach dem Osterspaziergang eingeladen hatten. Erst als Christus das Brot brach, erkannten sie ihn, und sie sahen mehr und alles. Der Moment der Einsicht ist einer, den man angeben kann. Ob man etwas schlagartig auf einem Bild sieht oder nach langer Lektüre eine Eingebung hat, die zu Einsicht führt – es gibt immer einen „Klick“, und es ist da.

1
EINSICHT

Die Einsicht stellt der Philosoph Paul Häberlin ins Zentrum seiner „Philosophia perennis". Philosophie sei Liebe zur Weisheit; sie wolle das Leben unter der Führung wirklicher Einsicht gestalten, und diese sei gleichbedeutend mit unbedingter Wahrheit.[247] Aber wie kommt man zu dieser Einsicht? Erhascht man Einblicke in sie oder bekommt man sie irgendwann geschenkt?

In der Wissenschaft muss man sich den Triumph erarbeiten. Albert Einstein erinnerte sich: „Aber das ahnungsvolle, Jahre währende Suchen im Dunkeln mit seiner gespannten Sehnsucht, seiner Abwechslung von Zuversicht und Ermattung und seinem endlichen Durchbrechen zur Klarheit, das kennt nur, wer es selber erlebt hat." Geduld braucht auch der Gottsucher, denn mit dem Durchbruch ist nicht zu rechnen, er sollte vielleicht überhaupt nicht gewollt werden.

Über die Mystikerin Osanna schrieb Joseph Görres in seinem Buch „Die Christliche Mystik", „dass ihre Seligkeit größer war, wenn sie also unverhofft zugelassen wurde, als wenn sie durch große Anstrengung und fleißige Emsigkeit dazu gelangte". Und: „Aber der Eintritt des Zustandes selber ist Sache eines Augenblickes, ohne Übergang, wie durch einen plötzlichen Einfall hervorgerufen, und dieses blitzähnliche Ergriffenwerden gibt sich durch den Schrei zu erkennen, der den Einschlag des Geistes häufig zu begleiten pflegt …"[248]

Es gibt im Leben viele Sprünge, und vielleicht gibt es nur solche. Es ist selten, dass sich etwas unbemerkt und so nebenher vollzieht. In der Geschichte hat es oft spontane Wahrnehmungs- und Verhaltensänderungen gegeben, und man könnte mit einem Soziologen sagen: „Wandel ist

247 Häberlin, Paul: Philosophia perennis. Zürich 1952, S. 10.

248 Görres, Joseph: Die Christliche Mystik, Band II, S. 234.

sprunghaft und Wandel ist total, findet in allen Bereichen statt."[249] Das trifft auch auf Spiel und Sport zu, in denen sich Störungen und glückhaftes Ineinanderfügen schön beobachten lassen. Beide vollziehen sich, wie der Anthropologe Victor Turner geschrieben hat, auf einer „Schwelle, an der die Vergangenheit für kurze Zeit negiert, aufgehoben oder beseitigt ist, die Zukunft aber noch nicht begonnen hat – in einem Augenblick reinster Potenzialität, in dem gleichsam alles im Gleichgewicht zittert". Ein „Ruck" passiert, der Knoten ist geplatzt, das Eis gebrochen, und dann, kurze Momente lang, passt alles zusammen, das Spiel fließt und ist schön, die Spieler verstehen sich blind und haben Glück dazu. Das Glück auf Erden, in Übereinstimmung mit dem Kosmos.[250]

Heilungsprozess und Erkrankung seien eine Sache von Sekunden, hat einmal A. E. White geschrieben.[251] In dem Buch „Awakenings" geschieht nach der L-DOPA-Gabe irgendwann eine „Explosion", wie Sacks es nannte: „Es geschah unvermittelt und ohne Warnung." Die Patientin Miss Lucy, die Jahrzehnte in sich eingeschlossen war, bewege sich und „rede wie ein Wasserfall", berichtete atemlos die Krankenschwester. Solch ein Erwachen wünschten über Jahrhunderte Mystiker und Weise der Menschheit, der sie vorwarfen, sie schlafe, sei verblendet und lebe ohne Bewusstsein. Nach dem mystischen Erwachen begreift man plötzlich, dass man bislang falsch gelebt hat, aber es spielt keine Rolle – besser spät als nie.

In der Sprache öffnen sich auch manchmal überraschend Fenster auf eine Wahrheit. Der deutsche Romantiker Friedrich Creuzer hat das Symbol mit einem Blitz verglichen, der die dunkle Nacht erhellt, und Friedrich Wilhelm Schelling, sein Zeitgenosse, schrieb, im lyrischen Gedicht und in der Tragödie sei es die Metapher, die wie ein Blitz wirke, der plötzlich einen düsteren Ort beleuchte, wonach er wieder von der Nacht verschluckt werde.[252] Eine Metapher ist laut Borges der Spruch von der Welt als Ort der „zehntausend Dinge", die aus Yin und Yang hervorgegangen seien, und eine

---

249 Hopf, Wilhelm: Struktur als Analogie und Sprung. in: Eichberg, Henning, Die Veränderung des Sports ist gesellschaftlich, Münster 1990.

250 Turner, Victor: Dewey, Dilthey and Drama, in: The Anthropology of Experience, Chicago 1986, S. 43.

251 Waite, A. E.: Complete Manual of Occult Divination, S. 184.

252 Todorov, Tzvetan: Théories du symbole, Paris 1977, S. 254.

Metapher sind wohl auch die vierzehn oder einundzwanzig Jahre, die Menschen in der Feenwelt verbrachten. Es soll nur heißen: sehr, sehr lange. Der deutsche Philosoph Hans Georg Gadamer (1900–2002) hat seinen Begriff „Sprachblitz" mit einem seiner Vorträge vor australischen Buschmännern erläutert. Diese Leute würden keine Reaktion zeigen, wurde er gewarnt. Dann sprach Gadamer den Satz aus „Nothing is no-thing." (Nichts ist kein Ding.) Und schlagartig veränderten sich die Mienen der Buschmänner. Sie schauten sich an, schlugen sich auf die Schenkel und strahlten.

Auch der französische Philosoph Michel Foucault hat von der „Wahrheit als Blitz" gesprochen im Gegensatz zu einer Wahrheit, die immer da sei. Der Linguist Charles Sanders Peirce gab einem Argument, das von einer überraschenden Erfahrung ausgeht, den Namen „Abduktion".

Krishnamurti mahnte gern, man solle jedes Problem sofort lösen und wenig Zeit dazwischen lassen, und so dachten es sich auch die Samurai: „Fälle deine Entscheidung nach sieben Atemzügen", rät Jochi Yamamoto in seinem Buch „Hagakure" vom Anfang des 18. Jahrhunderts: „Der Moment ist jetzt, und jetzt ist der Moment."[253] Und auch im Zen „geht es um die Augenblicksbewegung, in der vom Feuerstein ein Funke springt, sobald er an den Stahl schlägt. Es ist das Gleiche wie ein Blitz."[254]

Weiter meinte Krishnamurti: „Einsicht kennt keine Zeit. … Wir sagen, frei von Zeit zu sein, bedeutet, Einsicht zu haben. Das Verstehen ist jetzt, nicht in der Zukunft. Verstehen ist ein totaler Prozess, er ist nicht von der Handlung getrennt, die aus der Zeit resultiert." Bei einem Gespräch mit dem Physiker David Bohm bekräftigte er: „Und die Einsicht, haben wir gesagt, ist wie ein Blitz, der die Dunkelheit schwinden lässt …" Bohm erwidert: „Sie ist der Lichtblitz, der die Erkenntnis ermöglicht. Sie ist noch grundlegender als Erkenntnis."

Nicht umsonst sprechen wir vom „Geistesblitz", der einem manchmal zuteil wird. Dann sieht man alles in einer Sekunde. Und die Liebe auf den ersten Blick! Die Franzosen nennen sie „coup de foudre", Blitzschlag.

---

253 Mishima, Jukio: La via del samurai, Mailand 2004, S. 166/181.

254 Suzuki, Daisetz T.: Zen und die Kunst zu siegen, ohne zu kämpfen. Freiburg 1999, S. 27.

2
DER PANORAMA-BLICK

Alles in einer Sekunde zu sehen! Die Gleichzeitigkeit gibt es nicht, sagt Einstein. Jedes System, das sich bewegt, hat seine eigene Zeit. Es gibt jedoch bei Erleuchtungen und überraschenden Erkenntnissen eine Gleichzeitigkeit, die sozusagen räumlich ist: Ich sehe alles gleichzeitig, alles ist vor meinen Augen, ich weiß Bescheid. „Pan" heißt auf griechisch alles, das Panorama wäre vielleicht der bessere Begriff. Ich sah alles. Es fiel mir wie Schuppen von den Augen. Man sieht nicht nur ein Detail, sondern alles, weil vielleicht das Detail der Schlüssel zu allem ist; es schließt einem die Tür zum Wissen auf. Alles ist klar. Wie konnte ich das nur übersehen? Der Blitz erhellt alles.

Es ist ja alles da und in uns aufbewahrt. Die alte Frau ist gleichzeitig das junge Mädchen, das sie war; das junge Mädchen ist die alte Frau, die sie sein wird. Wie in Minkowskis Raumzeit ist alles Vergangene, Gegenwärtige und Zukünftige in einem Kegel vorhanden, die Totalität des Seins. Ein Bild zeigt alles sofort, eine Datei wird mit einem Schwung übertragen, aber wenn es um Argumente und Geschichten geht, hilft uns diese Simultaneität nicht. Ein Film wickelt sich nacheinander ab, ein Buch muss geschrieben und dann gelesen werden, Seite für Seite, denn unser Gehirn und unsere Wahrnehmung verlangen das. Wir müssen dafür nicht die Zeit bemühen, nur das Nacheinander von Sätzen und Bildern, die Sequenz. Wir Menschen denken so.

Der große argentinische Autor Jorge Luis Borges (1899–1986) hat sich in seiner Erzählung „El Aleph" den größten Rundblick ausgemalt, den man sich vorstellen kann. Der Erzähler begibt sich am 30. April jedes Jahres zum Haus von Beatriz Viterbo, die „an einem strahlenden Februarmorgen" im Jahr 1929 starb, wonach die Plakatwände an der Plaza Constitución erneuert wurden und der Erzähler „begriff, dass die rastlose und weiträumige Welt bereits von ihr abrückte und dass dieser Wandel der erste einer endlosen Reihe war". Er wird vertraut mit Carlos Argentino Daneri, ihrem ersten Ehemann, der Borges (einem fiktiven Borges) 1941 anvertraut, im Untergeschoss des Hauses der Calle Garay in Buenos Aires sehe man durch ein Loch in einer Treppenstufe den Aleph – den Alpha-Punkt, der alle Punkte des Universums enthalte.

Das Loch ist zwei bis drei Zentimeter breit, und er sieht das Universum. „Jedes Ding war unendliche Dinge, weil ich es deutlich von allen Punkten des Universums sah." Er sieht alles und beschreibt es, nicht auf tausend Seiten oder hunderttausend, wie man es könnte, sondern nur auf zwei, und er schließt mit den Worten: „Ich spürte unendliche Ehrfurcht, unendliches Bedauern." „Formidable", sagt er dann zu Carlos Argentino, und später, als das Haus bereits abgerissen ist, 1943, gibt er sich Ahnungen hin, der Aleph oder Alpha sei vermutlich ein falscher Aleph gewesen, und das echte müsse woanders sein, es sei vielleicht der Spiegel des Zauberers Merlin oder in einer Säule eines Bauwerks in Kairo eingebaut.[255] Denn: „Das Tao, das du sehen kannst, kann nicht das wahre Tao sein."

In einer höheren Dimension müsste man alles in den niedrigeren Dimensionen zur selben Zeit sehen können. Zustände oder Vektoren im Hilbert-Raum, dem von Physikern definierten Schauplatz der Quantenwelt, können von unzählbaren Seiten betrachtet werden, es ist, wie Julian Barbour es in den Worten von Gottfried Wilhelm Leibniz ausdrückt, wie eine Stadt mit einer Vielzahl von Perspektiven. Es handele sich um eine Vervielfachung von Blickwinkeln.[256]

Die Welt des Jenseits wird die Welt einer höheren Dimension sein. In dem Buch „A Rainbow Over the River" (2003) heißt es bei Veronica Van Duin: „Es gibt keinen Raum auf der anderen Seite, und auch keine Zeit. Alles ist Gleichzeitigkeit, und so kann ich jemanden zur selben Zeit von hinten und von Angesicht zu Angesicht sehen. … Es ist einfach, wie es ist." Es gab freilich eine Periode Ende des 19. Jahrhunderts, als alle (westliche) Welt über die vierte Dimension nachdachte und in „gechannelten" Büchern der Blick auf alles von allen Seiten immer häufiger auftauchte, aber dies muss nicht bedeuten, dass alle derartigen Schilderungen „gefärbt" sind.

---

255 Borges, Jorge Luis: El Aleph. Madrid 2000. S. 175-198.

256 Barbour, Julian, S. 206.

Wenn wir einen Augenblick Informationen aus der Geistigen Welt, in der die Verstorbenen leben, ernst nehmen, erfahren wir, dass es dort keine Zeit gibt, nur so etwas wie ein gleichzeitiges Anwesendsein von allem. Botschaften von dort kommen mit unglaublicher Geschwindigkeit, und wenn Medien automatisch schreiben, füllen sie in wenigen Minuten viele Seiten. Der englische Maler und Autor William Blake (1757–1827) war medial begabt und erklärte, wie so ein Gedicht zu ihm kam: „Es wurde mir diktiert, zwölf oder manchmal zwanzig oder dreißig Zeilen gleichzeitig, ohne Vorbereitung und manchmal gegen meinen Willen.“ So entstand auch das Gedicht „Jerusalem“, eines der bekanntesten in englischer Sprache, über das Blake sagte: „Die Autoren sind in der Ewigkeit.“[257]

Konstantin Raudive, der lettische Autor, der in Bad Krozingen bei Freiburg in den Siebzigerjahren 70.000 Tonbandstimmen von Verstorbenen aufnahm, sagte einmal, die „blitzartige Kürze“ der Mitteilungen verblüffe die Zeugen am meisten. Das deutet darauf hin, dass unser Nacheinander in einer anderen Dimension ein Zugleich sein könnte.

„Ich konnte 360 Grad eines unendlichen Lichts sehen“, schrieb Sean W. dem Amerikaner William Buhlman über eine außerkörperliche Reise. „Es war, als wüsste ich alles über alles, und ich befand mich völlig an einem friedlichen, liebenden Ort. Als ich in meinen physischen Körper zurückkehrte, wusste ich, dass mein Leben nie wieder dasselbe sein würde.“[258] Buhlmans Buch „The Secret of the Soul“ wurde 2001 veröffentlicht, aber in den hundert Jahren und in den Jahrhunderten davor haben Mystiker immer wieder solche Erfahrungen gemacht, und wenn es ein normaler Mensch war, musste er darüber schreiben, und wenn die Erfahrung nur Minuten dauerte, reichte ein Leben nicht hin, alles aufzuzeichnen.

---

257 Bucke, Richard Maurice: Cosmic Consciousness. New Hyde Park 1966, S. 193.
258 Buhlman, William: The Secret of the Soul, San Francisco 2001, S. 75.

3
ERLEUCHTUNG

Satori wird die Erleuchtung der Zen-Buddhisten genannt. „In der Stille der Meditation erfährt der Meditierende ein grelles Licht vor seinen Augen, alles beginnt, weiß zu leuchten, und er fühlt sich, als sei er oben in den Wolken.“[259] Von dort oben sieht man alles. Richard Maurice Bucke hatte ein Erleuchtungserlebnis, über das er im Jahr 1900 sein Buch „Cosmic Consciousness“ schrieb, das viel gelesen wurde. „Die Augenblicklichkeit der Erleuchtung ist eines ihrer auffallendsten Kennzeichen. Es kann mit nichts besser verglichen werden als mit einem blendenden Lichtblitz in einer dunklen Nacht, der die bis dahin verborgene Landschaft in ein helles Licht taucht.“

Saulus näherte sich Damaskus, und da „geschah es, dass ihn plötzlich ein Licht vom Himmel umstrahlte. Er stürzte zu Boden und hörte, wie eine Stimme zu ihm sagte: ‚Saul, Saul, warum verfolgst du mich?‘ Er antwortete: ‚Wer bist du, Herr?‘ Dieser sagte: ‚Ich bin Jesus, den du verfolgst.‘“[260]

Der Sufi-Gelehrte Sohrawardi, der im 12. Jahrhundert lebte, hatte eine Vision des Imam, des Heilers der Seelen: „Plötzlich war ich in Sanftheit eingehüllt; es gab einen blendenden Blitz, dann ein unklares Licht in der Form einer menschlichen Gestalt. … ‚Erwache zu dir selbst‘, sagte er zu mir, ‚und dein Problem wird gelöst sein.‘“[261]

Die Erleuchtung bringt vielleicht das größte Glück mit sich, das man erleben kann. Doch man kann sie weder herbeizaubern noch kaufen, und man weiß nicht, wann sie kommt – nicht einmal, ob sie kommt. Auch nach jahrelanger Unterweisung durch einen Guru weiß man das nicht.

259 Yuasa, Yasuo: The Body, Self-Cultivation and Ki-Energy. New York 1992, S. 93.
260 Apostelgeschichte 9,1-9.
261 Armstrong, Karen: A History of God. New York 1993, S 232.

Man kann nicht sagen, dass jede Erleuchtung völlig ohne Zeit abliefe. Für den Erlebenden gibt es sie nicht. Er sieht alles, und viele Menschen, vor allem diejenigen mit einer Nahtod-Erfahrung, hatten das Gefühl, nun in die Geheimnisse des Kosmos eingeweiht zu sein. Sie wissen plötzlich, worum es geht; und sie fühlen sich gedrängt, das anderen mitzuteilen. Deshalb ändern Nahtod-Rückkehrer meist ihr Leben und vertreten neue Werte, wie der niederländische Kardiologe Pim van Lommel in seinem Buch „Endloses Bewusstsein" dargestellt hat, das auf eine jahrelange Studie mit über dreihundert Menschen zurückgeht. Doch es wäre unfair, seine Arbeit darauf zu reduzieren. Van Lommel stellte zur Diskussion, dass das Bewusstsein unabhängig vom Gehirn Erfahrungen machen und Emotionen erfahren kann. Wenn ein Kardiologe so etwas vertritt, hat das Gewicht, und wenn ein Neurochirurg eine Nahtoderfahrung hatte, wie Eben Alexander, ist Aufmerksamkeit garantiert.[262]

Das Bewusstsein ist wahrhaft endlos und denkt sich über die Welt hinaus. Es könnte sogar in der Lage sein, einen „Gedankenkörper" auszusenden, wie den, mit dem Robert Monroe in andere Dimensionen reiste. Im berühmten Wilmot-Fall fuhr Mr. S. R. Wilmot 1863 mit dem Schiff von Liverpool nach New York, und in einem Sturm sah er im Traum seine Frau, die sich zu ihm hinunterbeugte und ihn küsste. Am nächsten Morgen sagte ihm sein Mitreisender William Tate, der in derselben Kabine geschlafen hatte: „Du hast ein Glück: Nachts von einer Frau besucht und geküsst zu werden!" Als Wilmot zu Hause in Watertown (Connecticut) eintraf, fragte ihn seine Frau, ob er sie gespürt habe in jener Nacht um vier Uhr morgens. Sie sei aus ihrem Körper hinausgetragen worden, übers Meer geflogen und habe die Kabine erreicht, die sie auch exakt beschrieb; der Mann im anderen Bett habe sie jedoch irritiert. Ein Bewusstsein (oder Geist), der zu solchen Dingen in der Lage ist, muss sich vor dem Tod nicht fürchten.[263]

In der Erleuchtungserfahrung erhält der Mensch das Wissen, das alles gut ist und alles gut enden wird. Und um nochmals Bucke zu zitieren: „Er

---

262 Alexander, Eben: Blick in die Ewigkeit. München 2013.

263 In: Myers, Frederic William Henry: Human personality and the survival of bodily death (1903). Charlottesville 2001, S. 149ff.

sieht, dass das Leben im Menschen ewig ist, wie jedes Leben ewig ist; dass die Seele des Menschen so unsterblich wie diejenige Gottes ist; dass das Universum so gebaut und angeordnet ist, dass ohne Zweifel alle Dinge zum Zweck des Guten von jedem und allen zusammenwirken; dass das Grundprinzip der Welt das ist, was wir Liebe nennen, und dass das Glück eines jeden Individuums auf lange Sicht absolut sicher ist."[264] Sind bessere Nachrichten denkbar?

Viele christliche Mystiker hatten Erleuchtungs- oder Erweckungserlebnisse, etwa die Heilige Teresa von Avila (1515–1582). Sie nahm die Gottheit als großen Diamanten wahr, der alles enthielt, und sie war verstört, dass in den klaren, reinen Tiefen dieses Diamanten alle ihre Taten, die sie sich vorwarf, und alle ihre Sünden zu sehen waren. Mit dem Lebensrückblick ist also zu rechnen.

Interessanter sind Geschichten von einfachen Menschen. In einem Antiquariat fiel mir das Buch „Visions of Innocence" in die Hände, für das Edward Hoffman mit Menschen gesprochen hatte, die sich an Erleuchtungen in der Kindheit erinnerten. Sie kamen oft völlig überraschend, im Wald oder in der Küche, und blieben in jedem Leben einzigartig. Man konnte sie nicht wiederholen, es waren kostbare Geschenke, „flüchtige und wunderschöne Augenblicke", wie bei Margaret Prescott Montague, die in diesen erfuhr, dass „ich meinen Nächsten wirklich liebte wie mich selbst". Sie sei „verrückt verliebt" gewesen in alles, was sie sah.[265]

Renée, eine (1992) 43-jährige Künstlerin in Los Angeles, wuchs als jüngeres von zwei Kindern und Katholikin in Nordkalifornien auf. „Als ich fünf war, hatte ich eine Erfahrung, die meine ganze Weltsicht veränderte ... Mein Eltern, meine Schwester und ich fuhren in der Nähe von Lodi auf dem Country-Highway. Ich schaute auf und aus dem Autofenster hinaus. Plötzlich veränderte sich irgendwie die Szenerie, als hätte in einem Theater jemand ein anderes Szenenbild vorgeschoben. Ich kann, wenn ich genau sein will, nicht sagen, dass die Zeit stillstand – die Zeit gab es einfach nicht. ... Ich fühlte mich augenblicklich im Universum zu Hause, und ich kannte

264 Bucke, Richard Maurice: Cosmic Consciousness. Philadelphia 1905, S. 73.
265 Marshall, Paul: Mystical Encounters with the Natural World. Oxford, New York 2005, S. 67.

– das kann ich nicht genug betonen – Gottes Wesen. Ich wurde die Bäume, die ich sah, die Vögel, und die Grashalme."[266]

Manchmal löst Musik diesen „veränderten Bewusstseinszustand" aus. Steven, ein Psychologe aus New York, fühlte sich durch das Lied „Somewhere over the Rainbow" als Achtjähriger tatsächlich emporgetragen: „Das Gefühl, das dieses Bewusstsein begleitete, war vollständige Euphorie – als wäre ich an einem wunderbar heimatlichen Ort zurückgekehrt, den ich irgendwie auf meinem Weg, allmählich heranzuwachsen, vergessen hatte. Ich fühlte mich an einen zeitlosen Ort transportiert, mit Sonnenschein und einer ungeahnten Freude in mir." Der Künstler Paul aus Ohio saß als neun Jahre alter Junge im Auto, hörte Tennessee Ernie Ford mit „Sixteen Tons" (und dem Refrain „I owe my soul to the company store"). „Plötzlich wurde alles EINS. Ich fühlte mich, als wäre ich in ein endloses JETZT gefallen. Es war eine völlige Einheitserfahrung voller Seligkeit, die den ganzen Song über andauerte und noch einige Minuten darüber hinaus." [267]

Die Ärztin und Professorin Ann DeBaldo hatte 1998 in Tampa (US-Bundesstaat Florida) als 48-jährige ein „zeitloses" Erlebnis, wie sie der Seite „TASTE" von Charles T. Tart mitteilte. Sie wurde im Auto beinahe von einem anderen gerammt: „Dann füllte sich ein dunkler Ort mit Licht, reine Energie, die anscheinend unerklärbar zu Materie wurde. Es war Nichts und war völlig leer, und dennoch war alles an jenem Ort, der keine Dimension besaß, weder Zeit noch Raum." Sie rollte mit ihrem Auto an den Straßenrand, niemand war verletzt worden, aber die Ärztin war von einer Seligkeit erfasst worden, die noch wochenlang in ihr lebte und sie dauerhaft veränderte.[268] Die Linguistin Martha DiChristi (Pseudonym) erfuhr: Etwas ist absolut. Es gibt eine Gewissheit. Die völlige Gewissheit. „It's all okay. Really okay."

Dabei tritt jedoch ein Problem auf: Wie vermittelt man seine Erfahrung? Die Sprache versagt, die Wörter scheinen zu dürftig und abgenutzt zu sein. Auch der Apostel Paulus hat von „unsagbaren Worten" geschrieben, und

266 Hoffman, Edward: Visions of Innocence. Boston, New York 1992, S. 93.
267 Ebd., S. 104/105.
268 http://www.issc-taste.org/arc/dbo.cgi?set=expom&id=00017&ss=1

Dante Alighieri, der große Poet aus Florenz, schrieb 1300 in seiner „Göttlichen Komödie“, seine Vision sei größer gewesen als seine Sprache, und Dante war darin wirklich ein Meister.

4

EKSTASE

Aus sich herauszutreten, das bedeutet das griechische Wort Ekstase, außer sich zu sein. Vielleicht kommt man nur zu sich, in sein Innerstes, wenn man aus sich heraustritt. Das Innen ist außen, und eine esoterische Definition des Geistes lautet, es sei das, was alles umfasst und gleichzeitig von allem umfasst wird. Ekstase ist ebenfalls eine Phase außerhalb der Zeit, die allerdings den Erlebenden nicht verwandelt.

Die iranische Filmemacherin Shirin Neshat sagte im Februar 2013 einer Zeitung über ihren der ägyptischen Sängerin Umm Kulthum gewidmeten Film: „Ich glaube, es wird in diesem Film vor allem um das Gefühl der Ekstase gehen. Wir wollen versuchen, dem Publikum diese Ekstase nahezubringen, von der die Leute reden, die sie bei ihren Konzerten gehört haben. Sie sind einfach auseinandergefallen, sie haben das Gefühl für Zeit und Ort verloren.“ Diese Begeisterung kann sich dann, etwa im Flamenco, nur noch durch Ausrufe äußern: Yeah! Olé!

Auch Sportler kennen den kurzen ekstatischen Zustand und ein Gefühl der Zusammengehörigkeit, das oft, wie der amerikanische Philosoph John Dewey erläuterte, „nicht anders beschrieben wird, als dass einem zu einem bestimmten Zeitpunkt ein ‘Schauder über den Rücken läuft’. Ein Gefühl der Übereinstimmung mit dem Universum macht sich breit, und der ganze Planet wird so empfunden, als sei er eine Gemeinschaft. Dieser Schauder entpuppt sich jedoch als Vollendung.“[269]

---

269 Turner, ebd.

Diese Vollendung vollzieht sich weniger spektakulär im harmonischen Bewegungsablauf im Sport, dem „Fließen von einem Augenblick zum nächsten. In diesem Zustand fühlen wir, dass wir unsere Handlungen absolut unter Kontrolle haben und es keine Trennung zwischen Selbst und Umwelt, Reiz und Reaktion, Vergangenheit, Gegenwart und Zukunft gibt", schilderte Mihaly Csikszentmihalyi.[270] Dazu gehört, dass Handeln und Bewusstsein verschmelzen und das Ich nicht zählt, nur das Jetzt. „Fließen heißt, so glücklich zu sein, wie man als Mensch nur sein kann."

Ein ekstatischer Moment ist, wenn wir Fjodor Dostojewski heranziehen, derjenige kurz vor dem epileptischen Anfall. Wir haben seine Sätze aus dem Roman „Der Idiot": „Geist und Herz wurden von einem ungewöhnlichen Licht erhellt, alle seine Erregungen, alle Zweifel, alle Unruhe wurden mit einemmal besänftigt, lösten sich in eine heitere, von klarer harmonischer Freude und Hoffnung erfüllte Ruhe auf." In diesem Moment, „hatte er einmal zu Rogoschin in Moskau bei einer ihrer Zusammenkünfte gesagt, in diesem Moment wird mir das ungewöhnliche Wort, es werde keine Zeit mehr geben, gewissermaßen verständlich. … er hatte doch wirklich Zeit, sich in dieser nämlichen Sekunde zu sagen, dass diese Sekunde angesichts des grenzenlosen Glückes, das er mit seinem ganzen Wesen empfand, am Ende ein volles Leben wert sein könne."[271]

In „Awakenings – Zeit des Erwachens" erzählt Oliver Sacks, ein Medikament habe wie eine Zeitmaschine gewirkt: „Das Gegenwärtige, Zukünftige und Vergangene vermischen sich in diesem unheimlichen, aber herrlichen Zusammentreffen, dieser Vielfalt des Seins, die wir nur als *'Ekstase'* bezeichnen können."[272] Vielleicht war dieses Erwachen auch die Jahrzehnte des Tiefschlafs, die auf einen Streich ausgelöscht waren, wert?

In Konzerten und in der Oper, vor einem Naturschauspiel oder in der Sexualität kann es zu Ekstase kommen. Die amerikanische Psychologin Jenny Wade hat mit Menschen gesprochen, die beim Geschlechtsverkehr übernatürliche Dinge erlebten und darüber das Buch „Transcendent Sex"

270 In: Turner, Victor: Vom Ritual zum Theater. Frankfurt, New York 1989, S. 88.
271 Dostojewski, Der Idiot, Frankfurt 1992, S. 296/297.
272 Sacks, S. 314.

geschrieben. Sie bemerkt, dass es keine Regel für eine „transzendentale Episode" gibt. Es kann immer und überall passieren, aus heiterem Himmel. Dazu gehören auch seltsame Reisen, die an Astralreisen erinnern. Auch sie selbst wurde völlig überrascht. Sie hatte Sex mit einem Mann, in den sie sehr verliebt war, doch ihre Begegnungen seien lange nicht ungewöhnlich gewesen.

Doch eines Abends war alles anders. Das Zimmer veränderte sich – und wurde zu einem runden pinkfarbenen Raum. Dann blickte sie von einer Küste über den tiefblauen Ozean. Sie fand sich mit einem Mal von Fischen umgeben, die aber nur Bilder waren in einem wieder anderen Raum. „Der tiefste Frieden, Erstaunen, Freude und Seligkeit durchzogen mich." Sie fand sich wieder mit ihrem Partner, aber eine andere Vision kam, die sie überwältigte. Die ganze Welt löste sich in weißem Licht auf; als sich das Licht klärte, war da nur noch die Leere, das Nichts, Nirvana. Als Jenny Wade zurückkehrte, war sie ekstatisch und wie verwandelt. Ihr Liebhaber wunderte sich über ihren entgeisterten Gesichtsausdruck und über ihr Gelächter. Wenige erzählten ihren Partnern von solchen übernatürlichen Erlebnissen, deshalb sei „heiliger Sex" stets etwas Verschwiegenes geblieben. Dabei ist Sexualität ohnehin etwas Heiliges, und der Orgasmus wurde immer als der „kleine Tod" bezeichnet, bei dem in der Seligkeit das Bewusstsein aussetzt und die Zeit aufgehoben ist.

„Einige der Zeugen fanden sich in schönen Palazzi, alten Villen oder Innenhöfen, die zu anderen Kulturen und vielleicht anderen Zeiten gehörten", fuhr Wade fort. „Aber die meisten spürten sich in der Luft oder unter Wasser umhergleiten." Sie schwebten über die Erde, über immense Canyons und grüne Wälder und hatten dabei ein Gefühl des Friedens und den Eindruck, dass das alles richtig sei. Ein Liebhaber fand sich „unter Wasser und schwamm mit Fischen in einer einfach friedlichen Unterwasserszene. Es gab bunte Fische ... Es war wunderschön."

Jedoch gibt es in unserer Welt auch kleine Ekstasen, bei denen das Glück darin besteht, abwesend zu sein, in seinem eigenen Innenraum – die Trance. Der Mensch kann „dissoziieren", kann sich von seinem Körper abspalten, der automatisch handelt, während der Geist wirksam ist. In allen Zuständen, bei denen das Wachbewusstsein beeinträchtigt oder ausgeschaltet ist (Koma, Ohnmacht, Schlaf), gibt es keinen Zeitsinn mehr.

Eine gute Freundin kann sich derart in die Arbeit versenken, dass es für sie keine Zeit mehr gibt und sie keinen Hunger verspürt. Erst Stunden später „erwacht" sie und wird sich ihrer selbst wieder bewusst. Von vielen Wissenschaftlern, vor allem von Mathematikern und Philosophen, gibt es legendäre Anekdoten von geistiger Abwesenheit. Sie lösten gerade ein Problem und waren geistig woanders, in einem zeitlosen Raum. Wir sagen ja, dass jemand in seiner Arbeit „aufgeht", dass jemand mit Leib und Seele seine Arbeit verrichtet. Der Mensch widmet sich seiner Aufgabe und gibt sein Ich auf: „Das Göttliche kommt zu dir, wenn du leer bist. Wenn du zu voll bist von dir selbst, bleibt das Göttliche aus."[273]

5
UNSTERBLICHKEIT

Das Ewige Leben dereinst ist ungewiss, mögen sich viele Menschen gedacht und sich auf Erden schon die Unsterblichkeit gewünscht haben. Aber sind wir nicht ewig? Wir können uns nicht daran erinnern, jemals nicht auf dieser Erde gewesen zu sein, und wenn unser Bewusstsein erlischt, hat ein Wort wie „Ewigkeit" auch keine Bedeutung mehr.

Der Vogel Phönix war in der Spätantike das Symbol für sie. Er soll aus der Asche des ägyptischen Gottes Osiris entstanden sein, bis zu fünfhundert Jahren gelebt haben, wonach er sich ein Nest baute und darin verbrannte. Nach Erlöschen der Flammen tauchte aus einem neuen Ei ein neuer Phönix hervor – ein Phönix aus der Asche. Aber streng genommen war er nicht unsterblich, sondern wurde nur sehr alt, wie die Männer im Buch

273 Bhagwan Shree Rajneesh: Die Alchemie der Verwandlung. Freiburg 1983, S. 176.

Genesis der Bibel, in dem Adam mit 130 Jahren noch einen Sohn zeugte und danach weitere 800 Jahre lebte; er wurde 930 Jahre alt, sein Sohn Seth 912 und dessen Sohn Enosch 905 Jahre. Metuschelach schaffte es am längsten, 969 Jahre: Er ist unser „Methusalem“, sprichwörtlich geworden für einen uralten Menschen.

Vermutlich sind diese Angaben nicht wörtlich zu nehmen, sagen wir, die wir mit 80, allerhöchstens mit 85 Jahren rechnen, die wir allerdings bis zum Ende in „geistiger und körperlicher Frische“ genießen wollen. Aber vielleicht bauen wir uns damit selber eine Bremse ein. Ende 2012 starb Mariam Ammasch, eine Israelin, die angeblich 1888 geboren wurde. Mit ihren 124 Jahren übertraf sie noch Jeanne Calment aus Arles, deren Leben 1997 nach 122 Jahren geendet hatte.

Von langen Lebensspannen erfahren wir auch aus alten und esoterischen Quellen. Aus China stammt die Lehre, man möge gut ausatmen und sich im „Hara“, einer Partie unterhalb des Nabels, zentrieren, um damit fest auf der Erde zu stehen. 1757 erinnerte Meister Hakuin Zenshi an seinen Lehrer Hakuyûshi, den „Meister aller Meister“, der gesagt habe, durch diese Technik könnten Menschen von mittlerem und niederem Range „dreihundert Jahre, Menschen von hohem Rang unabsehbar lange leben“.[274] Der Amerikaner Baird T. Spalding, der in vierzig Jahren fünf halb dokumentarische, halb romanhafte Bände über das Leben und die Lehren der Meister aus dem Fernen Osten veröffentlichte, fragte die Weisen, ob sie versuchten, den Tod zu überwinden. Die Antwort war: „Oh nein, wir erheben uns über den Tod, indem wir das Leben sich bis zur absoluten Fülle ausdrücken lassen. Daher wissen wir nicht einmal, was der Tod ist. Für uns gibt es nichts anderes als das reichhaltigste Leben.“[275]

Die Götter des antiken Griechenland sind unsterblich, und die Helden werden manchmal in der Schlacht von einer wohlmeinenden Göttin „entborgen“, mit einer Wolke davongetragen, um auf dem Olymp als Halbgötter weiterzuleben. Im keltischen Raum gibt es die „Bergentrückung“, für die in unseren Breiten das berühmteste Beispiel die Geschichte um Fried-

---

274 Dürckheim, Karlfried Graf: Hara. Weilheim 1967, S. 237.

275 Spalding, Baird T.: Life and Teaching of the Masters of the Far East, 1937, Band II, S. 105.

rich Barbarossa ist, gestorben 1099, der angeblich im Kyffhäuser-Gebirge, südöstlich vom Harz, in der Unterwelt lebt, um dereinst als Friedenskaiser zurückzukehren. Auch um gestorbene Stars wie Elvis Presley entstanden immer Geschichten, sie seien nicht tot, hätten sich nur ein neues Leben woanders erwählt. Wir wollen nicht verschwinden.

Pater Andreas Resch, der dreißig Jahre an der päpstlichen Universität in Rom gelehrt hat, schreibt in seinem vorzüglichen Buch „Fortleben“: „Das *Ewigkeitsempfinden* ist gekennzeichnet durch das Gefühl der persönlichen Ewigkeit, der ewigen Glückseligkeit des personalen Selbst und des Eingebundenseins in die Liebe Gottes und die Gemeinschaft des Jenseits. Das Gefühl der persönlichen Ewigkeit verlangt unweigerlich ein Fortleben nach dem Tode. Der Einzelne ist daher aufgerufen, diese Frage positiv zu beantworten ... Wo immer ich in mir das Ewigkeitsempfinden einschränke, verliere ich nämlich an innerer Dynamik und äußerer Strahlkraft.“[276]

Man wird nun sagen: Erzwingen lässt sich das nicht. Ich hatte mich nie damit befasst. Als ich 2008 bei der Ausstellung „Goodbye & Hello“ in Bern am Museum für Kommunikation mitwirkte, in der es um Jenseitskontakte ging, las ich alle möglichen Studien aus über hundert Jahren Parapsychologie. Ich kam zu dem Schluss: Mit einem Weiterleben ist zu rechnen. Michael Tymn, ein amerikanischer Kenner der Psi-Geschichte, gab für sich persönlich sogar eine Wahrscheinlichkeit an – 98%. Hier darf man Rumi zitieren, den persischen Dichter aus dem 13. Jahrhundert: „Sogar am Ende dieser Erde / werden wir beisammen sein. / Wir bewohnen ewige Himmel, / sind endlose Freude hier. / Vögel stürzen mit hellen Flügeln, / süßes Nass mit uns zu trinken. / Wir lachen Tränen, wenn sie betrunken / von Gottes edlem Weine sind. / Wundersam ist’s, hier zu sein, / Leicht in die nächste Welt zu gehen. / Kein Ich und kein Du besitzen, / nur die Wonne der Vereinigung.“[277]

In den Märchen scheitert der Wunsch nach Unsterblichkeit immer. Jemand will den Tod überlisten, wie in dem Märchen „Gevatter Tod“ der

276 Resch, Andreas: Fortleben. Innsbruck 2004, S. 342.
277 Original Rumi, bearbeitet und übersetzt von Dieter Halbach.

Gebrüder Grimm, in dem ein Mann erst Gott, dann den Teufel als Paten seines 13. Kindes ablehnt, aber den Tod akzeptiert, der diesem Kind, das ein Arzt wird, bei Heilungen hilft. Zweimal jedoch handelt der Arzt seinem Gevatter zuwider, beim zweiten Mal, um eine schöne Königstochter zu retten: Das kostet ihn selbst das Leben. Die kleine Meerjungfrau möchte eine unsterbliche Seele haben wie die Menschen und versucht deshalb, den Prinzen in sie verliebt zu machen. Die Meerjungfrau verliert ihn, weil er eine andere heiratet. Sie verwandelt sich in einen Luftgeist.

Der Jungbrunnen war wichtiger, denn was hilft ewiges Leben ohne Schönheit und Gesundheit? Davon gibt es spärliche Erzählungen und als Illustration ein Bild von Lucas Cranach dem Älteren von 1546, auf dem Frauen in ein Bad steigen und auf der anderen Seite verjüngt wieder herauskommen. Warum altern wir? Sicher nicht, weil Zeit vergeht; eher ist es der ständige „Gebrauch“ von Mimik und die Abnutzung der inneren Organe, der allmählich zum Verfall führt. Das zeigt schön die Geschichte von Rose R., die der Neurologe Oliver Sacks im Heim auf dem Mount Carmel kennengelernt und von der er in seinem Buch „Awakenings“ erzählt hat. Rose war 1905 zur Welt gekommen und 1935, als 30-jährige, mit Schlafkrankheit in die Klinik eingewiesen worden. 1966, als Rose einundsechzig Jahre alt war, sagte die Stationsschwester: „Es ist unheimlich, aber diese Frau ist während der dreißig Jahre, die ich sie kenne, nicht um einen Tag älter geworden. Wir alle werden älter – nur Rose ist so geblieben, wie sie war.“

Sacks selber sieht: „Mit einundsechzig sah Miss R. dreißig Jahre jünger aus, hatte rabenschwarzes Haar, ein Gesicht ohne Falten, so, als sei sie durch ihren Trancezustand oder Stupor auf wunderbare Weise unverändert geblieben.“ Als sie dann im Juli 1969 das Medikament L-DOPA erhielt, war sie zehn Tage euphorisch, aber für sie war die Welt im Jahr 1926 stehengeblieben, und alles, was sie sagte, bezog sich auf jenes Jahr. Nur zehn Tage dauerte diese Phase, in der Rose wusste, dass man das Jahr 1969 schrieb und sie vierundsechzig Jahre alt war, aber dennoch hatte sie das Gefühl, es sei noch 1926, und damit kam sie nicht zurecht. Sacks: „Immer noch sieht sie wesentlich jünger aus, als sie ist; und im Grunde ist sie auch jünger. Aber sie ist wie ein schlafendes „Dornröschen”, für die das ‘Erwachen’ unerträglich war und das deshalb nie wieder aufzuwecken sein wird."[278] Sie war innerlich alt und äußerlich jung, aber diese Jugend war durch Nicht-Leben erkauft.

Die Zeit anhalten! Die Ägypter haben ihre Leichen konserviert und sie als Mumien aufbewahrt, und andere berühmte Menschen wurden einbalsamiert und zur Schau gestellt. Andere ließen ihren Körper einfrieren in der Hoffnung auf medizinische Fortschritte und eine konkrete Auferstehung im Fleische. In den meisten „gechannelten" Büchern aus dem Jenseits ist von Verstorbenen die Rede, die jung aussehen, wie in der Blüte ihrer Jahre, höchstens dreißig oder vierzig Jahre alt. Das berühmte englische Medium Gladys Osborne Leonard hat in einem Buch erzählt, wie sie im Halbschlaf hinüberglitt in die andere Welt und ihren verstorbenen Mann traf, an einer Küste, und sie durfte eine Weile mit ihm sprechen, und er sei gebräunt gewesen, habe jung gewirkt und ungeheuer vital. Auch Louie, die Ehefrau des Mediums Alec Harris, traf ihren Mann, der Wochen vorher gestorben war, bei einer außerkörperlichen Erfahrung in ihrem Zimmer: „Sein ganzes Wesen war in mystischem blauen Licht gebadet. Er erschien so viel jünger als damals, als ich ihn zuletzt gesehen hatte, nicht älter als dreißig. Er legte seiner Arme um mich und flüsterte zärtlich: ‚Ich musste kommen, Lou … ich musste kommen.'"[279]

Ist es, weil unsere Seele oder unser „Höheres Selbst" sich immer jung fühlt? Oder dürfen wir das Alter annehmen, in dem wir uns am wohlsten fühlten? Im Kapitel LXIX des „Ägyptischen Totenbuchs" ruft der Verstorbene aus: „Jung werd ich, jung werd ich!"

Irdische Schriftsteller haben den Wunsch nach Unsterblichkeit gern zum Thema genommen. In Oscar Wildes einzigem Roman „Das Bildnis des Dorian Gray" von 1890 sitzt der Titelheld dem Maler Basil Hall Modell, der ihn vergöttert. Der eitle Dorian will nicht älter werden, und das Bildnis altert an seiner Stelle. Er gibt sich allen denkbaren Ausschweifungen hin und begeht Untaten (er ermordet etwa den Maler), aber nichts hinterlässt Spuren in seinem Gesicht. Das Porträt dafür wirkt zunehmend hässlicher. Am Ende sticht Dorian Gray auf das Porträt ein, und als Dienstboten seine

278 Sacks: Awakenings, S. 122/134.
279 Harris, Louie: Alec Harris. York 2009, S. 251.

Leiche finden, ist dessen Gesicht schön, wogegen das Gesicht auf dem Bild hässlich und alt wirkt – und das erinnert an die Erzählung über Dr. Jekyll und Mr. Hyde von Robert Louis Stevenson, 1886 entstanden, als Sigmund Freud seine ersten Veröffentlichungen vorbereitete und viel über Schizophrenie debattiert wurde.

Die Erzählung „Der Unsterbliche“ (*El inmortál*) von Borges gibt in der Ich-Form die Lebensgeschichte von Marco Flaminio Rufo wieder, dem Militärtribun einer Legion Roms, der in der Wüste die „Stadt der Unsterblichen“ findet und dort Wasser trinkt, was ihn selber unsterblich macht wie die Troglodyten, die dort umherwanken. Er kämpft 1066 in England, hält sich 1638 in Leipzig auf, 1721 in Aberdeen. Für die Unsterblichen sei jede Tat und jeder Gedanke ein Echo aus der Vergangenheit oder ein Vorgeschmack weiterer Taten oder Gedanken, aber nichts sei „kostbar vergänglich“. Borges erläuterte später seine Absicht so: Er habe zeigen wollen, dass ein unsterblicher Mensch lebe wie die ganze Menschheit. Er würde in 2000 Jahren alles gesagt, getan und geschrieben haben, was möglich sei, hätte bald vergessen, mit welcher Sprache er aufgewachsen sei und am Ende auch, wer er sei.[280]

Man könnte ja auch sagen, die Summe aller Reinkarnationen, wenn wir sie einmal zulassen, sei ein ewiges Leben mit kurzen Zwischenaufenthalten nach dem Ende eines „Durchgangs“ und dem Beginn eines neuen, und der Therapeut William Buhlman meinte einmal, die „Auszeiten“ oder Zwischenleben zur Neuorientierung seien ebenso wichtig wie die Leben, fast noch wichtiger. Im Leben hier sind es der Urlaub oder Krankheiten, in denen man sich Klarheit über den bisherigen und künftigen Weg verschafft. Und wieder ist es das Maß, das zählt: Ist das Leben ein Nichts zwischen zwei Ehrenrunden zum Nachdenken, ist die Arbeit nur die Zeit zwischen den Urlauben?

280 Borges, Jorge Luis: L’invenzione della poesia. Mailand 2001, S. 110.

XI

ZEITLOSE DIMENSIONEN

Die meisten Religionen kennen eine unsichtbare Dimension, in der es keine Zeit gibt, wie wir sie kennen. Mit der Schöpfung oder dem Urknall soll die Zeit begonnen haben zu fließen, aber für den Menschen fing sie erst später an, als er sein Ende nahen fühlte oder sein Nachbar umfiel und nicht wieder aufstand. Dieses Leben zeigt uns nur Schatten an der Wand, wie Platon in seinem Höhlengleichnis erzählte. Die Ewigkeit und das wahre Leben spielen sich in einer anderen Dimension ab, die keine Zeit kennt. Und ohne Zeit zu leben heißt, gut zu leben. „Denn die glücklichsten Frauen wie die glücklichsten Nationen haben keine Geschichte“, schrieb George Eliot einmal. Wir haben ja erfahren, dass die Physik in den vergangenen 350 Jahren mehrere Male dachte, nun alles erklärt zu haben, und nach dem Zusammenbruch der östlichen Diktaturen erschien 1992 das Buch „Das Ende der Geschichte“, das eine leuchtende liberale Zukunft mit der freien Marktwirtschaft vorhersagte. Diese Utopien gehören zum Menschen.

1
ÜBERZEITLICHE REGIONEN

Steinzeitliche Jäger sammelten die Knochen eines getöteten Tieres und setzten sie zusammen, dass es wieder auferstehe. Und jedes am Horizont erscheinende Tier war ein auferstandenes Tier. So brachten die Jäger das Sichtbare mit dem Unsichtbaren in Verbindung, und später entstand der Ahnenkult, und durch Träumer und Seher nahm diese Welt Form an und wurde in Sagen und Märchen gestaltet. Jene geistige Welt ist der unseren vorgeschaltet, und alles vollzieht sich zuerst dort, dann erst hier. Bei einer der Eranos-Konferenzen in Ascona im Kanton Tessin nahm in den Fünfzigerjahren Daisetz T. Suzuki ein einfaches Küchenmesser zur Hand und sagte: „Ein Abbild davon existiert in der anderen Welt." Es ist die Platonische Welt der Ideen, die Geistige Welt, Belowodje, Nirvana, die Traumzeit und das Feenreich, und dort drüben existiert auch unser „Double", unser Höheres Selbst, in Zeitlosigkeit.

Tír nan'Og hieß das irische Paradies, Land der Jugend ohne Zeit, ohne Alter, ohne Tod. Ein Ort der Phantasie war Shangri-La, erwähnt von James Hilton, der es sich als Tal dachte, isoliert von der Außenwelt, wie eine Insel. Die Traumzeit der australischen Aborigines stelle man sich vielleicht am besten, meinte der Ethnologe Hans Peter Duerr, „als eine metaphysische Parallelwelt vor oder als eine Art 'geistiges Grundmuster' der materiellen Welt, mit dem die Dinge und Wesen des physikalischen Kosmos auf geheimnisvolle Weise durchdrungen sind". Die sichtbare Welt der Dinge und ihre unsichtbare Parallelwelt, die Traumzeit, sind gleichzeitig existent. Unsere Welt ist eine Art Spiegelbild oder Oberfläche einer tieferliegenden geistigen Dimension des Kosmos.[281]

281 Traumzeit. S. 62/63.

Das Land Belowodje der Sibirer sei keine Erfindung, heißt es in Olga Kharatidis Buch „Das weiße Land der Seelen“: „Die heiligen Wesen, die die Mächte der oberen Welt unterstützen, leben dort. Sie arbeiten ständig mit den himmlischen Lichtmächten zusammen ... Ihr Reich ist ein Reich des reinen Geistes.“[282] An diesem Beispiel stoßen wir auf ein Problem. Die erwähnten heiligen Wesen stehen zwischen den Lichtmächten und der Welt, nehmen also eine Zwischenwelt für sich in Anspruch. Auch im alten Mazdaismus in Iran und im Sufismus spricht man von einem Reich, in dem sich die Visionen vollziehen, eine Welt mit smaragdenen Städten, Oasen und Gärten, das man sich, sagten die orientalischen Gelehrten, durchaus ausgedehnt und konkret vorstellen dürfe.

Henry Corbin, der die alten orientalischen Religionen im Westen populär gemacht hat, schrieb in seinem Buch „Terre céleste“, in der traditionellen Ansicht lägen Hûrqalyâ, alam al-mithal oder mundus imaginalis – je nach Glauben – „zwischen den Zeiten“, also „zwischen der physischen Zeit und der ewigen Zeit, die die Zeit der Seele oder von Malakût ist“. Malakût ist die alleroberste Welt, von der wir nichts wissen. In ihr kann es keine Zeit geben. Für die Zwischenwelt trifft vielleicht zu, was der Araber Dhûl-Nûn-Misrî, 869 gestorben, meinte: „Jedes Ereignis, jede Person hat seine Zeit. Ein Tag unserer irdischen Zeit kann einer großen Menge Jahre dort entsprechen.“[283]

Die individuellen Zeitmaße schon auf Erden hat Corbin immer wieder betont. Jemand könne durchaus auch der Zeitgenosse eines arabischen Philosophen im 14. Jahrhundert sein, meinte er, und in der Tat, ich selbst lese keine zeitgenössischen Romane, immer nur schwere Literatur von vergangenen Zeiten, und natürlich bin ich irrtümlich in diese unsere Zeitperiode gefallen. Eine Freundin ist derart schwärmerisch veranlagt, dass sie eigentlich in die Zeit des „Sturm und Drang" gehört. Wer passt schon in seine Zeit? Wie es laut Einstein keine Gleichzeitigkeit gibt, so gibt es keine echte Zeitgenossenschaft.

Aber um zur Frage der Zwischenreiche zurückzukehren: In den höchsten

282 Kharatidi, Olga: Das weiße Land der Seele, Berlin 1997, S. 121/122.
283 Corbin, Henry: Terre céleste. Paris 1960, S. 219.

Regionen der Geistigen Welt kann es keine Zeit geben. Es ist das Reich des Lichtes. Im Zwischenreich hingegen herrscht womöglich eine geraffte Zeit, und jede Seele hat ihre eigene. Es gibt ja Hunderte gechannelter Bücher, die im Internet im Volltext nachzulesen sind, und sie stammen aus den Jahren von 1850 bis heute, angefangen von William Stainton Moses. Die Empfänger waren Medien, meist Frauen, die sich mit dem Stift hinsetzten und sich von irgendwo diktieren ließen, und mit rasendem Tempo floss der Text.

Auch wenn man manchen die Zeit ansieht, in denen sie entstanden sind, und manchmal das Unterbewusstsein des Mediums „Zugaben" gemacht haben mag, so darf man getrost einen Kern Wahrheit aus allen diesen Büchern schöpfen. Doch die Autoren, die „in der Ewigkeit" sitzen, wie es der Visionär William Blake gesagt hat, sitzen vielleicht nicht in der Ewigkeit, sondern in den Vorzimmern dazu. Denn wie uns die Esoterik lehrt, können Geister von höheren Ebenen uns nicht mehr erreichen und haben auch kein Interesse mehr daran. Was wir also erfahren, sind Nachrichten aus einer Traumwelt, die nicht völlig zeitlos ist, auch wenn unsere Vorstellungen von der Zeit nicht mehr auf sie zutreffen.

2
DIE GEISTIGE WELT

Wir kennen die Dimension nicht, in der sich die Verstorbenen aufhalten. Wir nennen sie das Jenseits, die englischen Spiritualisten die Geistige Welt. Es sei ja nie jemand zurückgekommen, hören wir immer wieder, und wir wüssten nichts. Wer jedoch viele Bücher von Medien liest, kann sich eine Vorstellung davon machen, wie jene Welt aussehen könnte. Der englische Parapsychologe Frederick William Henry Myers (nach seinem Tod) wie der Theosoph Charles W. Leadbeater (zu Lebzeiten) haben sieben verschiedene Ebenen beschrieben; aber es geht hier um die Zeit, nicht um das Jenseits, und darum habe ich aus verschiedenen Büchern und Quellen Zitate über die Zeitvorstellung „dort“ zusammengetragen.

„Wenn du dich selbst dir vorstellen könntest als ohne Anfang und ohne Ende, könntest du beginnen, Dinge zu tun, die es wert sind … Bleibe also im Bewusstsein der Ewigkeit und arbeite mit dem Bewusstsein der Ewigkeit.“ (Elsa Barker, Letters of a Living Dead Man, 1913)

„Zeit ist hier bei uns wie ein flüchtiger Schatten.“
(Sir Arthur Conan Doyle, Pheneas Speaks, 1926)

„Wir gleiten in eine unveränderliche Welt, wo wir endlich Dauer und Stabilität finden. … Aber wenn ich auf deine Seite wechsle, wird alles langsamer.“
(Grace Rosher, Beyond the Horizon, 1961)

„Es war viel länger als ein Monat, aber Zeit und Ort scheinen wenig Bedeutung für diejenigen auf ihrer Ebene zu haben.“
(Margaret Cameron, Seven Purposes, 1918)

„Bist du schon lange tot'?, fragte Joan. ‚Ich bin schon eine lange Zeit hier', war die Antwort. ‚So würde es euch vorkommen. Aber wir zählen die Zeit nicht wie ihr.'“
(Darby and Joan, Our Unseen Guest, 1920)

„ … und die Zeit zählt nicht. … und für uns hat Zeit keine Bedeutung. … Raum und Zeit existieren nicht.“
(Mary A. McEvilly, Meslom's Messages from the Life Beyond, 1920)

Auf der Internetseite eines Halbtrance-Mediums äußert sich der Partner in der anderen Welt, Claudius, so: „Du musst Dir vorstellen, in der Zeitlosigkeit ist ein Strauch in jeglicher Form, mit oder ohne Blüten, klein oder groß, dick oder dünn gleichzeitig vorhanden. Bei einer außerkörperlichen Erfahrung bist Du in einem sogenannten veränderten Zustand, und ohne physische Begrenzung ist es Deinem Geist möglich, in die Vergangenheit und in die Zukunft zu schauen.“

„Für uns ist dies nur ein Hilfsmittel, Euch zu erklären, dass es keine Zeit gibt. Ihr empfindet es als Zeitablauf: Vergangenheit, Gegenwart, Zukunft. Ihr könnt nach dem Wiedereintritt in Euren physischen Körper dies nicht verarbeiten; Du kannst als Mensch die Zeitlosigkeit nicht erfassen. … Ihr erlebt eine Folge von Handlungen, die von uns in einem Gedankengang erfasst werden. Im geistigen Bereich ist alles in jedem Stadium sowieso vorhanden. Hier gibt es keine Entwicklung, wenn Du so willst."

All dies klingt fantastisch und versponnen, aber die Physiker scheuen sich ja auch nicht, mit fünf oder sieben oder vierundzwanzig Dimensionen zu spekulieren, das ist alles in Ordnung. Die drei Dimensionen sind die des Raumes, die vierte ist die Zeit, und eine fünfte ist dann mysteriös. Wir müssen sie uns genauer anschauen.

3

DIE FÜNFTE DIMENSION

Anschauen können wir sie natürlich nicht, schon eine vierte Dimension ist nicht mehr anschaulich. Mit höheren Dimensionen kann man höchstens rechnen und spekulieren. Physiker stehen Theorien mit mehreren Dimensionen sehr distanziert gegenüber. Als der deutsche Astronom Zöllner 1860 irrtümlich meinte, ein konkretes Beispiel für die vierte Dimension gefunden zu haben, wofür er sich noch mit einem englischen Medium, dem berühmten Henry Slade, eingelassen hatte, war es mit seiner Karriere und seinem Ruf vorbei, und Kollegen vermieden es viele Jahre, von höheren Dimensionen zu sprechen.

Wenn man aber Einstein helfen konnte, war das anders. Mittlerweile sind drei der vier großen Kräfte im Universum mit Hilfe der Theorie vereinigt worden: Die elektromagnetische, die schwache und die starke Kraft. Nur die Schwerkraft wehrte sich. Ist sie doch die liebende Anziehungskraft des Schöpfers? Drei Jahrzehnte lang versuchte Albert Einstein vergeblich, die Gravitation und die Elektrizität zusammenzubringen, indem er die gekrümmte Raumzeit wieder in Anwendung brachte. In den Zwanzigerjahren lieferten Theodor Kaluza und Oskar Klein ein Modell mit einer fünften räumlichen Dimension, deren Krümmung sie auch beschrieben. Warum aber können wir uns nicht in ihr bewegen?[284] Die Physik sucht immer eine Entsprechung ihrer Formeln in der Realität, und etwas womöglich „mit den Augen des Geistes" zu sehen, kann keinen Physiker befriedigen.

Aber vielleicht können wir sie nur geistig wahrnehmen. Rabbi Adin Steinsaltz erwähnt, nach altem Wissen gebe es neben den heute bekannten vier Dimensionen noch eine fünfte, die Dimension der Seele. Jede Betrachtung der Realität müsse sie mit einbeziehen. Man sagt, die Göttliche Seele habe fünf spirituelle Ebenen: Seele; Geist; Neschama oder die Höhere Seele; Chaya oder Kreatur; Yechida oder Einheit. Laut dem Buch definieren die zehn Sefiroth, die „Namen Gottes" der Kabbala, einen fünfdimensionalen Raum.[285]

Die Fünf geht über die perfekte Vier hinaus. Bei dem Mystiker Ibn Arabî im 13. Jahrhundert gibt es fünf universale göttliche „Hochzeiten", die zur Welt der Bedeutungen, der Geister, der Seelen, der Bilder und der sinnlich wahrnehmbaren Objekte führen.[286]

Der Amerikaner James L. Forberg setzte 1994 in seinem Buch „Quanten-Bewusstsein und unsere Unsterblichkeit" ohne Umschweife die Quantenwelt mit einer spirituellen Sphäre gleich, die er fünfte Dimension nennt. Sie sei sozusagen ein Superbewusstsein oder das „Bewusstsein Gottes" (*The Mind of God*). Die Quantenteilchen seien Wurmlöcher dorthin.

Das mag zwar in den Augen des Physikers ein Sakrileg sein, aber der Gedanke ist konsequent durchgeführt. Energie kann in der Quantenwelt aus dem Nichts erstehen und in Materie umgewandelt werden. Aus virtuellen Partikeln werden materielle, begleitet von ihrem Quantencharakter, den

284 Novikov, The River of Time, S. 184.
285 Kaplan, Aryeh: Sefer Yetzirah. York Beach 1991, S. 10.
286 Murata, Tao of Islam, S. 193/194.

Forberg als spirituell bezeichnet. Wir sind Partikel, und schon Augustinus betete: „Der Mensch, ein Partikel deines Geschaffenen, will dich rühmen, Herr."

Wir haben nach Forberg zwei Körper: Einer ist materiell, der andere, geistige lebt in der nichtmateriellen Quantenwelt und ist in der materiellen unsichtbar eingelagert. Dieser Geist wirkt in einer Welt ohne Raum und Zeit. „Gott war ein verborgener Schatz, und er wollte gekannt werden." In diesem Sinn hat Gott die Welt erschaffen, weil er einsam war und ein Gegenüber suchte, und Gott braucht uns, wie wir ihn brauchen; die Welt bedarf unserer Beobachtung und Mitwirkung, um weiter bestehen zu können. Deshalb müsse die „Quelle", heißt es bei dem Reinkarnationstherapeuten Michael Newton, immer neue Seelen schaffen, sie nähren und wachsen lassen, damit die höchste Energie nicht aus Mangel an Ausdruck an Kraft verliere. Unser Bewusstsein ist der entscheidende Faktor.

Es ist ein interessanter Gedanke Forbergs, unseren Körper als „mechanische Ausdehnung unseres Bewusstseins in eine fremde Welt" zu betrachten. Wir setzen den Körper als „Satelliten" ein, um Daten zu sammeln. Der Ort eines Körpers ist mit drei räumlichen Dimensionen exakt bezeichnet, und in der Relativitätstheorie kommt noch die Zeit hinzu. Der Körper bewegt sich also entlang seiner „Weltlinie", aber wir sollten dann als verborgenes Steuerungselement dieses Körpers den Weg der Seele hinzunehmen, in einer fünften Dimension.

Das sind dann *wir*, und wir seien, so meint James L. Forberg, nicht nur die Beobachter, sondern eher Beobachtete, denn wie der Körper unsere materielle Ausdehnung sei, so seien wir die Ausdehnung des spirituellen Körpers (des Bewusstseins) des Weltenerbauers – des Schöpfers. Der Körper ist nur ein Instrument, zerbrechlich und vergänglich. Wir mögen in dieser Phase im Gespräch und am Leben sein; aber wenn der Gesprächspartner aufgelegt hat, sind wir immer noch da. In welcher Dimension auch immer. Als Geist.

Der Magier und Arzt Cornelius Agrippa von Nettesheim sprach um 1510 schon von einer fünften Größe – neben den vier Elementen. Dies sei der

„Weltgeist“ oder die „Quintessenz“, ein Medium, das die Seele mit dem Körper verbinde. Alles beginnt im Geistigen, im Urgrund: „Und daher etwas Unteres in Bewegung gesetzt, so wird es auch das Obere, dem es entspricht, wie die Saiten einer wohl gestimmten Zither.“ Es ist der Weltgeist, den der deutsche Philosoph Hegel einmal in Gestalt Napoleons sah: Als „Weltgeist zu Pferde“.

Wir hatten um 1980, lange nach Agrippa, eine Weile den „Zeitgeist“. Der Begriff war von Johann Gottfried Herder 1769 geprägt worden. Er wurde bei uns für profane Dinge benutzt, für Möbel und Moden, und schließlich vergessen. Aber Herder ist nicht vergessen. Er fasste in einem 1809 erschienen Buch schön zusammen, wovon „wir bisher gehandelt haben“, wie man früher geschrieben hätte. Geist lässt sich nach Herder weder beschreiben noch zeichnen, aber empfinden lässt er sich. Er „äußert sich durch Worte, Bewegungen, durch Anstreben, Kraft und Wirkung“ und „beseelet“ den Körper bis auf seine Elemente.

„Die Zeit ist ein Gedankenbild nachfolgender, ineinander verketteter Zustände; sie ist ein Maß der Dinge nach der Folge unsrer Gedanken; die Dinge selbst sind ihr gemessener Inhalt.“ Herder bekräftigt: „Auf unsrer runden Erde existieren auf einmal alle Zeiten, alle Stunden und Tage des Jahres, vielleicht auch alle Zustände des menschlichen Geschlechts … Alle Modificationen wechseln auf ihr, haben gewechselt oder werden wechseln, nachdem der Strom der Begebenheiten langsamer oder schneller die Wellen treibet.“[287] Man könnte nun aus dem ersten Satz der Bibel, der Schöpfungsgeschichte, hinzufügen: „… und Gottes Geist schwebte über dem Wasser.“[288]

---

287 Herder, Johann Gottfried: Ardastea und das achtzehnte Jahrhundert. Tübingen 1809, S. 347/348.

288 Die Bibel, S. 5.

4

DAS LICHT

Das Licht ist die Spiritualität oder der Engel der Farbe. Diese Aussage, zu finden in Henry Corbins Buch „Temple et Contemplation", hat mir immer gefallen. Das Licht ist überall, aber es braucht die Farbe als Körper, um gesehen werden zu können. Das Licht ist also Farbe im spirituellen Zustand, und es kann auch in seine Spektralfarben zerlegt werden, sich im Regenbogen zeigen. Die Farbe ist verkörpertes Licht – wie unser Körper unseren Geist beherbergt, der eigentlich sich seiner bedient, weil er in der materiellen Welt sonst wirkungslos bliebe. Farbe und Licht, Körper und Geist: Beide sind nicht zu trennen.

Der heilige Franziskus von Assisi sagte einmal: „Ein Sonnenstrahl kann viel Dunkel erhellen." Unser Gehirn ist in der Lage, sogar einzelne Photonen zu erkennen, und manchmal sieht man überraschend drei oder vier winzige Strahlen in der Dunkelheit – ein Wunder. Licht als Teilchen, nicht als Welle.

Das Christentum hat die Licht-Metaphysik noch ausgebaut, die in allen Religionen eine lange Tradition hat. Ich will die Mazdäer aus Iran herausgreifen, deren Gott und Schöpfer Ahura Mazda war oder Ohrmazd, das „ewige Licht". Er ist auch die unbegrenzte Zeit und schuf die begrenzte Zeit, um seinen Widersacher Ahriman niederkämpfen zu können. Daena oder Sophia, die mir auf der Brücke ins Jenseits entgegenkommt, ist mein Licht-Ich, ohne das ich unvollständig wäre.

Im großen Buch der Mandäer, der Ginza, wird vom Glanz gesprochen, vom Überglanz und vom Licht, vom Überlicht: „An ihm ist weder Tadel noch Fehl." Weiter heißt es (rechter Teil, erstes Buch): „Die Könige stehen da und sprechen zueinander: 'Welchen Namen trägt das große Licht?' Sie sagen: „Es gibt keinen Namen wie seinen Namen, es gibt keinen, der es beim Namen nennen, keinen, der seine Benennung erfasst." Zwischen den himmlischen Lichtwesen gibt es keine Grenze, und das Licht jener Welt ist Helligkeit ohne Trübung. „Das große Leben sei gepriesen im Lichte", sangen die Mandäer, und Mana, das große Prinzip, sagt zu dem Propheten Manda: „Über alle Lichtwesen haben wir dich als Herrscher eingesetzt, auch über die unteren Welten der Finsternis." Nhur-Hai heißt das Lebenslicht, Ziw-Hai der Glanz des Lebens. Die Seele klagt beim Tod, weil sie Abschied nehmen muss, darauf erwidert man ihr: „O Seele! Du steigest zum großen Lichtort empor, warum rufst du nach dem großen, hehren Leben?"

Auch im Mahabharata heißt es: „Wenn ich Licht sehe, sehe ich Alles. Das Licht wurde zum Leben des Menschen."

Viel später, in unserer Zeit, erlebte das Licht eine Wiederauferstehung in Büchern über Nahtod-Erfahrungen, in deren Titeln immer wieder das Licht auftauchte. Durch Filme wurde der Ausdruck „ins Licht gehen" fast sprichwörtlich. In der US-Fernsehserie „Ghost Whisperer" mit Jennifer Love Hewitt, die das Medium spielt, sehen die Verstorbenen, die lange für Unruhe gesorgt haben, nach Love Hewitts Hilfe plötzlich das Licht, und man rät ihnen, hineinzugehen. Co-Produzent und Berater der Serie, die von 2005 bis 2011 lief, war das US-Medium James van Praagh, der eigene Erfahrungen mit der Geister-Arbeit einfließen ließ.

Auch in der Physik hat das Licht seine Rolle. Es ist wohl die wichtigste im Kosmos. Einstein wusste, dass für das Lichtteilchen, das Photon, keine Zeit existiert. Peter Fenwick hat das schön ausgedrückt: „Wenn du mit Lichtgeschwindigkeit fliegst, ein Photon bist, fliegst und hast du keine Masse. Du bist einfach da, es gibt keine Zeit. Du bist da, wo die Ewigkeit ist."

Im Koran ist einer der göttlichen Namen *an-Nur*, das Licht, doch das ist nicht Gott selbst. *Wujd*, das Wesen, ist identisch mit dem Licht, selbst aber unsichtbar, während es uns erlaubt, andere Dinge zu sehen. „In Wirklichkeit gibt es nur ein Wesen, wie es nur ein Licht gibt. Die Vielfalt der existierenden Dinge widerspricht ebenso nicht der Einheit des Wesens, wie die Vielfalt der Farben und Formen nicht gegen die Einheit des Lichtes spricht", schreibt ein Gelehrter, einen Gedanken von Îbn Ârabi aufnehmend.[289] Der heilige Basilius bekräftigte: „Es ist durch seine Energien, dass wir Gott erfahren; wir behaupten nicht, dass wir seiner Essenz selbst nahe kommen, denn seine Energien gelangen zu uns herunter, doch seine Essenz bleibt unerfahrbar."[290] Aber auch das Licht bleibt uns ein Rätsel.

Der Bewusstseinsforscher und Physiker Peter Russell berichtet in dem Beitrag „Mysterious Light: A Scientist's Odyssey", der seinen dreißig Jahre dauernden Weg zur Erkenntnis beleuchtet, „Obwohl alles, was wir sehen, immer nur Licht ist, lernen wir paradoxerweise das Licht nie direkt kennen. Das Licht, das auf das Auge trifft, wird nur durch die Energie gesehen, die es freisetzt. Diese Energie wird im Geist in ein visuelles Bild umgewandelt, und dieses Bild scheint aus Licht zu bestehen … aber dieses Licht ist eine Eigenschaft des Geistes. Wir kennen nie das Licht selbst." Rumi sagte schon: „Verborgene Dinge werden durch ihre Gegensätze offenbar, doch da Gott keinen Gegensatz kennt, bleibt Er verborgen. Gottes Licht hat keinen Gegensatz in dem Kreis der Schöpfung, durch den er offenbar und sichtbar werden könnte."

Das erinnert natürlich auch an die Zeit, die mysteriöse, die wir immer nur indirekt wahrnehmen. Sie wird gemessen durch etwas, das auch nicht die Zeit ist, aber wo und was ist sie? Am ehesten ist sie eine Metapher, eine Illusion wie die Fata morgana, wenn in der Wüste die Schatten unter der Sonne schräg zu werden beginnen und sich Luftschichten aufeinander stapeln. Dann flimmern vor uns plötzlich Seen, und ferne Bäume sind, hierhergespiegelt, ganz nah. So sehen wir, gespiegelt an unserer Zeitvorstellung und unserer Wahrnehmung, Zeitlupe, Zeitraffer und die Aufhebung der Zeit. Aber auf eins können wir uns verlassen – auf das Licht. Das „Element des Lebens und das tragische Element in der Wüste ist das Licht." (Ungaretti)[291]

Die Physik betont, meint Peter Russell, wie die Genesis, dass am Anfang das Licht war, oder besser, dass am Anfang das Licht *ist*, denn das Licht prägt in seiner Gegenwart jeden Vorgang. An jedem Austausch von Ener-

---

289 Murata, Sachiko: The Tao of Islam. New York 1992, S. 67.

290 Armstrong, Karen, S. 220.

291 Per conoscere Ungaretti, S. 253.

gie zwischen zwei Atomen im Universum sind Photonen beteiligt. „Jede Interaktion in der materiellen Welt wird durch das Licht vermittelt. Auf diesem Weg durchdringt und verbindet das Licht den gesamten Kosmos. Ein oft gehörter Satz kommt einem in den Sinn: Gott ist Licht. Man sagt, Gott sei absolut, und in der Physik ist dies das Licht. Gott liegt jenseits der Welt von Materie, Form und Gestalt, jenseits von Raum und Zeit – das Licht auch. Gott kann man nie direkt kennenlernen – das Licht auch nicht."

5 WEISHEITSLEHRER UND DAS JETZT

Das Jetzt von vorhin ist nicht mehr das Jetzt von jetzt. „Kann überhaupt etwas außerhalb des Jetzt sein oder geschehen?", fragt sich und uns Eckhart Tolle in seinem Buch „Leben im Jetzt". Dann antwortet er: „Nichts ist jemals in der Vergangenheit geschehen; es geschah im Jetzt. Nichts wird jemals in der Zukunft geschehen; es geschieht im Jetzt." Wenn man das erfasse, „vollzieht sich ein Bewusstseinswechsel vom Denken zum Sein, von der Zeit zur Gegenwart. Plötzlich erwacht alles zum Leben, strahlt Energie aus und leuchtet im Sein." [292]

Bei dem amerikanischen Heiler und Lehrer William Brugh Joy hat das vier Monate gedauert, in denen er in Kontemplation verharrte und nach dem Jetzt-Moment suchte, der seiner Meinung nach irgendwo zwischen der Zeit und dem gegenwärtigen Augenblick liegen musste. „Dann fiel mir blitzartig die Lösung und die dazugehörige Erfahrung zu. … Der Jetzt-Moment hat absolut nichts mit der Zeit zu tun. … In dem Augenblick, in dem ich versuchte, den zeitlosen Bewusstseinsraum zu erreichen und meinem Bewusstsein lediglich befahl, seiner selbst bewusst zu werde, da passierte es." [293]

292 Tolle, Eckhart: Leben im Jetzt. München 2002, S. 33.
293 Brugh, Joy William: Der Weg der Erfüllung. Interlaken 1993, S. 137.

Brugh Joy ließ damals, in den Siebzigerjahren, seine Seminarteilnehmer den ganzen Tag nur in der Gegenwartsform sprechen, und das konnten sie sechs bis acht Stunden durchhalten, länger nicht. Wir kennen ja, was er sagt: „Verzerrte Erinnerungen an die Vergangenheit und Gedanken an die Zukunft überlagern dauernd den Jetzt-Moment." Ein Mann, so berichtet er, bekam nach Wochen eine Audienz bei einem Weisen, der ihn bloß fragte: „Warum trägst du diesen riesigen Sack voller Steine auf dem Rücken?" Es gibt nicht Platz für beides, die Gegenwart und die Vergangenheit. „Geh weiter!", mahnt der Buddhist.[294]

Loth und seine Frau erhielten, als sie Sodom und Gomorra verließen, den Rat, nicht zurückzuschauen. Sie blickte sich dennoch um – und erstarrte zur Salzsäule. Der Sänger Orpheus schaute im Hades verbotenerweise zu Eurydike zurück, die er fast schon gerettet hatte; und so verlor er sie auf ewig. Schau dich nicht um!

Aber auch Blicke nach vorn sind nicht hilfreich. Krishnamurti sagte, Zeit sei ein Aufschub und der Abstand zwischen dem Faktum Jetzt und dem, was sein sollte. Wenn Gedanken die Zeit herbeiführen, schaffen sie Unordnung. In der Gefahr handele man augenblicklich. An anderer Stelle sagt Krishnamurti, Zeit sei der psychologische Abgrund zwischen dem, was ist, und dem Ideal. Auch Ursache und Wirkung seien nicht getrennt, sondern ein einziger Prozess. Man solle sich aus den Kategorien lösen: Das Suchen müsse aufhören, und nur dann könne es geschehen, dass das Namenlose und Zeitlose eintrete.[295] Die Liebe besitze keine Zeit; sie habe nichts zu tun mit gestern oder morgen, die Wahrheit sei ein zeitloser Zustand, und Leben und Tod seien dies ebenfalls. Die Zeit dagegen sei ein „Spielzeug des Geistes", ein Mittel, um etwas zu erreichen oder etwas zu werden; die Zeit existiere nur als Vergleichung.[296]

Wenn wir denken, sagt Krishnamurti, leben wir in der Vergangenheit. Wir reden eigentlich alle nur „von früher", weil wir darin leben und diese Vergangenheit sind. Brugh Joy schärft uns ein: „Die Zeit ist eine nützliche

294 Brugh Joy, S. 139.
295 Krishnamurti: Commentaries on Living. New Delhi 1980, S. 9.
296 Ebd., S. 187.

Konstruktion des äußeren Bewusstseins. Das essenzielle Denken weiß gar nicht, was Zeit ist und kümmert sich auch nicht darum. Das essenzielle Denken lebt im *Jetzt-Moment*, jenem allumfassenden, dimensionslosen Raum der Bewusstheit, wo Vergangenheit, Gegenwart und Zukunft allesamt simultan existieren."[297] „Die Zeit ist immer jetzt", steht an einer Galerie in New York: „The time is always now." Und der Samurai sagt: „Die Zeit ist jetzt, und jetzt ist die Zeit."

Vielleicht ist aber nicht das jetzige Jetzt gemeint, sondern ein Jetzt-Gefühl, ein schwebendes Bereitsein, ein Schwung, ein „Momentum", wie es der Physiker Hans-Peter Dürr nennt. Augenblick heiße nicht ein festgelegter Zeitpunkt: „Es gleicht eher dem Ein- oder Ausatmen, das sich auf eine bestimmte Art und Weise vollzieht." Dürr glaubt an den kreativen Akt, der die Zeit aufhebt und eine neue Zukunft ermöglicht. „Wir stoßen auf eine völlige Offenheit. Es gibt keinen festgelegten Horizont, keine bestimmten Dimensionen, sondern wenn ich wahrhaft kreativ bin, dann kommt eine neue Dimension hinzu … Es wächst etwas völlig Neues. Der Gestaltungsraum wird größer", sagte er in einem Gespräch mit Peter Michel, das zu dem Buch „Es gibt keine Materie!" geworden ist.

Dazu braucht es Freiheit. Wir müssen die alten Gedankenbahnen verlassen und darauf verzichten, alles mit einem Geflecht aus Zahlen und Daten zu umgeben; so fesseln wir uns selbst. Wir sehen hinter den Schleiern den Sachverhalt nicht mehr.

„Wenn nicht mehr Zahlen und Figuren / Sind Schlüssel aller Kreaturen, / Wenn die so singen oder küssen / Mehr als die Tiefgelehrten wissen, / … / Dann fliegt vor Einem geheimen Wort / Das ganze verkehrte Wesen fort." (Novalis)

Es muss aber das richtige Wort sein, denn manchmal legt sich uns ein Wort vor das Ding, das es bezeichnet, und wir sehen nur noch das Wort, nicht mehr das Ding.

„Ich habe vergessen hinzuzufügen", sagt Hans-Peter Dürr noch so zwischendurch, „dass es die Zeit nicht gibt." Zuerst gebe es den Verwand-

---

297 Brugh Joy, S. 137.

lungsprozess, und eigentlich gebe es nur Bewegung, wie Heraklit sagte, auch wenn es immer Anhänger von Parmenides gibt, die alles für anwesend in einem großen Raum mit vielen Dimensionen halten – und für reglos. Doch das ist kein Widerspruch, ich sitze hier unbewegt und bin derselbe wie immer, während sich meine Zellen verändern. Yin und Yang sind in der alten chinesischen Mythologie und auf immer die beiden Pole, die andauernde Bewegung und Veränderung garantieren. Yang, der Himmel oder das schöpferische Prinzip, ist ohne das Yin, das Empfangende (oder die Erde), nicht zu denken. Existieren bedeutet harmonische Veränderung auf der Basis des nennbaren Tao, des stetigen Seins.

Veränderung ist hier, in unserer Welt, die wir sehen. Dort, im Unsichtbaren – in der Quantenwelt, der Lichtwelt, im „unnennbaren" Tao – hat es keinen Sinn mehr, von Bewegung und Zeit zu reden. Sie gibt es dort nicht. Auch wir können uns darüber erheben. Wir können die Zeit respektieren, wo wir sie brauchen, sie aber gleichzeitig auf Distanz halten, sie von uns abtun. Unser Universum ist aus der Zeitlosigkeit hervorgegangen und von ihr umgeben. Wir halten den Atem an und schauen: Nichts fließt. Alles ist da und erwartet uns. Das Universum ist gütig und freigebig, voll der Fülle und Geheimnisse.

LITERATUR

Ägyptisches Totenbuch. Hg.: Grégoire Kolpaktchy. München 1954
Alexander, Eben: Blick in die Ewigkeit. München 2013
Apollodoro: I Miti Greci. Mailand 1998
Arendt, Hannah: Vita activa. München 1998
Armstrong, Karen: A History of God. New York 1993
Auster, Paul: Oracle Night. New York 2004
Barbour, Julian: The End of Time. New York 1999
Bender, Hans: Zukunftsvisionen, Kriegsprophezeiungen, Sterbeerlebnisse. München 1986
Berendt, Joachim Ernst: Das große Jazzbuch. Frankfurt 1959
Bhagwan Shree Rajneesh: Die Alchemie der Verwandlung. Freiburg 1983
Bibel, Die. Freiburg 1980
Bloom, Harold: Kabbala. Poesie und Kritik. Basel, Frankfurt 1997
Bohm, David: Die verborgene Ordnung des Lebens. Grafing 1988
Bohm, David, Hiley, Basil J.: The Undivided Universe. London, New York 1993
Borges, Jorge Luis: El Aleph. Madrid 2000
– L'invenzione della poesia. Mailand 2001
Briggs, John, Peat, David F.: Die Entdeckung des Chaos. Gütersloh 1990
Broughton, Richard: Parapsychology – the Controversial Science. Ballantine 1991
Brugh Joy, William: Weg der Erfüllung. Interlaken 1985
Brune, François: Les morts nous aiment. Agnières 2009
– Le Nouveau Mystère du Vatican.
Bucke, Richard Maurice: Cosmic Consciousness. Philadelphia 1905
Buhlman; William: The Secret of the Soul. San Francisco 2001
Carroll, Lewis: Alice through the Looking-Glass. London 2004
Chapman, Barry: Reverse Time Travel. London 1996
Cockell, Jenny: Past lives, future lives. London 1996
Corbin, Henry: L'imagination créatrice dans le soufisme d'Ibn Arabi. Paris 1958
– Terre céleste. Paris 1960
– Temps cyclique et gnose ismaélienne. Paris 1982
Cortázar, Julio: Rayuela. Himmel und Hölle. Frankfurt 1987

Davies, Paul: About Time. London 1995
– Other Worlds. London 1980
– Gott und die moderne Physik. München 1986
De Man, Paul: Allegories of Reading. New Haven 1979
D'Espagnat, Bernard: Reality and the Physicist. Cambridge 1989
Dostojewski, Fjodor: Der Idiot. München 1976
Doucet, Friedrich W: Die Toten leben unter uns. Wien 1971
Dürckheim, Karlfried Graf: Hara. Weilheim 1967
Duerr, Hans Peter: Traumzeit. Frankfurt 1985
Dürr, Hans-Peter: Es gibt keine Materie! Amerang 2012
Dummett, Michael: Truth and other Enigmas. London 1978
Dunne, John W.: An Experiment with Time. Charlottesville 2001
Eco, Umberto: Die Insel des verlorenen Tages. Frankfurt 1997
Evans-Wentz, W. Y.: The Fairy Faith in Celtic Countries. Atlantic Highlands 1977
Ewald, Günter: Die Physik und das Jenseits. Augsburg 1998
Feynman, Richard: QED. München 1984
Fitzgerald, F. Scott: Ein Diamant so groß wie das Ritz. Zürich 1980
Forman, Joan: The Mask of Time. London 1978
Foy, Robin P.: Witnessing the Impossible. Norfolk 2008
Fraser, J. T.: The Genesis and Evolution of Time. Brighton 1982
Frisch, Max: Gesammelte Werke. Frankfurt 1986
Görres, Joseph: Die christliche Mystik. Frankfurt 1989
Goethe, Johann Wolfgang von: Dichtung und Wahrheit, Frankfurt 1975
Gott, J. Richard: Time Travel in Einstein's Universe. Boston, New York 2001
Graf, Johannes: Moderne Zeiten. Furtwangen 2006
Gratzer, Walter: Eurekas and Euphorias. Oxford, New York 2002
Greene, Graham: The End of an Affair. London 1962
Gribbin, John: Jenseits der Zeit. Essen, München 1992
Günter, Ewald: Die Physik und das Jenseits. Augsburg 1998
Häberlin, Paul: Philosophia perennis. Zürich 1952
Hall, Edward T.: The Silent Language. New York 1952
Harris, Louie: Alec Harris. York 2009
Hawking, Stephen W.: Eine kurze Geschichte der Zeit. Reinbek 1988
Hegel, G. W. F.: Phänomenologie des Geistes. Frankfurt 1986
Hemingway, Ernest: Über den Fluss und in die Wälder. Reinbek 1961
– 49 Depeschen. Band 10. Reinbek 1986
Herder, Johann Gottfried: Ardastea und das achtzehnte Jahrhundert. Tübingen 1809
Hierro, José: Libro de las alucinaciones. Madrid 2000
Hölderlin, Friedrich: Hyperion. Frankfurt 1980
Hoffman, Edward: Visions of Innocence. Boston, New York 1992

Inglis, Brian: Coincidence. London, Sydney 1990
Jaffé, Anjela: Geistererscheinungen und Vorzeichen. Zürich 1958
Jahn, Robert, Dunne, Brenda: An den Rändern des Realen. Frankfurt 1998
Jung, Carl Gustav: Synchronizität als ein Prinzip akausaler Zusammenhänge. Zürich 1952
Kant, Immanuel: Kritik der reinen Vernunft. Leipzig 1878
Kaplan, Aryeh: Sefer Yetzirah. York Beach 1991
Kharatidi, Olga: Das weiße Land der Seele. Berlin 1997
Krishnamurti: Commentaries on Living: Third series. Neu-Delhi 1980
Lang, Nicolas: Die Zeit der Psychoanalyse. Frankfurt 2005
Levi, Carlo: Paura della Libertà, Turin 1964
Lévi-Strauss, Claude: Das wilde Denken. Frankfurt 1968
Lier, Gerda: Das Unsterblichkeitsproblem. Göttingen 2010
Lucadou, Walter: Psyche und Chaos. Frankfurt 1995
Malraux, André: Antimémoires. Paris 1972
Mann, Katja: Meine ungeschriebenen Memoiren. Frankfurt 2002
Mann, Thomas: Der Zauberberg. Frankfurt 1984
Marshall, Paul: Mystical Encounters with the Natural World. Oxford 2005
Mernissi, Fatema: Die Sultanin. Frankfurt 1991
Michel, P., Wagner, A.: Reinkarnation. Wien 2000
Mishima, Yukio: La via del samurai. Mailand 2004
Monroe, Robert A.: Über die Schwelle des Irdischen hinaus. München 2006
Murata, Sachiko: The Tao of Islam. Albany 1992
Nabokov, Vladimir: Pale Fire. London 1991
Nahm, Michael: Wenn die Dunkelheit ein Ende findet. Amerang 2012
Nietzsche, Friedrich: Werke in drei Bänden. Darmstadt 1997
Norgate, Sarah: Beyond 9 to 5. London 2006
Novak, Peter: The Division of Consciousness. Hampton Roads 1997
Novikov, Igor: The River of Time. Cambridge 1998
Peake, Anthony: Labyrinth of Time. London 2012
– Is There Life After Death? London 2006
Perone, Ugo (u.a., Hg.): Storia del pensiero filosofico. Turin 1980
Piccioni, Leone: Per conoscere Ungaretti. Turin 1976
Poe, Edgar Allan: Selected Tales. London 1994
Poser, Manfred: Grenzerfahrungen und Halluzinationen im Alpinismus. 1998
Randles, Jenny: Time Storms. London 2001
Recheis, Käthe, Bydlinski, Georg: Weißt du, dass die Bäume reden? Wien 1991
Reicher, Klaus, Senn, Fritz: James Joyce Finnegans Wake. Frankfurt 1989
Resch, Andreas: Fortleben. Innsbruck 2004
Richard, Wilhelm: I Ging. Das Buch der Wandlungen. Wiesbaden 2004

Ronell, Avital: Stupidity. Urbana 2002
Roy, Biren (Übs.): Mahabharata. Köln 1986
Ruzbehân: Le Jasmin des Fidèles d'Amour. Paris 1991
Sacks, Oliver: Awakenings – Zeit des Erwachens. Reinbek 1991
Saint-Exupéry, Antoine de: Le petit prince. Paderborn (o. J.)
Saint-Pierre, Gaston, Boater, Debbie: Die Metamorphische Methode. Berlin 1983
Saramago, José: Alle Namen. Reinbek 2001
Schwartz, Gary E.: The Afterlife Experiments. New York 2002
Sebald, W. G.: Austerlitz. München, Wien 2001
Seiwert, Lothar J.: 30 Minuten für optimales Zeitmanagement. Offenbach 2010
Siegle, Rainer, Wolff, Jürgen: Der Tod des Lichtgottes. Stuttgart 1997
Spalding, Baird T.: Life and Teaching of the Masters … Marina del Rey 1964
Stegner, Wallace und Mary: Great American Short Stories, New York 1957
Steiger, Brad: Mysteries of Time and Space. New York 1971
Steiner, Rudolf: Die Offenbarungen des Karma. Dornach 1980
– Wiederverkörperung und Karma. Dornach 1960
Steinsaltz, Adin: In the Beginning. Northvale 1992
Sterne, Laurence: The Life and the Opinions of Tristram Shandy, New York 1940
Störig, Hans-Joachim: Kleine Weltgeschichte der Philosophie. Frankfurt 1969
Suzuki, Daisetz T.: Zen und die Kunst zu siegen, ohne zu kämpfen. Freiburg 1999
Talbot, Michael: Das holographische Universum. München 1992
Targ, Russell, Katra, Jane: Miracle of Mind. 1998
Ternavasio; Maurizio: Gustavo Rol. La vita, l'uomo, il mistero. Rom 2002
Todorov, Tzvetan: La théorie du symbole. Paris 1977
Tolle, Eckhart: Leben im Jetzt. München 2002
Turner, Victor: Vom Ritual zum Theater. Frankfurt, New York 1989
Vico, Giambattista: La Scienza nuova, Mailand 2004
Waite, A. E.: Complete Manual of Occult Divination. New Hyde Park 1972
Weizsäcker, Carl Friedrich von: Aufbau der Physik. München 1985
Wheeler, John Archibald: A Journey into Gravity and Spacetime. New York 1990
Wolf, Fred Alan: Parallel Universes. New York 1988
Woltersdorf, H. W: Keine Angst vor Einstein. Sulzbach 1992
Yuasa, Yasuo: The Body, Self-Cultivation and Ki-Energy. New York 1992

A

B

C

Y

Z

NEUES DENKEN

Die Begegnung von Wissenschaft und Spiritualität

Hans-Peter Dürr
Geist, Kosmos und Physik
Gedanken über die Einheit des Lebens

Kaum ein anderer lebender Naturwissenschaftler besitzt die Fähigkeit, mit solcher Geistesklarheit die tiefsten Einsichten von moderner Quantenphysik mit dem uralten spirituellen Menschheitswissen zu verknüpfen wie – Hans-Peter Dürr!

Es gelingt Dürr scheinbar mühelos, eine Synthese zwischen den meditativen Einsichten der Weisen des Ostens und den aktuellen Erkenntnissen der modernen Naturwissenschaften herzustellen. Dabei verliert er sich niemals in langatmigen akademischen Erläuterungen, sondern hat stets den Menschen und die gesellschaftliche Wirklichkeit des 21. Jahrhunderts im Blick. Ein Brückenschlag zwischen zwei Welten, der vielleicht niemals notwendiger war als zurzeit.

ISBN: 978-3-86191-003-9, 96 Seiten, Paperback

Hans-Peter Dürr
Es gibt keine Materie!

Erstmals widmet sich der große Physiker im Dialog einem Vergleich seiner Erkenntnisse mit den Einsichten der mystischen Traditionen in den großen Weltreligionen. Dabei zeigen sich unglaublich verblüffende Parallelen zwischen christlich-jüdischen oder hinduistisch-buddhistischen Einsichten und den neuesten Erkenntnissen der modernen Quantenphysik.

Aufgrund seiner zahlreichen Gespräche und Begegnungen mit Vertretern der mystischen Traditionen in Ost und West ist Hans-Peter Dürr wie kaum ein zweiter Naturwissenschaftler dazu berufen, Grenzen zu überschreiten und scheinbar Unvereinbares zu verbinden.

Die Grenzen des Denkens verlaufen an der Oberfläche – in der Tiefe ist ALLES LEBEN EINS.

ISBN: 978-3-86191-028-2, 104 Seiten, Paperback

Y

Z

NEUES DENKEN

Die Begegnung von Wissenschaft und Spiritualität

Hans-Peter Dürr
Geist, Kosmos und Physik
Gedanken über die Einheit des Lebens

Kaum ein anderer lebender Naturwissenschaftler besitzt die Fähigkeit, mit solcher Geistesklarheit die tiefsten Einsichten von moderner Quantenphysik mit dem uralten spirituellen Menschheitswissen zu verknüpfen wie – Hans-Peter Dürr!

Es gelingt Dürr scheinbar mühelos, eine Synthese zwischen den meditativen Einsichten der Weisen des Ostens und den aktuellen Erkenntnissen der modernen Naturwissenschaften herzustellen. Dabei verliert er sich niemals in langatmigen akademischen Erläuterungen, sondern hat stets den Menschen und die gesellschaftliche Wirklichkeit des 21. Jahrhunderts im Blick. Ein Brückenschlag zwischen zwei Welten, der vielleicht niemals notwendiger war als zurzeit.

ISBN: 978-3-86191-003-9, 96 Seiten, Paperback

Hans-Peter Dürr
Es gibt keine Materie!

Erstmals widmet sich der große Physiker im Dialog einem Vergleich seiner Erkenntnisse mit den Einsichten der mystischen Traditionen in den großen Weltreligionen. Dabei zeigen sich unglaublich verblüffende Parallelen zwischen christlich-jüdischen oder hinduistisch-buddhistischen Einsichten und den neuesten Erkenntnissen der modernen Quantenphysik.

Aufgrund seiner zahlreichen Gespräche und Begegnungen mit Vertretern der mystischen Traditionen in Ost und West ist Hans-Peter Dürr wie kaum ein zweiter Naturwissenschaftler dazu berufen, Grenzen zu überschreiten und scheinbar Unvereinbares zu verbinden.

Die Grenzen des Denkens verlaufen an der Oberfläche – in der Tiefe ist ALLES LEBEN EINS.

ISBN: 978-3-86191-028-2, 104 Seiten, Paperback

Russel Targ

PSi – Die Welt ist anders, als sie zu sein scheint

Russell Targ ist Physiker an der Stanford University und war einer der leitenden NASA-Ingenieure auf dem Gebiet der Laser-Technik. Gleichzeitig hat er sich intensiv mit den überzeugendsten wissenschaftlichen Versuchsexperimenten der Parapsychologie befasst und auf diesem Gebiet bahnbrechende Arbeiten veröffentlicht. Seine Forschungen führten ihn zu vier für die Naturwissenschaften revolutionären Einsichten:

- Nur bestimmte Aspekte des Geistes sind eine Folge physiologischer Prozesse.
- Bewusstsein ist ursächlich, die physische Realität ist seine Manifestation.
- Alle Bewusstseinsformen sind Teil eines Netzwerkes des Lebens.
- Einige Aspekte des Bewusstseins sind unabhängig vom Raum-Zeit-Kontinuum.

Russell Targ liefert die Bausteine für das kommende Paradigma in den Naturwissenschaften.

Eine grundlegende Arbeit für das neue Bewusstsein der Menschheit!

ISBN: 978-3-86191-040-4, 296 Seiten, Hardcover

Eckhard Kruse

Der Geist in der Materie

Die Begegnung von Wissenschaft und Spiritualität

Die geistig aufgeschlossenen Naturwissenschaftler begegnen heute den Erkenntnissen der modernen Geistesforschung nicht mehr mit jener vorurteilsverhafteten Ablehnung, wie dies noch vor zwanzig Jahren der Fall war. Im Gegenteil – sie liefern die brillantesten Synthesen zwischen Wissenschaft und Spiritualität!

Das Herausragende an Eckhard Kruses Werk ist, jenseits seiner faszinierenden Einsichten, die einzigartige Leistung, scheinbar Kontroverses zusammenzuschauen und didaktisch meisterhaft zu verdeutlichen. In zahllosen Diagrammen, Skizzen und Darstellungen veranschaulicht er auf unmittelbar einleuchtende Art und Weise, wie man sich in konkreten Situationen das verborgene Wirken einer intelligenten Kraft hinter allen materiellen Prozessen vorzustellen hat.

Es dürfte zurzeit kaum ein anderes Werk geben, das den bevorstehenden Paradigmenwechsel so überzeugend nachvollziehbar einsichtig zu machen vermag wie dieses Buch!

ISBN: 978-3-86191-042-8, 304 Seiten, Hardcover